La Naturaleza del Alma

(Versión completa,
íntegra y sin revisiones)

Lucille Cedercrans

Editorial Wisdom Impressions

Roseville, MN, USA

ISBN: 978-1-883493-54-7

Primer texto publicado en 1993
Editorial Wisdom Impressions Publishers, LLC
Roseville, MN, USA

II

La Gran Invocación

Desde el punto de Luz en la Mente de Dios,
Que afluya luz a las mentes de los hombres;
Que la luz descienda a la Tierra.

Desde el punto de Amor en el Corazón de Dios,
Que afluya amor a los corazones de los hombres;
Que Cristo retorne a la Tierra.

Desde el centro donde la Voluntad de Dios es conocida,
Que el propósito guíe a las pequeñas voluntades de los hombres;
El propósito que los Maestros conocen y sirven.

Desde el centro que llamamos la raza de los hombres,
Que se realice el Plan de Amor y de Luz,
Y selle la puerta donde se halla el mal.

Que la Luz, el Amor y el Poder restablezcan el Plan en la Tierra.

"Esta Invocación no es propiedad de ningún individuo o grupo en especial. Pertenece a toda la humanidad. La belleza y la fuerza de esta Invocación reside en su sencillez, y en que expresa ciertas verdades esenciales que todos los hombres aceptan innata y normalmente: la verdad de la existencia de una Inteligencia básica a la que vagamente damos el nombre de Dios; la verdad de que detrás de las apariencias externas el Amor es el poder motivador del Universo; la verdad de que vino a la tierra una gran Individualidad llamada el Cristo por los Cristianos, que encarnó ese amor para que pudiéramos comprenderlo; la verdad de que el amor y la inteligencia son consecuencia de la Voluntad de Dios; y finalmente de que el Plan Divino solo puede desarrollarse a través de la humanidad misma".

Alice A. Bailey

Prefacio del Editores

La primera encarnación de *La Naturaleza del Alma* tuvo lugar en 1953 como una serie de diez lecciones de hojas sueltas. Esta es la versión que se utilizó para las clases en el estado de Washington a principios y mediados de los años cincuenta.

Al término de estos, *La Naturaleza del Alma* (N. A.) se revisó y amplió, convirtiéndose en un curso de cuarenta lecciones. A finales de los años cincuenta y principios de los sesenta, N. A. se enseñaba en los estados de Washington, California, Washington D. C. y Colorado. El número de profesores y estudiantes de este curso fue creciendo despacio pero constantemente desde mediados de los sesenta y durante los años setenta. A mediados de los ochenta, el número de estudiantes y profesores empezó a crecer más rápidamente. En la actualidad, este (N. A.) y los demás cursos de Lucille se enseñan en diferentes localidades de los Estados Unidos.

La primera edición impresa de *La Naturaleza del Alma* consistió en una serie de hojas sueltas editadas en 1957. Desde entonces se han realizado varias publicaciones de estas lecciones, pero siempre manteniendo este formato diseñado para ser utilizado en las clases. Hubo planes para recopilarlas en un libro, pero nunca se llevaron a cabo hasta la actualidad.

El retraso en la publicación de estas lecciones en forma de libro se debe, en parte, a la falta de organización. *La Naturaleza del Alma* no está relacionado o controlado por ningún grupo organizado en particular. Esto permite libertad a los estudiantes y profesores para iniciar su propio crecimiento y práctica, pero dificulta la actuación como grupo.

Esta edición de *La Naturaleza del Alma* es una fiel reproducción del texto original de 1957. Los únicos cambios realizados son correcciones menores en la gramática, puntuación y diseño. Se ha realizado un claro esfuerzo para retener la cualidad subjetiva y el aspecto de las ediciones anteriores. El texto fue cuidadosamente examinado y editado por una docena de personas de los cursos de "La Naturaleza del Alma" y por graduados en los cursos de formación de profesores. Cuando una posible corrección implicaba un cambio en el significado o pérdida en la cualidad del texto, se eligió conservar el escrito original.

Esta edición en español de *La Naturaleza del Alma* incluye una tabla de contenidos y un listado de técnicas. Aunque estos no forman parte del texto original, han demostrado ser de utilidad para estudiantes y profesores.

La Naturaleza del Alma es un curso de instrucción sobre Sabiduría, un campo que está comenzando a reaparecer en la vida y asuntos de la familia humana. La Sabiduría no es una religión, filosofía o ciencia, sino más bien un campo independiente de estudio, experiencia y práctica. *La Naturaleza del Alma* está diseñado para facilitar el desarrollo, paso a paso, de la individualidad hacia la conciencia de grupo y para pasar de una actividad inconsciente a un servicio consciente a la Vida Una.

Profesores graduados del "Curso de Formación" están disponibles en la actualidad para enseñar *La Naturaleza del Alma*, al igual que otras interpretaciones de la Sabiduría. Se puede obtener información acerca de clases o profesores a través de Wisdom Impressions:

http://www.wisdomimpressions.com/

Sinceramente,

Los Editores

Enero de 1993

V

Contenido

X

INTRODUCCIÓN

Conceptos Fundamentales a Considerar:

Gobierno interno del planeta;

Tres leyes divinas (de evolución, de reencarnación, del karma);

El sendero de la iniciación (nacimiento, bautismo, transfiguración, crucifixión, ascensión).

La familia humana permanece hoy en el umbral de una nueva experiencia, la de la conciencia del Alma. Cada hombre, mujer y niño encarnados en el planeta se acerca a este acontecimiento por la fuerza de la Evolución misma. El hombre se diferencia del animal en que es un ser humano autoconsciente. Del mismo modo, el hombre alcanzará otro avance en la conciencia para convertirse en un Hijo de Dios consciente del Alma. Ya no tendrá que caminar en la sombra de la ignorancia espiritual, porque la Luz de su Alma planea sobre su horizonte.

Este movimiento del Alma hacia la expresión, en y a través de su contraparte inferior, puede observarse en la mayoría de la conciencia de la familia humana, en la que ningún área está en calma, sino que se mueve constantemente para producir el despertar del ser humano a Su presencia. Hombres y mujeres en todo el mundo se sienten intranquilos, insatisfechos y saturados del mundo de valores materiales que han creado para sí mismos. Buscan unos nuevos que lleven una paz duradera a su mundo, aun sabiendo muy poco de la naturaleza de esa paz.

La Naturaleza del Alma

En reconocimiento y como cooperación hacia esta actividad del Alma se ha creado una Nueva Forma-Pensamiento de Presentación de la Sabiduría, que está disponible para aquellos que la buscan. Puede ser contactada como una abstracción a través de la meditación, para traducirse posteriormente por el meditador en formas concretas.

Esta serie de instrucciones es una interpretación de esta nueva forma-pensamiento y ha sido escrita en un esfuerzo por ayudar al ser humano en su búsqueda del Alma.

Para aquellos que persiguen autoridad en la palabra escrita, la verdad de este texto debe verificarse con su aplicación. Un concepto formulado solamente es de valor si puede expresarse en la vida y asuntos de la humanidad como verdad viviente. Por lo tanto, no busquen la autenticidad de estas enseñanzas en su origen, sino en la aplicación en su propia vida.

Esta serie de instrucciones esta asentada en conceptos básicos fundamentales que pueden delinearse brevemente del modo siguiente:

A. GOBIERNO INTERNO

1. Que existe un Centro Cósmico que gobierna toda la vida dentro del Cosmos manifestado. Lo definimos como el Dios Uno, cuya naturaleza es tanto inmanente como trascendente.

2. Que la suma total de vida en nuestro planeta constituye el Ser Planetario, Quien, bajo el impulso del Centro Creativo Cósmico del cual es una emanación, dirige la vida y los asuntos del Planeta conforme al Propósito Divino. Este Propósito Divino es compartido

Introducción

con los demás Seres Planetarios que componen nuestro sistema solar. Esta Gran Vida se define como el Logos Planetario.

3. Que el Logos expresa Su propósito a través de tres Centros Mayores Planetarios:

a. Shamballa – El centro coronario donde la Voluntad de nuestro Logos es conocida. Aquí un grupo de Vidas formula la Voluntad de Dios en el Plan Divino para la totalidad de la Vida Planetaria, según se expresa a través de los distintos reinos de la naturaleza.

b. Jerarquía – El centro cardíaco donde el Amor o la Razón Pura de nuestro Logos es conocida. Aquí, un grupo de Vidas, encabezadas por el Cristo, relacionan la Voluntad de Dios y el Plan mismo con la humanidad. Mediante la energía del Amor, el Propósito Logoico para la humanidad se expresa como el Proceso Evolutivo, o Plan Divino del Alma. A este cuerpo de gobierno interno nos referimos como la Jerarquía de Maestros, siendo cada Maestro un punto focal individualizado dentro de la conciencia del Cristo.

c. Humanidad – El centro laríngeo donde la Voluntad y el Amor de Dios son llevados a la manifestación a través de la energía de la actividad inteligente. La dirección inteligente de la Voluntad y la aplicación inteligente del Amor en la vida y asuntos de la humanidad traerá el cumplimiento del Propósito mayor y el Plan del Logos Planetario mismo.

4. Que existe un grupo mundial de discípulos que funciona conscientemente dentro del cuerpo de la humanidad en cooperación con la Jerarquía. En ningún

momento recibe órdenes de Esta, sino que coopera con ella para asegurar la manifestación del Plan Divino en el cuerpo de la humanidad.

Estos hombres y mujeres no se circunscriben a ninguna organización, raza, credo, color o etapa de la vida. Trabajan silenciosamente en todas las partes del mundo, dentro de cada departamento de la vida humana, para la salud espiritual y el bienestar de la humanidad. Invocan la ayuda invisible de la Jerarquía a través de sus propios esfuerzos para servir al Plan y se denominan "discípulos aceptados".

5. Que existe otro grupo de hombres y mujeres, que trabajan bajo la inspiración y guía de los discípulos del mundo, que aspiran conscientemente al estado de discipulado a través de sus propias actividades de servicio autoiniciadas. Estos se denominan "discípulos probacionistas".

6. Que existe un vasto grupo de buscadores en el mundo, algunos de los cuales no son todavía conscientes de esta información, preparados para recibir las enseñanzas que les situarán en el grupo de probacionistas. En ocasiones, se sienten motivados, consciente o inconscientemente, a ayudar a la humanidad en la manifestación del Plan Divino. Este es un grupo de apoyo que siempre se encuentra del lado del bien. Los individuos que forman parte de él se denominan "aspirantes".

7. Que existe un órgano de gobierno interno en cada individuo que puede, mediante la correcta aspiración, ser invocado para intervenir en su vida y sus asuntos. A este órgano lo llamamos Alma Espiritual Trascendente (e influyente desde su propio plano)[1].

---

1 Nota del traductor: Overshadowing Soul: Alma Espiritual Trascendente e

Introducción

B. LEY Y ORDEN DIVINOS

Existen ciertos impulsos, que emanan del Centro Cósmico Central, que se convierten en Leyes Divinas que mantienen el orden en el Cosmos manifestado. Tres de ellas, junto con otras que no enumeraremos ahora, operan en nuestro esquema planetario de la siguiente manera:

1. La Ley de Evolución

Esta es la Ley Divina que gobierna el aspecto Conciencia de toda vida. Esta relacionada con el Propósito Divino y significa, simplemente, que cualquier estado creado de conciencia está en proceso de crecimiento, independientemente de su condición y apariencia externa. De este modo, el hombre evoluciona para convertirse en el Hijo de Dios consciente del Alma, al mismo tiempo que el Alma evoluciona para convertirse en un punto focal individualizado dentro de la conciencia del Cristo.

2. La Ley de Reencarnación o del Renacimiento

Esta ley podría denominarse el sistema de clasificación del proceso evolutivo dentro de la familia humana. El Alma no encarna solamente una vez en forma humana, sino muchas, hasta que se adueña de la forma y controla Sus vehículos como instrumentos del Plan Divino.

3. La Ley del Karma

Influyente desde su propio plano. Para abreviar lo traduciremos como Alma espiritual o Alma trascendente.

Esta es la gran Ley del Equilibrio que hace posible la evolución. Controla el desplazamiento de energías dentro del Cosmos manifestado, dirigiendo el flujo de energía desde cualquier punto a su lugar de origen, con una fuerza y cualidad similar. De este modo, lo que el hombre piensa, siente o hace le viene de vuelta para equilibrar la energía desplazada dentro de su sistema individual. A través de esta ley, el hombre encuentra esas oportunidades para su crecimiento que él mismo ha creado y, de este modo, evoluciona en la escuela de la experiencia desde el instinto al intelecto, del intelecto a la intuición y de la intuición a la inspiración. Así, el conocimiento se convierte en Sabiduría y el Alma se adueña de Su propio destino o karma. Una vez alcanzada esta maestría, la conciencia encarnante se libera de la rueda de la reencarnación y entra en una frecuencia de actividad más elevada.

C. EL SENDERO DE LA INICIACIÓN

Una vez que la personalidad ha alcanzado un cierto nivel en el proceso evolutivo, su crecimiento se convierte en una actividad autoiniciada y consciente. En cooperación con el Plan de la Evolución, la entidad encarnante inicia esas experiencias que expandirán su conciencia del yo personal para incluir la conciencia del Alma Espiritual. Esta expansión cubre cinco estados de conciencia, en ocasiones referidos como las cinco iniciaciones. Se enumeran y explican del modo siguiente:

1. El Nacimiento del Cristo

La personalidad ha despertado a la verdad esencial de su Ser. El individuo reconoce esta verdad como su Identidad espiritual y, de este modo, se relaciona

Introducción

como el Cristo-Hijo con el Padre en los Cielos. Ha nacido de nuevo en la conciencia del Cristo y trata de vivir, permanecer y caminar en la Luz del Cristo, compartiendo esa Luz con todas sus relaciones. En este momento, la hermandad se convierte para él en un hecho de la naturaleza.

2. El Bautismo

En esta iniciación el individuo acepta pasar por un proceso de purificación. A través de un entrenamiento disciplinario autoiniciado, que habitualmente toma varias encarnaciones, el individuo somete su naturaleza emocional a la Ley Divina y a la energía del Amor. De este modo purifica su naturaleza de deseos inferior y la transmuta en aspiración a Dios mediante un ideal fijo que identifica como el Cristo.

3. La Transfiguración o Iluminación

Esta es la primera iniciación mayor en la cual la totalidad de la conciencia se ilumina, por asi decirlo, por la Luz del Propósito Logoico. El individuo experimenta un gran despertar y comienza, con Sabiduría, a deslumbrar la causa detrás de todo lo que ve. Es consciente de la realidad subyacente a todas las forma de manifestación y comienza a pensar en términos de energía y a trabajar con ella. Dirige su vida y asuntos desde el nivel del Alma y funciona en el mundo como un discípulo aceptado del Cristo.

4. La Crucifixión

En esta iniciación el individuo crucifica esa parte de su ser que interfiere con la total encarnación de su ideal Espiritual. Sacrifica su ambición personal y sus deseos a la Vida Una que habita en todas las formas. Se entrega completamente, trabaja y sirve a esa Vida. Una vez que se ha liberado de su ambición y deseos personales, vuelve para trabajar en el mundo, pero esta vez con una diferencia: su motivación es el amor por la humanidad y todo lo que hace es en servicio de sus hermanos.

5. La Ascensión

Esta iniciación es tan avanzada que poco se puede decir sobre ella. Significa la libertad y maestría en los tres planos de la actividad humana: el plano físico, astral-emocional y mental. El individuo se libera de la rueda de la reencarnación y si vuelve a encarnar de nuevo es, únicamente en tiempos de crisis, para guiar a la humanidad.

En la actualidad, el hombre está pasando por una etapa de transición difícil de la cual sabe muy poco. Como raza, esta completando la primera iniciación y aproximándose a la segunda, fluctuando entre los aspectos emocional y mental de su naturaleza. Está aprendiendo a reaccionar ante la vida de manera inteligente y no únicamente desde sus emociones. Conforme se polariza más en el aspecto mental, se acerca a la revelación de su propia Alma.

Aun así, el hombre tiene libertad de elección y si decide continuar por el camino del egoísmo y la separatividad, atravesará otro periodo de eras de oscuridad en el cual el Alma Espiritual no se realizará y la finalización de la primera iniciación tendrá que esperar otra oportunidad.

Estas lecciones están escritas en un esfuerzo por mostrar cómo el aspirante individual y el discípulo en el mundo pueden ayudar a la humanidad a hacer la elección correcta.

Introducción

Pueden ofrecerse ciertas sugerencias respecto a cómo estudiar estas lecciones. Primero, consideremos la conciencia de grupo, puesto que esta se evidenciará a medida que el hombre se acerque a la realización de sí mismo como Alma e intente subordinar su personalidad a Esta.

Grupos de individualidades vienen a la encarnación debido a un largo periodo de asociación que da como resultado relaciones kármicas y la necesidad de trabajar juntos en un cierto aspecto del Plan Divino.

Aquellos de ustedes que se sientan atraídos hacia estas enseñanzas harán bien en tener en cuenta estas relaciones. Todos aquellos con quienes entran en contacto son Almas que están, de manera peculiar, relacionadas con usted y la expresión del Plan. Conforme progrese en su realización, otros se sentirán atraídos hacia usted y, si progresa de manera adecuada, juntos experimentarán una conciencia de grupo cuya motivación es el servicio y cuyo objetivo es la manifestación del Plan Divino, tal y como lo hayan percibido para la humanidad.

Insertaré unas pocas palabras de advertencia respecto a los grupos. Debido a que están funcionando en este momento como personalidades, puede ocurrir cierta fricción y, a menos que se maneje con cuidado, el grupo no sobrevivirá a ella. Permitan que el Amor Divino les guíe en esta empresa. Reconozcan a cada uno como Alma y, por lo tanto, como hermano. Permitan que el amor y la amabilidad dicten su actitud en todas sus relaciones y den a cada uno la libertad de expresarse como lo crea más adecuado. No se coloquen como jueces o superiores a los demás, sino como hermanos en pie de igualdad, cada uno esforzándose por perfeccionarse y poder así servir a los demás.

La Naturaleza del Alma

LECCIÓN 1

Estados Iniciales de Definición del Alma:

La Sagrada Trinidad o Triángulo de Manifestación;
La Triple Naturaleza del Alma Humana (Espiritual,
Humana y Animal);
La Cuestión de la Motivación y las Cuatro Pautas para
Abordar estas Enseñanzas.

Al acercarnos a una comprensión del Alma, consideremos primero el concepto básico que subyace a toda manifestación. Cualquier apariencia en la forma no es más que la manifestación o exhalación (para utilizar un término oculto) de los tres Principios de la Deidad. Estos tres Principios, que se denominan la Sagrada Trinidad y se simbolizan en forma geométrica como el Triángulo de Manifestación, son las tres Personas en Una: Dios Padre, Dios Madre o Espíritu Santo, y Dios Hijo.

El estudiante de ocultismo separa estos Principios de la personalidad y los considera como la causa subyacente a toda apariencia en la forma. Igualmente, define estos Principios de varias maneras, en un esfuerzo por entender el significado interno del mundo exterior.

Consideremos estos Principios, primero desde la perspectiva de la polaridad. El aspecto Padre es considerado como el polo positivo, el aspecto Madre como el polo negativo, y el aspecto Hijo como aquello creado por la interacción entre las energías de ambos. De este modo,

La Naturaleza del Alma

estos tres Principios se enumeran como:

1. Polo positivo   —   Espíritu
2. Campo magnético   —   Conciencia
2. Polo negativo   —   Materia

Espíritu y materia se consideran las dos polaridades de una energía y la conciencia el campo magnético creado por la interacción resultante de frecuencias entre los dos polos.

El paso siguiente en el acercamiento ocultista a un entendimiento de la Verdad o realidad es:

1. Polo positivo   —   Voluntad Divina
2. Campo magnético   —   Amor Divino
3. Polo negativo   —   Inteligencia Divina

La expresión del Amor nace cuando la Voluntad positiva impresiona a la Inteligencia negativa. La continua interacción entre Voluntad e Inteligencia produce una evolución del Amor, de acuerdo con el Propósito Divino inherente a la Voluntad y a través de la Actividad Divina inherente a la Inteligencia. Así, vemos el mundo manifestado alrededor nuestro y comenzamos a vislumbrar (aunque solamente como un rayo) la Luz de su significado interno. Esa Luz crece cuando sintetizamos todas nuestras definiciones:

Aspecto Padre	Aspecto Hijo	Aspecto Madre
Polo positivo	Campo magnético	Polo negativo
Espíritu	Conciencia	Materia
Voluntad Divina	Amor Divino	Inteligencia Divina
Propósito	Evolución	Actividad
Mónada	Alma	Hombre

Alma es el término usado para definir el aspecto conciencia, la segunda Persona de la Sagrada Trinidad. La evolución de esa conciencia hacia la expresión del Amor Perfecto da como resultado el Cristo, el maduro Hijo de Dios.

De este modo, diferenciamos entre el Alma como el Hijo infante y el Cristo como el Hijo adulto. Reconocemos al Cristo como Principio, tanto trascendente como inmanente. La conciencia trascendente del Cristo no está prisionera ni se encuentra limitada por la naturaleza de la forma. Así, "Yo y el Padre somos Uno".

El Cristo inmanente es ese Patrón Divino presente en el alma que asegura y guía el crecimiento de esta hacia el estado adulto.

Consideramos el Plan Divino como la combinación, o síntesis, de Propósito, Evolución y Actividad que acabará manifestándose como el Cristo en su expresión externa.

Esta es la fórmula clave sobre la que se asienta y de la cual procede todo estudio ocultista. Establezca esta fórmula fundamental de manera clara en su mente, aprenda a reducir y referir cualquier apariencia en la forma a su Realidad esencial a través del símbolo básico que la genera. Más adelante, entenderá causa y efecto, conforme a la relación manifestada entre el efecto y lo que lo causa. Esto puedo parecer abstracto y carente de significado en este momento; sin embargo, si aplica la clave dada con anterioridad, su significado se desvelará gradualmente.

Por ejemplo, los tres Principios básicos pueden traducirse del modo siguiente:

1. Poder   2. Luz   3. Forma
1. Causa   2. Significado   3. Efecto

La Naturaleza del Alma

El Alma es una conciencia creada y, aun así, puede seguirse su pista hasta el triángulo esencial de su causación, lo que significa que Dios es consciente de Sí mismo y de Su creación. De este modo, "el hombre es creado a Imagen y Semejanza de Dios". El hombre está en esa Imagen y crece conforme a esa Semejanza, de ahí que el proceso creativo de la apariencia todavía no se haya completado.

Vemos el Alma de nuestro Logos Planetario como un vasto cuerpo de conciencia manifestándose en una miríada de formas. Aquellas que reconocemos se diferencian en cinco reinos de la naturaleza denominados: mineral, vegetal, animal, humano y Espiritual. Cada uno de los reinos es un Ser identificado, o Alma, contenido dentro de la conciencia Logoica.

El Alma o Vida del reino humano está compuesta de la suma total de los seres humanos conscientemente identificados dentro de su anillo- -no-se-pasa. Así, consideramos el Alma de la humanidad como el Alma Una manifestándose a través de muchos vehículos.

Debido a la diferenciación de la forma, el principiante tiene dificultad en entender el concepto de Unidad, y también por la aparente diferencia en la evolución del Alma misma. Cada Alma es una expresión individualizada de la Super Alma y todas las Almas trabajan, consciente o inconscientemente, hacia un mismo objetivo y propósito. La Vida Una construye muchas formas, cada una de ellas creada con el propósito de evolución y manifestación. Cada forma transmite un grado de desarrollo y de conciencia y, al mismo tiempo, es una expresión del Alma.

La apariencia de la multiplicidad puede explicarse de la siguiente manera: Un Alma individualizada es como un

Lección 1

átomo en el cuerpo del Alma Una que ha adquirido conciencia de sí mismo. En un principio, no es consciente de esa Vida en la que vive, se mueve y tiene su Ser; pero debido a sus características inherentes es traído a la encarnación para desarrollar su conciencia y, de este modo, ayudar en la evolución de la Vida Una. Durante todo este tiempo, la Voluntad central directriz y la Inteligencia son conscientes de este nuevo nacimiento y lo apoyan durante su largo periodo de desarrollo, hasta que adquiere conciencia de esa Vida de la cual no es más que una expresión individualizada.

El propósito de la evolución, en lo que la mente del hombre puede comprender, es unificación completada con individualidad.

El Alma de un ser humano, es decir, la suma total de su conciencia, se divide en tres aspectos fundamentales del modo siguiente:

1. El Alma Espiritual en su propio plano. Este es ese aspecto de la entidad individualizada que aun no ha encarnado en la forma. Su vida y asuntos se mantienen por encima del rango de frecuencias de la conciencia cerebral hasta el momento en que la persona ha evolucionado lo suficiente para permitir Su encarnación. El Propósito Divino de la expresión individualizada, es decir, Su relación con la Vida Una, se mantiene en lo que a menudo se denomina la "superconciencia" y, desde allí, se proyecta como el impulso descendente que motiva el crecimiento espiritual. La esencia de la experiencia adquirida durante cada vida se absorbe en el Alma Espiritual como Sabiduría —esa Sabiduría que será necesaria para manifestar su Propósito cuando, finalmente, descienda a la encarnación—. El Alma Espiritual relaciona al hombre con Dios.

La Naturaleza del Alma

2. <u>El Alma humana</u> en los tres planos del esfuerzo humano. Este es ese aspecto de la entidad individualizada que ha encarnado y se ha identificado con la forma. Se considera a sí mismo como el "Yo", funciona a través del cerebro como persona y evoluciona a través de su experiencia en la forma hasta identificarse con su contraparte Espiritual. En la cumbre de su desarrollo se funde con el Alma Espiritual, encarna de nuevo en un vehículo humano y adquiere dominio de la naturaleza de la forma. En este momento, la persona es absorbida por el Alma Espiritual y la vida en la forma se transforma en un Alma Consciente Encarnada. De este modo, el Quinto Reino (el Cielo) es traído a la tierra. El Alma humana relaciona al hombre con la humanidad.

3. <u>El Alma animal</u>. Este es ese aspecto de la entidad individualizada que reside bajo el umbral de la conciencia, todavía identificado completamente con la naturaleza de la forma. Produce las reacciones instintivas del hombre que hacen que la naturaleza animal inferior se exprese a través de los vehículos físico y emocional. Este aspecto ha de ser absorbido y transmutado por el ser humano y, finalmente, por el Alma Espiritual. El Alma animal relaciona al hombre con el reino animal.

Podría añadirse aquí que algo de la vida Solar (del Alma) de los reinos mineral y vegetal se expresa a través del hombre y de los reinos superiores a él y, de este modo, podemos considerar que todos los reinos de la naturaleza se manifiestan y encuentran dentro de la humanidad. Debemos tener en cuenta este punto, puesto que nos ayudará a entender más adelante el papel que la humanidad juega en la evolución de la conciencia Logoica.

Me gustaría aprovechar esta oportunidad para explicar

algo al estudiante sincero respecto a su comprensión de las enseñanzas. Todos los profesores de Sabiduría son conscientes de la dificultad, especialmente para el principiante, de comprender el concepto proyectado de la Verdad. El neófito se encuentra con una colección desconcertante de términos nuevos, para él sin significado, que responden a la razón de su Ser y que nunca esperaba encontrar. Si no es muy cuidadoso en esta etapa, podría confundirse respecto a la Verdad y retrasar innecesariamente su propio crecimiento.

Primero, examine cuidadosamente su motivación. ¿Para qué y por qué está buscando? ¿Qué piensa hacer con esta enseñanza una vez que la haya comprendido? ¿Tiene como objetivo el beneficio de la humanidad o busca su propia autoglorificación?

Recuerde, el Alma consciente es parte de la Totalidad. Su deseo es la evolución de esa Vida en la que vive, se mueve y tiene Su Ser. Cualquier actividad en la que el Alma Espiritual está implicada tiene como objetivo el servicio a sus hermanos.

Si alguien persigue la glorificación del yo separado, sería preferible que abandonara el estudio y esperara hasta que su motivación estuviera correctamente orientada. A través de experiencias dolorosas, aprenderá la futilidad de perseguir una imagen ilusoria de sí mismo, la inevitabilidad del cambio, la insatisfacción que emerge tras alcanzar la meta perseguida durante largo tiempo, la incapacidad para encontrar satisfacción. Todas estas experiencias dolorosas finalmente impulsan al hombre a buscar realización en el servicio. Sus motivos se vuelven puros conforme se prepara para el largo ascenso de la montaña de la iniciación.

Este Sendero de la Iniciación está plagado de múltiples

obstáculos constituidos por la naturaleza más ruin del hombre mismo. Deberá aceptar verse a sí mismo tal y como es y enfrentar y superar esas cualidades negativas, dentro de su propio instrumento, adquiridas en el mundo de la ilusión y puestas de manifiesto ante la Luz del Alma. Es necesaria mucha valentía para enfrentar, admitir y superar aquello que constituye el yo separado. Conlleva coraje sacrificar esa parte de uno mismo que lo separa del Alma, y este coraje nace de la correcta motivación.

El estudiante deshonesto consigo mismo que no tiene en cuenta estas cosas sino que continúa buscando desde el propósito egoísta de su pequeña voluntad, acarrea gran sufrimiento para sí mismo. La nota clave del discípulo aceptado es inofensividad. Cultive esta cualidad si quiere escapar de las trampas en las que tantos quedan atrapados.

Existen ciertas reglas a seguir que ayudarán al estudiante honesto consigo mismo que con sinceridad aspira a aprender en beneficio de los demás. Se enumeran del modo siguiente:

1. Adquiera y mantenga flexibilidad de conciencia. Esta es más frecuentemente conocida como "mente abierta" y es una actitud de extrema importancia para el aspirante.

   Es imposible conocer todo aquello que es posible saber acerca cualquier tema. Toda verdad es relativa y depende del estado presente de conciencia del hombre. Cuanto quiera que piense que ha llegado a un conocimiento exhaustivo y exacto sobre cualquier asunto, habrá cristalizado su pensamiento, cerrando de este modo la puerta a la Sabiduría. Entienda que existe un vasto campo de conocimiento, que el hombre ni tan siquiera ha vislumbrado, detrás de todo aquello considerado como realidad.

2. Acepte como Verdad solamente aquello que pueda comprender tanto con su corazón como con su mente. El Alma ha implantado un mecanismo de respuesta intuitivo dentro de la estructura básica interna y subjetiva del hombre (que combina cabeza y corazón). No se trata del mecanismo de respuesta emocional, sino de un mecanismo de respuesta correspondiente a un nivel superior, responsable de proporcionar la guía interior conocida y experimentada por muchos. No se comunica a través de la voz o el pensamiento formulado, sino que produce una respuesta de conocimiento interior instantáneo que sobrepasa el pensamiento.

   No acepte ciegamente como hecho aquella afirmación que provenga de una fuente de autoridad. Usted puede y debe desarrollar la respuesta intuitiva a la Verdad que le guiará en el Sendero de Luz.

3. No piense que aquello que no puede aceptar es falso. Recuerde que para otro podría tratarse de la Verdad más grande. Simplemente permita que aquello que no comprende ni puede aceptar pase de largo. No le de importancia. Espere, más adelante lo percibirá en la Luz de su propia Alma, reconociendo su lugar en el esquema global.

4. Sea receptivo a la transferencia de conceptos. Esto es difícil al principio, pero extremadamente importante. Recuerde que una palabra o grupo de palabras no es el concepto que estas tratan de trasmitir. Son una puerta a través de la que el aspirante puede acceder a una comprensión mayor.

La Naturaleza del Alma

Toda verdad pierde algo de sí misma cuando toma el envoltorio externo que la describe. Sin embargo, esta verdad puede ser contactada como concepto abstracto si la mente no está prisionera o atrapada en el glamour de la forma externa. Muy a menudo, el estudiante queda literalmente fascinado por los vehículos mediante los cuales la Verdad se hace aparente y, como resultado, aprende y repite cientos de palabras que guardan muy poco o ningún significado.

Intente intuir el mundo del significado, sienta su profundidad y plenitud y capte en su realización alguna comprensión del mismo. Esto estimulará una mayor actividad de su facultad intuitiva y, gradualmente, le volverá más receptivo a la transferencia de conceptos.

LECCIÓN 2

La Trinidad en relación con la Humanidad:

La Trinidad más ampliamente definida como primer,
segundo y tercer Logos;
Tres enunciados de identidad: "Yo, Voluntad de Ser",
"Yo Soy", "Yo creo";
El uso que el Alma hace de la personalidad para crear
un vehículo de manifestación.

Llamamos conciencia a esa existencia capaz de percibir conscientemente en cualquier estadio de evolución, y la definimos como animal, humana o Espiritual, dependiendo de Su grado de desarrollo consciente. La naturaleza de la conciencia, ya sea de un animal, un hombre o un Alma Espiritual encarnada, es esencialmente divina, puesto que Dios es su único progenitor.

Este concepto es esencial: Todo estudiante que se inicie en la sabiduría debe entender la divinidad inherente, no solamente como una abstracción sino como un hecho de la naturaleza. Así, cualquier apariencia de la polaridad de opuestos, tales como verdad y error, o bien y mal, debe ser entendida y resuelta armónicamente en la mente del estudiante comprometido. Esto es sabiduría, y su aplicación práctica en el mundo es la tarea autoiniciada de todo discípulo del Cristo.

Alcanzamos esa sabiduría a través del estudio y la

La Naturaleza del Alma

meditación sobre la naturaleza del Alma, según se manifesta en la forma. De este modo, volvemos nuestra atención de nuevo al triángulo básico de manifestación para tratar los impulsos esenciales, características y atributos del Alma.

1. Aspecto Padre Polo positivo   Voluntad Divina

2. Aspecto Hijo   Campo magnético Conciencia o Alma, Amor Divino

3. Aspecto Madre Polo negativo   Inteligencia Divina

Estos tres Principios de la Deidad son también considerados como:

1. El Primer Logos
2. El Segundo Logos
3. El Tercer Logos

El Primer Logos, o el Primer Aspecto de la Deidad, es el polo positivo porque Su Naturaleza es positiva respecto a todo lo demás. Este es el primer impulso que inicia la creación y el último que la lleva a su consumación durante cualquier ciclo.

El Tercer Logos, o el Tercer Aspecto de la Deidad, es el polo negativo porque Su naturaleza está en oposición directa con el Primer Logos. Es negativo y puede ser impresionado por el Impulso de Voluntad.

El Segundo Logos, o Segundo Aspecto de la Deidad, participa tanto de la Voluntad Divina como de la Inteligencia Divina, puesto que es el resultado de la creación de ambas. Su Naturaleza está compuesta de los aspectos positivo y negativo, más el Amor Divino o la Razón Pura, que es Su cualidad peculiar.

Lección 2

El Segundo Logos, o Aspecto Hijo, es la suma total de todo aquello que existe en manifestación en un momento dado. En Su aspecto superior es nuestro Dios y en Su aspecto inferior nosotros mismos, la conciencia, el Alma, el Hijo de Dios en manifestación.

Es la Naturaleza Divina de ese Hijo o Alma a la que nos aproximamos en nuestras mentes en un esfuerzo para acceder a la Sabiduría a través del entendimiento. Hacemos esto mediante la analogía. ¿Cuáles son los aspectos inherentes al Alma que son análogos al Hijo en Su estado más elevado? ¿Cómo operan estos aspectos en la conciencia de la persona?

En primer lugar, como Impulso de Voluntad Divina, el Impulso motivador detrás de toda manifestación. Este Impulso de Voluntad Divina se mueve constantemente dentro del Alma y produce, a través de su impacto sobre la inteligencia, la característica de voluntad inteligente dentro del hombre. Esta voluntad es esencialmente Divina; el significado de su Palabra Logoica es "Yo, Voluntad de Ser".

El sonido o vibración constante de la Voluntad sobre la Inteligencia dentro de la conciencia da por resultado una progresión de la experiencia que hace evolucionar a la conciencia a oír, responder y crecer en la percepción de su significado esencial. De este modo, encontramos al hombre demostrando la Voluntad de vivir, progresar y prosperar.

En segundo lugar, como el Impulso de Amor Divino que emana del Corazón de Dios (Cristo) para impactar sobre el corazón del hombre (Alma). ¿Qué es Amor Divino o Razón Pura sino conciencia perfecta? Así, el hombre es consciente de Ser. Su sonido emerge como "Yo Soy" y es esencialmente Divino, puesto que es la palabra del Hijo

La Naturaleza del Alma

o Cristo, la Segunda Persona de la Santísima Trinidad. De este modo, se produce en el hombre la característica de la identificación, es decir, la expresión o afirmación de ese grado de Alma, Hijo o Amor realizado.

En tercer lugar, como el Impulso de Inteligencia Divina impactando constantemente sobre la conciencia para producir una manifestación o actividad inteligente. Aquí resuena en el Hijo, o Alma, la palabra inherente de la Madre, la Tercera Persona de la Santísima Trinidad: "Yo creo". De este modo, se construyen las formas a través de las cuales la conciencia experimenta y evoluciona las polaridades Positiva y Negativa de Su Ser. Su actividad es esencialmente Divina, puesto que esta es una característica inherente otorgada por la Inteligencia de Dios. Debe crear —actuar de acuerdo con Su voluntad inherente y Su grado de identificación con el Cristo—.

La síntesis de estos tres aspectos manifiesta los atributos del Alma que serán explicados y aclarados en una lección posterior. ¿Qué es el hombre entonces, cuando se le observa desde la perspectiva de la realidad? Es la síntesis de la triple Palabra de Dios resonando en tiempo y espacio...

1. Yo Voluntad de Ser
2. Yo soy
3. Yo creo

...o Cristo tal y como lo entiende el Cristianismo, o Buda tal y como lo entiende el Budismo, etc.

El proceso de la evolución humana comienza desde el momento del nacimiento de un Alma individual, una unidad autoconsciente dentro de la conciencia mayor del Segundo Logos. El nuevo nacimiento de la conciencia es llevado a la actividad por los Impulsos Divinos de la Vo-

Lección 2

luntad, Inteligencia y Amor que le son inherentes. Estos, actuando bajo las Leyes Divinas de Evolución, Reencarnación y Karma, construyen el primer ciclo de vehículos para el Alma encarnante; la conciencia misma presta poca atención al proceso de construcción. Este, al principio, evoluciona automáticamente de acuerdo con la Ley Divina y el Plan inherente.

Más adelante, sin embargo, cuando el Alma Espiritual ha desarrollado cierto grado de sabiduría (ha despertado a su Realidad esencial y a su Naturaleza Divina a través de su experiencia en la forma), entonces asume una parte más precisa en el proceso de construcción.

Observa el crecimiento de la persona (ese aspecto de su conciencia prisionero e identificado con la forma) y determina qué experiencias adicionales son necesarias bajo la Ley Divina. Entonces, el Alma Espiritual manipula conscientemente la Voluntad e Inteligencia Divinas para crear sus vehículos de encarnación.

Este es un concepto importante a tener en cuenta. El Alma no busca un vehículo ya creado y se encarna en él, sino que construye los vehículos de la persona a través de un proceso de meditación.

Aquí puede insertarse una nota adicional para su posterior meditación y reflexión:

El Alma Espiritual permanece en profunda meditación durante todo su ciclo de encarnación.

En cooperación con las Almas individuales de los padres de la personalidad concernida (dependiendo del desarrollo evolutivo y del karma), el Alma Espiritual continúa con el proceso de creación desde su propio plano de acción. La procreación no es más que el efecto de una

La Naturaleza del Alma

causa iniciada en los niveles del Alma Espiritual.

Esta información puede ser desconcertante para los principiantes en el sendero ocultista, así pues, a aquellos que se exponen a estos conceptos por primera vez se les sugiere proceder despacio y sin intensidad mental. No intenten aceptar o rechazar la información en este momento, ni tan siquiera entenderla en su totalidad. Los conceptos mencionados tienen implicaciones que, una vez sean comprendidas más adelante, inundarán la mente de Luz.

Mucho depende de su enfoque. Demasiada estimulación puede atraer aquello para lo que su conciencia no está todavía preparada. Por otro lado, demasiada dificultad en entender el significado interno de los conceptos esotéricos puede desencadenar un rechazo inconsciente a su significado.

Considere el texto, entonces, desde la facilidad nacida del desapego y dígase: *"Puede o no ser verdad. Observaré y esto me permitirá aclarar mi mente"*.

El Alma Espiritual construye su vehículo de encarnación conforme a las experiencias que necesita y lo colorea con las cualidades requeridas para causar, bajo la ley de atracción, las lecciones necesarias y crecer así en sabiduría. Cada forma o vehículo sucesivo es capaz de una mayor expresión Espiritual hasta que, por último, el Alma Espiritual construye uno de una frecuencia vibratoria tan elevada que es capaz de expresar la suma total de Su conciencia Espiritual y manifestar la perfección en la forma. Esta encarnación final le libera de la rueda del renacimiento.

LECCIÓN 3

Reconstrucción del Instrumento de la Personalidad:

Construcción del Carácter (la Personalidad Responde
al Impulso del Alma para Comenzar el Camino de Retorno);
Invocación y Evocación (Las Herramientas Básicas en
la Relación Entre el Alma y la Personalidad);
Las Disciplinas del Hombre Común y del Aspirante en
Relación a la Construcción del Carácter, la Meditación y
el Alineamiento.

Como hemos señalado, los Impulsos Divinos de Voluntad, Amor e Inteligencia que impactan a la conciencia encarnante producen tres características inherentes en la personalidad en evolución. Estas evolucionan en la personalidad misma hasta que se expresan como una síntesis de la actividad planeada por el Alma. Así concluye la evolución del hombre en sentido humano y del Alma consciente encarnada en la forma.

Durante esta etapa de crecimiento personal se pone de relieve el proceso de construcción del carácter en el sendero de retorno para el Hijo de Dios. El "Yo" consciente comienza a vislumbrar y construir el ideal de su Prototipo Divino, el Alma Espiritual, y se esfuerza en reconstruir su instrumento, expandir su conciencia y moldear su vida y sus asuntos de acuerdo con este ideal. Al principio, su visión es incompleta y se encuentra distorsionada debido a la falta de claridad mental. Al mismo tiempo, se ve nublada por el glamour de su naturaleza emocional; aun así, en la mayoría de los casos su visión será suficiente para estimular en él un nuevo esfuerzo para el crecimiento consciente.

Este individuo se aproxima al camino de la iniciación sin darse realmente cuenta de la importancia del paso evolutivo que está dando. En este camino iniciará su propio desarrollo Espiritual con la ayuda que invoque, fruto de la fuerza de su propio esfuerzo invocatorio.

Me gustaría divagar por unos momentos con el propósito de llevar su atención al tema de la fuerza invocatoria.

Muchos de ustedes, atraídos a esta serie de instrucciones, están de alguna manera familiarizados con el concepto de invocación y evocación. Sin embargo, definiremos los términos utilizados, en aras de una mayor claridad, y continuaremos con nuestro tema a partir de esta definición.

Invocación es la llamada a una intervención activa de la Deidad que transciende al individuo o al grupo. Aquello invocado puede aparecer de muchas formas, tales como una idea, una experiencia o, en el caso de la humanidad necesitada, incluso como la encarnación de la conciencia de un iniciado. Así, la Intervención Divina es traída a la manifestación a través de la atracción magnética del centro invocatorio, que actúa como polo positivo de atracción magnética en los tres mundos de la actividad humana.

Evocación es una llamada a la manifestación de ese Potencial Divino latente dentro de la forma manifestada. De este modo, el Cristo inherente, esa Chispa Divina o Semilla dentro de la conciencia de las masas, puede ser traída a la manifestación a través de la atracción magnética provocada por un Hijo de Dios consciente que vive en el cuerpo de la humanidad.

La fuerza invocatoria se desarrolla dentro del aspirante a través de sus esfuerzos autoiniciados hacia el crecimiento Espiritual y su expresión de este. "Dios ayúdame" encontrará respuesta según la sinceridad del que implora. Si esta llamada se realiza a través de la acción, la ayuda llegará desde aquel nivel que el aspirante sea capaz de alcanzar.

La construcción del carácter es el primer y, si puedo añadir, más importante proceso utilizado en el desarrollo de la fuerza invocatoria. La persona en evolución intenta convertirse en una personalidad infundida por el Alma. Atrae esta infusión (Intervención Divina) a través de su esfuerzo por encarnar su ideal del Alma. Cada éxito en la expresión de una de Sus cualidades le sitúa más claramente en el polo positivo de la atracción magnética espiritual dentro de su entorno.

Este magnetismo Espiritual funciona en dos direcciones. Atrae aquello que posee una frecuencia más elevada hacia la manifestación y, al mismo tiempo, eleva y atrae a la manifestación aquello que permanece oculto o prisionero dentro de la naturaleza de la forma. De este modo, el Cristo Transcendente es descendido a la encarnación y el Cristo inmanente es elevado para fundirse con Su Prototipo Divino.

Más adelante se proporcionará una técnica a aquellos que estén cualificados, con el propósito de utilizar esta información para el beneficio de la humanidad y la manifestación del Plan. Mientras tanto, intenten comprender su significado interno y pónganse en relación con él.

Conforme el aspirante toma su sitio en el camino de la

La Naturaleza del Alma

iniciación, entra en el proceso de construcción del carácter, como una ciencia que utiliza ciertas técnicas basadas en el conocimiento de las características de la personalidad infundida por el Alma. La visión se vuelve más clara, más definida y con más posibilidades de ser encarnada. Deja de estar distorsionada y nublada, de ser un sueño difuso de autoglorificación, y se convierte en una visión de radiante belleza basada en la verdad real del Alma de la humanidad. Lo que el aspirante puede lograr y logrará, toda la humanidad puede alcanzar y alcanzará. Así, su visión no le incluye solamente a él sino que se convierte en el Plan Divino para todo hombre, mujer y niño del planeta.

Las características de la personalidad infundida por el Alma son la manifestación de la Voluntad Divina, el Amor Divino y la Inteligencia Divina dentro y a través de la naturaleza de la forma.

De este modo, las disciplinas ejercidas por el aspirante durante este periodo de crecimiento son, de alguna manera, diferentes a aquellas practicadas por el hombre común en su proceso de construcción del carácter.

El hombre común moldea sus disciplinas siguiendo los estándares morales y éticos de la sociedad y civilización en la que vive. Sin embargo, esto no es suficiente para el aspirante, que mantiene el código ético y moral de su sociedad, además del código basado en los estándares Espirituales de su Alma. No mata el cuerpo físico simplemente porque esta es la ley de sus hermanos, sino que va más allá. Practica la inofensividad de pensamiento, palabra y obra porque esta es la Ley Divina que su Alma reconoce y obedece. Sus disciplinas son los actos positivos de encarnación del ideal Espiritual que él mismo ha construido en su respuesta al Alma Espiritual Transcendente.

Lección 3

Antes de pasar a un estudio exhaustivo de las características de la personalidad infundida por el Alma, me gustaría incluir instrucciónes básicas sobre el tema de la meditación. Esto proporcionará al estudiante una técnica que puede utilizar para encarnar y sustanciar la información que se presenta en las próximas lecciones.

La meditación es un proceso técnico en el que se establece contacto con el Alma y se logra la infusión por Ella. Es un proceso seguro llevado a cabo como práctica diaria una vez que la persona ha dedicado sus vehículos al Alma. Si alguno de ustedes no realiza esta dedicación, es preferible que no continúe con esta instrucción, puesto que podría ser desastroso para usted. En este punto, está entrando en el camino ascendente que conduce al hijo errante hacia el hogar de su Padre. Invocará en sus vehículos la elevada frecuencia de las energías Espirituales, que pueden ser manejadas con seguridad únicamente en beneficio de la humanidad. El mal empleo deliberado de la energía o poder Espiritual conlleva rápida retribución (karma) para el que lo utiliza. De este modo se asegura la protección de las masas bajo la Ley Divina.

El primer paso en cualquier meditación bien estructurada es el alineamiento. El alineamiento consiste en establecer el sendero de menor resistencia para el flujo de la energía entre dos puntos dados. En este caso, el alineamiento se realiza entre la personalidad, enfocada en el cerebro físico, y el Alma Espiritual en Su propia esfera.

La personalidad está compuesta de tres aspectos: cuerpo físico o denso, naturaleza emocional sensible y mente. El objetivo de la primera etapa del alineamiento es calmar el cuerpo físico y la naturaleza emocional y que queden bajo el completo control del alma. Esto se lleva a cabo de dos maneras, tal y como se describe a continuación:

La Naturaleza del Alma

1. Los dos aspectos inferiores del instrumento deben relajarse. Donde existe tensión, la mente permanece prisionera. Una emoción, especialmente de naturaleza negativa, producirá tensión física y mantendrá la atención de la mente en el cuerpo y en el problema, sin libertad para buscar, reconocer o crear una solución. Cualquier intento de liberar o elevar la mente de su prisión solo servirá para reforzar su atadura. Por lo tanto, el proceso debe consistir en un alineamiento relajado que dará como resultado la liberación de la mente. Esto se obtiene de la siguiente manera:

   a. Relaje el vehículo físico. Siéntese lo más cómodamente que le sea posible. Comience relajando los pies, cada músculo, cada tendón y, finalmente, cada célula del cuerpo. Invite a todas las partes de este a relajarse. Dese cuenta de que el sistema nervioso les llevará este mensaje y estas obedecerán.

   b. Calme y serene su naturaleza emocional. Hable con sus emociones e invítelas a relajarse y a permanecer en paz. Permita que cada emoción se aquiete hasta que la serenidad invada su naturaleza de sentimientos.

2. Establezca un punto de enfoque. Cuando el cuerpo físico y la naturaleza emocional permanecen en paz, la conciencia de la personalidad se enfocará naturalmente en la mente. La mente, liberada de los aspectos inferiores, enfoca naturalmente su atención en su propio mundo. No abandona el cuerpo, pero vuelve su atención hacia el Alma. Permanece enfocada y alerta. Esto se facilita del modo siguiente:

   a. Establezca una respiración profunda, sin esfuerzo y rítmica, que sea natural y confortable.

    b. Tome siete respiraciones profundas y deje que su atención consciente se enfoque en la frente. No cree un punto de tensión aquí. Simplemente sitúese con facilidad en la frente y tome conciencia de que es una personalidad integrada enfocada en su naturaleza mental.

El siguiente paso consiste en alinear con el Alma la conciencia enfocada, a través de la mente. En el pasado, los principiantes cometieron el error de realizar un esfuerzo excesivo. Eliminemos ese yerro. No intenten situar la ubicación del alma. Se encuentra igualmente presente en todas partes e intentar localizarla, antes de entenderla, solo les limita su pensamiento. En lugar de ello, alinéese con su Alma llevando su atención al concepto de Alma. Dedique unos momentos en silenciosa contemplación a permanecer alineado con su Ser Superior por medio de la sustancia mental.

Ahora está preparado para entrar en comunicación con el Alma a través de un pensamiento simiente. La mente recibe un pensamiento que acelera su frecuencia vibratoria de tal manera que cubra la distancia en la conciencia entre la personalidad enfocada en la naturaleza mental y el Alma Transcendente.

Permita que su primer pensamiento simiente sea uno de "dedicación".

Yo, la personalidad, dedico mi conciencia y mis cuerpos al Alma.

Este permite identificar y establecer un puente entre dos estados de conciencia en tiempo y espacio.

La Naturaleza del Alma

Se abandona el pensamiento simiente. Las palabras dejan de pronunciarse. Esta es para el principiante la etapa más difícil de toda la meditación, al igual que para muchos estudiantes avanzados. La tendencia de la mente hacia la repetición arrastra al estudiante en el hábito de la afirmación, y esto es el polo opuesto a la condición requerida para el contacto del Alma. Mientras la mente continúa hablando, la comunión con el Alma se ve obstruída. Debe permanecer aquietada, atenta, alerta.

El pensamiento simiente en forma de palabras se abandona. La energía del pensamiento permanece como la línea de contacto (o puente de sustancia mental) y no es necesaria la repetición.

La mente continúa aquietada, atenta, receptiva. Cuando llega el momento de absoluto silencio, el Alma se da a conocer.

Quiero insertar algunas palabras de cautela. Abandone cualquier idea preconcebida respecto a lo que es el contacto con el Alma. Probablemente ha escuchado historias sobre los diferentes fenómenos experimentados durante la meditación. Algunos de los más comunes son: luz, comunicación en forma de palabras, imágenes etc. Todo esto está bien y puede ser verdad para las personas a quienes concierne, pero no constituye un criterio.

Cada individuo experimenta su contacto de una manera individual. Algunos nunca ven luz o imágenes ni oyen o perciben palabras. Todos estos fenómenos son formas dictadas por la personalidad, no por el Alma. La forma más pura de comunicación del Alma es el conocimiento instantáneo. Todo lo demás son medios, no el objetivo.

Acepte aquello que resulte de su meditación como el mejor método apropiado para su desarrollo y no codicie el camino de otro. Esto es lo más importante.

3. La meditación concluye de la siguiente manera con lo que definimos como el descenso:

   a. Vuelva su atención a la naturaleza mental y sepa que está impulsada por la Voluntad Divina.

   b. Vuelva su atención a la naturaleza emocional y sepa que ha sido purificada y limpiada por la energía del Amor Divino.

   c. Vuelva su atención al cerebro físico y al sistema nervioso y sepa que han sido impulsados a la acción correcta.

Dedique unos momentos a irradiar Amor Divino a la humanidad.

La Naturaleza del Alma

LECCIÓN 4

El Plan Divino y la Energía de Primer Rayo:

El Plan Divino;
La energía de primer rayo en relación con el propósito,
poder y voluntad;
La negatividad y su relación con el entendimiento del
Plan y el Propósito inherente;
La ley de causa y efecto.

Las características de la personalidad infundida por el Alma son básicamente tres tipos de energías disponibles para el individuo, o el grupo, para la expresión en los tres mundos de la actividad humana. Estas energías en su estado libre son el potencial del Plan Divino, y en expresión son la manifestación de ese Plan en la vida y los asuntos de la humanidad.

La perfecta manifestación del Plan es, obviamente, el resultado de una apropiación de un potencial Divino de energía y su direccionamiento a la manifestación, de acuerdo a su Intención Divina. Apropiar energía por cualquier otra razón es un acto del hijo errante y acarrea retribución, por así decirlo, del Plan mismo.

Este es un concepto importante a captar. El Plan Divino está siempre en manifestación, a pesar de la apariencia externa. Esa manifestación puede estar en camino o ser ya perfecta, pero siempre está presente, moviéndose dentro de la manifestación para restablecer el orden fuera del caos, trabajando a través de la apariencia hacia la

La Naturaleza del Alma

Luz del Día. La guerra, por ejemplo, es el Plan Divino en proceso, puesto que eventualmente debe enseñar al hombre el error de su violencia, mientras que la unidad y la paz mundial son el Plan Divino en una fase de expresión perfecta.

La energía Divina opera de acuerdo a sus propias Leyes, a las que invoca desde el momento en que deja de ser un potencial y pasa a ser su expresión real. Toda energía está impresa con una Intención Divina, que cuando se contraría tiene como resultado una manifestación con un efecto negativo en la vida y los asuntos de quien lo hace. La sucesión de estos efectos en la vida y los asuntos de un individuo, eventualmente, despertará en él una necesidad de aprender el correcto uso de la energía. A esta fase del proceso evolutivo la llamamos el camino de la experiencia, puesto que procede de acuerdo a los métodos de ensayo y error, con escaso esfuerzo consciente hacia el desarrollo Espiritual.

La personalidad, infundida por el Alma, intenta apropiarse de energía y dirigirla hacia la manifestación de acuerdo con la Intención Divina. A esta actividad la definimos como servicio al Plan y aquellos que están involucrados con ella son considerados discípulos.

Hay muchos estadios en el discipulado, desde el discípulo en probación hasta, y más allá, del discípulo aceptado que trabaja desde dentro de uno u otro de los ashrams Jerárquicos. El camino de la iniciación es, de hecho, el camino del discipulado que conduce finalmente hasta el Cristo Transcendente.

Por favor, tengan en cuenta estos conceptos conforme procedemos con el estudio de las características que constituyen, para el principiante, el ideal del Alma. Conforme contemplen ese ideal con mayor claridad, estos conceptos obtendrán verdadero significado para ustedes.

A medida que la energía de la Voluntad Divina impacta la conciencia del principiante en el camino, vemos que se manifiesta en su mente como la Voluntad del Bien. Este es el primer gran paso que toma en su reorientación hacia el Alma. Su pequeña voluntad, a quien hasta ahora solo le han concernido los asuntos de la personalidad separada, se alinea con la Voluntad de Dios conforme comienza a pensar en términos del mejoramiento de la humanidad. De este modo, el bien de muchos se convierte en el impulso motivador subyacente a toda su actividad. Se mueve por el impulso de expresar buena voluntad hacia sus amigos, familiares y asociados, y de este modo la hermandad se convierte para él en un hecho de la naturaleza.

Conforme contempla el ideal, este empieza a incluir el correcto uso de la energía de la Voluntad. Comienza a pensar en términos de las tres partes que componen el primer Aspecto de la Deidad:

1. Propósito
2. Poder
3. Voluntad

Su voluntad se deriva del Propósito y el Poder de Dios. Comienza a vislumbrar el Propósito (Intención) Divino trabajando a través de cada situación que ve manifestarse a su alrededor. Sabe que el Poder de Dios para manifestar lo bueno, lo verdadero y lo bello es inherente al Propósito subyacente y, de este modo, lo considera como propio. Se hace receptivo a la Intención Divina ("No mi voluntad, Padre, sino la Tuya") y, a través de su aceptación, invoca el Poder de Dios a la manifestación.

Así, el principiante en el sendero se convierte en el

discípulo en probación y comienza a contribuir con sus energías a las fuerzas de la Luz en el planeta. Sirve al Propósito Divino que subyace a toda manifestación.

Esta actitud resultante es bastante diferente a la del reformador común mundano. En lugar de intentar eliminar el llamado mal a través de la inhibición, el probacionista llama a la manifestación al Propósito Divino que existe inherente en la forma para manifestar lo bueno, lo verdadero y lo bello.

De este modo, una situación negativa deja de considerarse como algo que ha de detenerse y pasa a ser considerada como el resultado del mal uso de la energía disponible, como ignorancia de la Intención Divina y, como tal, es considerada como un vehículo para la manifestación del Plan Divino.

El probacionista enraíza el Plan (colabora con su manifestación) a través del reconocimiento de su existencia dentro de la forma, evocando su apariencia bajo la Luz del Día.

Así, el discípulo considera la enfermedad, el hambre, la guerra, etc. como vehículos necesarios a través de los cuales la Voluntad de Dios se da a conocer. ¿De qué otro modo podría el hombre o el mundo humano conocer el Propósito Mayor?

Los males de los cuerpos se consideran factores secundarios, importantes únicamente en la medida que muestran los males de la conciencia. El cuerpo no puede, ni debe, curarse para ocultar una conciencia ignorante Espiritualmente. Cuando esto ocurre, la enfermedad se internaliza para irrumpir más tarde con mayor virulencia y dolor. Esta irrupción podría retrasarse por toda una encarnación, solo para traer de vuelta al Alma a un vehículo inválido e invadido por un dolor para el que no existe cura conocida.

¿Cómo podemos entonces servir a un mundo en el que el dolor prevalece de forma característica? ¿Cómo podemos hacer que la salud, la paz y la buena voluntad se manifiesten en la vida y asuntos de la humanidad a la vista de estas condiciones?

La respuesta no es tan difícil u oculta como podría parecer. Solo hace falta que los aspirantes del mundo se conviertan en discípulos, que expresen esas actitudes que, en su totalidad, constituyen el discipulado.

Nos gusta pensar que nuestro Dios es un Padre amable y benevolente, pero todavía no reconocemos la Sabiduría de Sus caminos.

Si un hombre está enfermo, si un mundo está en guerra, reconozcamos el Propósito Divino que subyace a esta condición. Aceptemos la enfermedad y la guerra como vehículos a través de los cuales la conciencia implicada tiene una oportunidad para el crecimiento Espiritual. Sirvamos volviéndonos receptivos a la Voluntad de Dios, al Propósito Divino en cualquier acontecimiento; invocándolo desde dentro del evento mismo para crecer y florecer como una flor de Verdad. La belleza y fragancia de esta flor disipará la enfermedad y la relación errónea manifestada entre hermanos.

En este punto, me gustaría presentarle una técnica de servicio que puede ser utilizada por el aspirante al discipulado con gran beneficio.

Cuando se le presente una condición de negatividad en su propia vida o en la vida de un hermano, realice la siguiente técnica:

La Naturaleza del Alma

A. Establezca su alineamiento con:

1. El Alma
2. El Cristo
3. El Padre

B. Reconozca que la condición manifestada es un resultado del trabajo de la Ley y el Orden Divinos inherentes en esta situación particular.

C. Una vez reconocido el Propósito, ya sea en detalle o en su generalidad, invóquelo, desde dentro de cualquier limitación que sea su prisión, a la realidad manifestada. Vea como se enraíza dentro del aspecto conciencia, crece y florece como Verdad.

D. Después, y solo después, vea la radiación de la Verdad dispersando la oscuridad producida por la sombra de la ignorancia. Vea esa Luz radiante emerger desde la conciencia y brillar a través de la naturaleza de la forma, transmutando a su paso la forma exterior en un reflejo verdadero de la realidad interna.

E. Pronuncie las palabras:

Que el Plan Divino manifieste ajuste Divino dentro de esta condición según la Ley y el Orden Divinos.

Entone el OM y lleve su atención a otra cosa.

La Voluntad Divina se manifiesta también como perseverancia, que es una cualidad necesaria en la vida de cualquier discípulo. El principiante debe aprender a trabajar, sin notar necesariamente resultados inmediatos, en el mundo de la forma y ello, a menudo, es difícil. Es un entusiasta; ha percibido la visión y aprendido un poco del Plan Divino para la humanidad. A menudo tiene una sensación de urgencia, una necesidad de apresurarse. En sus intentos de manifestar el Plan, tal y como lo ha visto, se encuentra con lo que parece un fracaso, no una, sino muchas veces. A menudo no se da cuenta de que no existe fracaso real y que, dentro de lo que aparece como tal, el éxito se encuentra un paso más cerca.

En sus primeros intentos de servir comete muchos errores y, cuando se da cuenta de ellos, siente cierta repulsa por sí mismo y un sentimiento de inadecuación para responder a las necesidades de su tiempo. Se olvida de que durante todo esta etapa está siendo observado, entrenado y, cuando es posible, ayudado. Saldrá de este periodo de probación convertido en un trabajador forjado, uno de los discípulos seguros y fiables en los que la Jerarquía basa su esperanza para la humanidad.

Hay otro factor a tener en cuenta aquí, y este es la Ley de Causa y Efecto. La causa es originada en el mundo interno del pensamiento y el efecto es la manifestación de ese pensamiento en la forma. Encontramos que toda situación es un efecto de un estado de conciencia y que, para transformarla con exito, debemos trabajar con el aspecto conciencia que la causa. Por ello, el discípulo lo hace desde arriba hacia abajo. Extiende su conciencia hacia el mundo de la mente y de las emociones, y también al de la forma. El discípulo ha percibido algo del Plan Divino. Después, trabaja para establecer un estado de conciencia dentro de la esfera mental, una condición dentro de la esfera emocional-astral y una actividad inteligente en lo físico.

Muy a menudo habrá un periodo de aparente caos manifestándose en el mundo de la forma, como resultado de sus esfuerzos, y el principiante, frecuentemente, se descorazonará. El discípulo sabio se da cuenta de que, a menudo, el cambio se manifestará de este modo a medida

La Naturaleza del Alma

que el karma se precipita y ajusta. Continúa su trabajo, manteniendo la fuerza en la tranquila seguridad de su Alma de que todo está bien. Persevera hasta alcanzar la meta.

Durante la próxima semana utilice el siguiente pensamiento simiente en su ejercicio de meditación:

Permanezco receptivo al Propósito, Poder y Voluntad de Dios, tal y como desciende hacia mí desde mi Alma. Sirvo a ese Propósito, Acepto Su Poder y cumplo la Voluntad de Dios.

LECCIÓN 5

Los Siete Rayos y el correcto uso de la Voluntad:

Introducción a los siete rayos;
Composición de rayo para el reino humano, el Logos
Planetario y el Logos Solar;
Síntesis;
Espejismo de la importancia personal;
La energía de la Voluntad al impactar el instrumento
de la personalidad;
Usos adecuados de la energía de primer rayo.

En nuestra consideración de las características de la Voluntad Divina, debemos tener en cuenta que se trata básicamente de una expresión de energía Divina. Dios se expresa en este sistema Solar a través de siete rayos de energía que son, en sí mismos, frecuencias subsidiarias del Rayo Cósmico de Amor-Sabiduría Divino.

Para entender más claramente este tema de la expresión de la energía, es necesario considerar de nuevo las dos polaridades de la Trinidad básica.

Positiva	Negativa
Espíritu	Materia

En la primera lección se comenta que "Consideramos Espíritu y Materia como las dos polaridades de una energía".

La Naturaleza del Alma

Espíritu es materia vibrando en su frecuencia más elevada; materia es Espíritu vibrando en su frecuencia más baja. Estas dos polaridades, junto con el aspecto conciencia, o campo magnético creado por la interacción de frecuencias entre sí, son la principal causa de toda manifestación.

Estos tres aspectos, en un sentido cósmico, se manifiestan como tres frecuencias de energía que se definen como los rayos Cósmicos de:

1. Voluntad y Poder Divinos
2. Amor-Sabiduría Divino
3. Inteligencia Divina

Estos a su vez se diferencian en cuatro frecuencias menores que se definen como los rayos Cósmicos de atributo.

4. Armonía
5. Definición o ecuación Cósmica
6. Ideación
7. Ley y orden Divinos

Un sistema Solar encarna uno de los rayos mayores (en nuestro caso el de Amor-Sabiduría Divino) y se diferencia de nuevo en siete frecuencias subsidiarias que son los siete subrayos del rayo Cósmico encarnado.

Nuestro Logos Solar está en el proceso de encarnar el segundo aspecto, Amor Divino, o la conciencia de un Hombre Celestial Cósmico.

El Amor Cósmico es la lección que está aprendiendo; la Conciencia Cósmica es el objetivo hacia el que evoluciona y la expresión perfecta de la Sabiduría o Razón Pura dentro de Su vida y asuntos, la meta que se ha fijado para Sí mismo.

Lección 5

Un Logos Planetario encarna uno de los siete rayos Solares (en nuestro caso, el de Inteligencia Divina) y de nuevo se diferencia en siete frecuencias subsidiarias que son los siete rayos planetarios.

Nuestro Logos Planetario realiza Su acercamiento al Amor Cósmico o Conciencia Cósmica mediante la encarnación de la Inteligencia Divina. Intenta alcanzar y expresar Amor Cósmico a través de la Actividad Inteligente y de sus siete frecuencias subsidiarias. Recuerde que todavía está intentando encarnar Conciencia Cósmica, al igual que la Vida Solar de la que forma parte, pero lo hace indirectamente, a través de la expresión de una característica Divina inherente en el aspecto conciencia del Logos Solar. Esta característica no es el aspecto materia o tercer aspecto básico, sino la Inteligencia Divina que el Hijo hereda de la Madre.

Toda Vida dentro del cuerpo Planetario está condicionada por:

1. Amor Cósmico a través de su tercer subsidiario Solar, la Inteligencia Divina.
2. Y varios de los siete subsidiarios Planetarios.

Para una mayor aclaración, los Rayos Planetarios Mayores se definen del modo siguiente:

1. La Voluntad de conocer el Amor y su aspecto más elevado.
2. El Amor a la Sabiduría.
3. La Inteligente aplicación de la Mente en el Amor.

Y los cuatro menores como:

4. El equilibrio de los pares de opuestos para producir armonía a través del caos.

La Naturaleza del Alma

5. Aplicación de la Inteligencia en el conocimiento concreto y la ciencia.
6. Devoción a un ideal.
7. Orden a través de la ceremonia y el sacrificio.

Los siete rayos, ya sean Cósmicos, Solares o Planetarios, siempre mantienen su naturaleza básica desde que recibieron la Impresión original de su Intención Divina. Solamente reducen su frecuencia a través de la Conciencia Cósmica, Solar o Planetaria que se los apropia.

Para llevar esta correspondencia todavía más lejos, encontramos que el Alma de la humanidad está en un proceso de encarnación del tercer rayo Solar de Inteligencia Divina, mientras que el Alma individual se puede encontrar en cualquiera de los siete rayos Planetarios.

Los rayos de la personalidad son a su vez subsidiarios del rayo del Alma.

Síntesis es la elevación, en frecuencia, de cualquiera de los siete rayos subsidiarios a su expresión original.

EJEMPLO

1. En la Vida Solar, síntesis es la elevación de los Siete Solares al Amor Cósmico.

2. En la Vida Planetaria, síntesis es la elevación de los Siete Planetarios a la expresión Solar de Amor Inteligente.

3. En el ser humano, síntesis es la elevación de los rayos de la personalidad a la expresión del rayo del Alma.

Consideramos cualquier apariencia en la forma como

una combinación de ciertos rayos de energías, teniendo en cuenta que las formas que definimos como sólidas no son más que el índice de frecuencia más lento de las energías implicadas. Esta apariencia es la del aspecto materia, el polo negativo de la manifestación; mientras que el Espíritu no es más que el índice de frecuencia más elevado de las mismas energías implicadas. Entre estos dos existe un campo magnético, el aspecto Alma o conciencia, que ocupa cada índice de frecuencia entre el Espíritu y la materia.

Es obvio que la información anterior es muy técnica y que será difícil para algunos; sin embargo, no es solamente fundamental para ustedes como conocimiento ocultista, sino que también conlleva iluminación para aquellos cuyas intuiciones están despertando en el sentido Espiritual. Estúdiela tal y como estudiaría cualquier otro texto y después reflexione sobre su significado interno. No se preocupe si su significado Espiritual no es aparente en un principio, puesto que se revelará en su debido momento.

Sin embargo, la información técnica anterior puede ser de utilidad en el presente. Es capaz de disipar el espejismo de la importancia personal que muchos estudiantes de ocultismo tienden a construir a su alrededor. Una vez se haya entendido que el Logos Solar, esa Vida en la que nuestro Logos Planetario vive, se mueve y tiene Su ser, está evolucionando hacia la Conciencia Cósmica, el individuo no cometerá el error de pensar que ha logrado el mismo estado. Se situará en su correcto lugar, eliminará el sentido presuntuoso de su ego y trabajará para alcanzar su propio objetivo evolutivo.

Esto es importante y, posiblemente, una de las experiencias más duras en el camino ocultista. Reduce al hombre ante sus propios ojos, expande a Dios al mismo

La Naturaleza del Alma

tiempo y da al individuo su verdadero sentido de proporción.

Cuando el ser humano comienza a vislumbrar la visión de su Alma y a ser impresionado por la Sabiduría de Esta, su primera reacción es egotista. Piensa que es diferente del resto de la humanidad y, sin darse cuenta del error que comete, se vuelve más peligrosamente separatista que cuando era una personalidad sin albergar pensamiento alguno respecto al Alma. El antídoto es absorber algunos hechos ocultistas y la realización de que lo que le ocurre es tan natural como cualquier otro proceso de crecimiento. No es diferente ni único, ni está por encima o por debajo de sus hermanos. Está simplemente entrando en una experiencia que cada hombre, mujer y niño del planeta ha compartido, comparte o compartirá en su debido momento con él.

Si ha utilizado el pensamiento simiente proporcionado en la lección anterior durante su ejercicio de meditación regular, habrá invocado en su instrumento un mayor impacto de la energía de la Voluntad procedente de los niveles del Alma.

Tengamos ahora en cuenta los efectos naturales de dicho impacto sobre los tres aspectos de la personalidad.

En el momento que dicha energía impacta sobre el cuerpo mental, incita a la conciencia presente hacia algún tipo de impulso. El individuo tiene a su disposición más poder motivador, por así decirlo, lo que activa las motivaciones que ya estaban presentes. De este modo, la ambición espiritual, que es el impulso hacia el logro Espiritual de la persona separada, se activa en su cabeza y el aspirante comienza a pensar en términos de una posición de poder, o de obtener una mayor influencia. En lugar de servir a aquellos que está comprometido a ser-

50

vir o de responder a sus necesidades de manera natural, el aspirante se vuelve consciente solamente de sí mismo y de sus necesidades de satisfacer el ego. Quiere ser alguien en un sentido Espiritual.

Al mismo tiempo, también se activa el verdadero impulso mental de prestar servicio al Plan Divino, de disciplinar la personalidad, de evolucionar como un miembro de la familia humana, y los pares de opuestos emergen en la naturaleza mental para ser resueltos de manera armónica.

El conflicto entre las dos motivaciones producirá confusión, disonancia y fluctuaciones en su vida mental, hasta que sea resuelto a través de redirigirlo y de una sana actitud al respecto.

El discípulo aspirante y en probación se da cuenta primero de que su motivación es un aspecto de su conciencia en evolución. Si hubiera obtenido la pureza en su motivación, no estaría donde está ahora.

Acepta, entonces, el hecho de que a través del proceso de la evolución ha encarnado los pares de opuestos y de que ha entrado ahora en esa etapa de crecimiento y desarrollo en la que resolverá esta oposición dentro de sí mismo, transmutando gradualmente uno de estos pares en la expansión del otro.

Aunque no alimenta las motivaciones erróneas al hacerse consciente de ellas, tampoco se complace en la culpa. Estas motivaciones existen. Son indicación de su lugar en el esquema evolutivo y del trabajo que le queda por hacer. Desarrolla el sentido del humor, se ríe de sí mismo y de sus defectos y avanza con diligencia a promulgar lo bueno, lo verdadero y lo bello.

La Naturaleza del Alma

Este es el uso correcto de la energía de la Voluntad en niveles mentales y tiene como resultado la Fortaleza Divina. El hombre se templa para soportar el camino de la iniciación y la revelación de su naturaleza inferior.

Conforme la energía de la Voluntad pasa de la naturaleza mental a la emocional, produce el mismo tipo de conflicto; deseo contra aspiración. Activa lo que llamamos el bien y el mal y produce, a menudo, perturbación emocional. El aspirante, simplemente, activa la voluntad de amar. Inunda su naturaleza emocional con Amor mediante la dirección de su pensamiento y calma las aguas turbulentas. Asume hacia la situación emocional la misma actitud que asumió hacia la situación mental, con lo que trae la realidad de su Alma a la existencia en este aspecto de su naturaleza. De este modo se convierte en un agente armonizador en el mundo de los asuntos humanos.

En el plano físico, sencillamente, pone en acción sus pensamientos y sentimientos ahora reorientados. Se da cuenta de que su Voluntad es el descenso de la energía de Dios impregnada con una Intención Divina. El efecto de la Intención Divina produce orden dentro de su vida y sus asuntos.

Durante el periodo de probación como discípulo, el individuo utiliza la energía de la Voluntad del modo siguiente:

1. Para descubrir y conocer el Plan Divino tal y como está enfocado por el Cristo. Esto lo hace mediante la meditación, el estudio y la observación.

2. Para adecuar su instrumento al servicio del Plan Divino. Esto lo realiza mediante un entrenamiento disciplinario impuesto por el Alma, que implica la

Lección 5

invocación del Impulso de la Voluntad Divina en su propia naturaleza interna.

3. Para encarnar en la medida de sus capacidades ese grado de cualidad del Alma que puede contactar con su corazón y con su mente. Esto lo hace a través de la aspiración.

4. Para iniciar una actividad de servicio definida en niveles mentales, emocionales y físicos, sin esperar recompensa tangible o resultados evidentes. En otras palabras, permitámosle encontrar un servicio realizado entre bastidores, sin el conocimiento de nadie.

Durante la próxima semana continúe con el mismo pensamiento simiente, perciba los efectos del impacto de la energía de la Voluntad en su vida y asuntos. Determine, a través de la observación de su actividad diaria, la manera de utilizar correctamente esta energía. Como tarea, traiga a la próxima clase un breve escrito que refleje sus descubrimientos.

La Naturaleza del Alma

LECCIÓN 6

La Cuestión de la Identidad y el Segundo Rayo:

El segundo rayo como campo magnético, como imagen
de Dios, como conciencia;
Nuestra identidad como Alma;
La naturaleza del Amor-Sabiduría Divino como razón,
entendimiento perfecto, correcta relación;
El segundo rayo en relación con el cuerpo astral
manifestado como deseo y aspiración. Encarnar el
segundo rayo en términos de inofensividad y de
relacionarse con los demás como Alma;
Desapego.

Hemos definido el aspecto conciencia como el campo
magnético creado por la interacción de frecuencias entre
el Espíritu positivo y la Materia negativa. Aquí está el
Hijo creado, que es el aspecto Amor-Sabiduría de la Expresión Divina.

Existe un gran misterio subyacente detrás de estos términos utilizados como sinónimos para describir el segundo Logos.

¿Qué es el campo magnético? Es el área esencial de actividad resultado de un flujo de fuerza que alterna entre
ambos polos. La fuerza, en este caso, está constituida

La Naturaleza del Alma

por las varias frecuencias que la energía Una adopta conforme interactúa entre Su polaridad positiva y negativa.

El área esencial de actividad es la conciencia o Alma. Esta es la entidad consciente que piensa, siente y crea. Es el Dios de nuestro Cosmos manifestado más allá del cual las mentes más evolucionadas de nuestro sistema Solar no pueden alcanzar. Acerca de Él se ha dicho lo siguiente: "Y habiendo impregnado el Universo con un aspecto de Mí mismo, Yo permanezco".

Nuestra Biblia Cristiana dice: "Dios creó al hombre a Su imagen y semejanza".

El área esencial de actividad, el campo magnético de conciencia, es la Imagen de Dios. Es la primera manifestación de Él (contando desde arriba) que la mente humana puede alcanzar y esto, de momento, solo en teoría. Y sin embargo, el hombre no está únicamente creado a la Imagen, sino que es parte de Ella.

El principiante, a menudo, tiene dificultad con este concepto de sí mismo como conciencia, pues ¿qué significa realmente? En lo que a él se refiere, es algo intangible que no puede ver, oir, gustar, oler o tocar. La conciencia, para él, no tiene forma y, sin embargo, de ella emergen todas las que existen. No la puede confinar, limitar o reducir a algo específico; por este motivo, la comprensión de sí mismo como conciencia le parece imposible.

Para todavía confundir más el tema, el profesor no puede limitarla a algo específico, sino que tan solo puede explicar lo que no es. No es el cuerpo, las emociones o la mente: Es lo que los crea y utiliza. Solo puede decir: "Eres una conciencia. Estabas antes de la forma de tu cuerpo, estás ahora dentro de la forma y estarás mucho

56

Lección 6

después de que esta desaparezca".

Este es el viejo problema de la identidad que caracteriza al ocultista, principiante o adepto.

El principiante puede ayudarse a sí mismo a empezar a conocer, basta con la práctica del siguiente ejercicio de meditación que es muy sencillo:

1. Lleva la atención al cuerpo físico y toma conciencia de que no eres tu cuerpo.

2. Lleva la atención a la naturaleza emocional y toma conciencia de que no eres tus emociones.

3. Lleva la atención a la mente y toma conciencia de que no eres tus pensamientos.

4. Enfoca la atención en el ajna y medita durante tres minutos en el siguiente pensamiento simiente:

   Habiendo impregnado este cuerpo, emociones y mente con un fragmento de mí mismo, Yo permanezco.

El siguiente paso en el proceso del conocimiento es tratar de entender por qué el ocultista define la conciencia como Amor-Sabiduría Divino. Aquí existe otro misterio casi más abrumador que el de la conciencia misma. Amor Divino es un concepto que desafía la Lógica y la Razón y, sin embargo, ambas nacen de él.

Algunas escuelas han llegado tan lejos como a expresar que "Dios es Amor". Decimos que Dios es Amor, que Dios es conciencia, puesto que son uno y lo mismo. Vamos incluso más lejos y decimos que el hombre es una conciencia creciente, en desarrollo y, por ello, el hombre

La Naturaleza del Alma

es un Amor creciente, en desarrollo.

De arriba abajo, lo podríamos expresar de otro modo.

1. Amor Divino es la conciencia del Ser de Dios.

2. Amor Divino es la conciencia del Cristo, el hijo adulto.

3. Amor Divino es la conciencia creciente del Alma humana, el niño hijo.

El Amor Divino no es la Ley. Es el manipulador de la Ley. Es la Razón Pura, aquello que Es.

Independientemente de la composición de rayo, de las características predominantes o las circunstancias ambientales, la esencia natural de cada ser humano es Amor. Será esto, en sí mismo, lo que, cuando todo lo demás falle, le alcanzará. Este es el concepto que todo ocultista ha de encarnar, independientemente del camino o método que haya elegido en este momento.

Esta idea, tan simple y a la vez tan difícil, es la llave dorada de la iniciación. La que, en la percepción de cada campo de conocimiento, abre cada puerta hasta que, al final, se entra en el mundo del significado mismo y se conoce en su totalidad. Cuando aprendas, te harás sabio; entonces vuelve tu atención al Amor, porque el Amor ha creado todo el conocimiento. El Amor reside dentro y detrás de todo lo que existe.

Hasta el momento hemos hablado de abstracciones, todavía nos queda traer este concepto al aquí y ahora y ponerlo en relación con las características Divinas de la personalidad infundida por el Alma.

Lección 6

En esta, el Amor-Sabiduría Divino se manifiesta como cualidad, la de sus relaciones, que determina la actividad resultante cuando dos, o más, entran en relación.

Cuando la cualidad de una relación se caracteriza por el Amor Divino, existe entendimiento perfecto y, cuando hay entendimiento perfecto, se da una perfecta aplicación del conocimiento. La Sabiduría es la habilidad de aplicar el conocimiento concreto para crear una actividad inteligente, de saber cómo aplicar aquello que conocemos, para el bien mayor de todos aquellos a quienes concierne.

En esta etapa de desarrollo entendemos el Amor-Sabiduría Divino como una Relación Divina en la cual existe entendimiento Divino que tiene como resultado actividad Divina.

El hombre está en relación correcta con Su Dios, El Plan, sus hermanos y sí mismo. De este modo, su actividad está al servicio del Plan.

Esto se manifiesta primero en su naturaleza astral-emocional, el vehículo a través del cual el aspecto sentimiento de la conciencia se desarrolla. Este cuerpo de energía es un gran transmisor de fuerza que puede tener, y a menudo tiene, una naturaleza destructiva. Sin embargo, cuando el aspecto Amor está muy desarrollado, el cuerpo astral es un instrumento de sanación, transmutación y un factor de Poder en el trabajo de manifestación. En esta etapa constituye el cuerpo de deseo del Alma y, a través del Poder del correcto deseo o aspiración, atrae todo lo necesario para el trabajo Divino.

Inicialmente, el Amor Divino se manifiesta, en la conciencia del principiante en el camino, como correcta aspiración. Tras un largo periodo de tiempo en el sendero de la experiencia, se encuentra descontento con el tipo de vida que vive. Anhela algo más que dé Propósito a su vida y, al no saber que es ese algo más, va de un lugar a otro, de una religión a otra, de una filosofía a otra en su búsqueda de la Verdad.

Por fin se da cuenta de que esa Verdad es mayor que su personalidad, o la personalidad de cualquier otro, y entiende que la persona en sí misma carece de Propósito. Ve la Verdad, entonces, como su propio Ser Superior, su Yo Crístico en la Realidad, y a ello aspira.

Trata de obtener la visión de sí mismo como es en realidad y, al hacerlo, toma conciencia del ideal. Vislumbra su visión , al principio distorsionada por las nubes de su propia aura mental-emocional, y más adelante, clara y bella.

Después de hacerlo (aunque solo sea en parte) se dispone a encarnarla, a llevarla a la manifestación. Se embarca en un periodo de disciplina autoimpuesta en el cual intenta que su vida de pensamiento, sus emociones y sus acciones en el mundo físico reflejen el ideal que ha encontrado.

De este modo, reconstruye, de forma literal, el instrumento. Gradualmente, transforma la vida interna de pensamiento y elimina la negatividad y lo no esencial, para construir aquellos patrones de pensamiento que caracterizan a la personalidad infundida por el Alma. La vida emocional asume una actitud de serenidad y Amor radiante, mientras que el cuerpo físico, desde la estructura celular hasta la totalidad del vehículo mismo, se dirige hacia la correcta acción.

Durante este periodo de reconstrucción, el aspirante intenta practicar la inofensividad. Eleva la frecuencia vibratoria de sus cuerpos, a través de un entrenamiento disciplinario estricto que tiene que ver principalmente con su actitud hacia los demás, y se vuelve inofensivo en pensamiento, palabra y acción. Solo entonces está preparado para la iniciación.

Al reorientar sus asuntos hacia la vida del Alma, el aspirante se da cuenta de que el Amor-Sabiduría Divino se manifiesta en un reconocimiento de los demás como Almas. Este es el primer paso hacia obtener el objetivo común del hombre: la manifestación de la hermandad. Reconoce primero a aquellos de su grupo inmediato como hermanos en Cristo y, de forma gradual, todas las connotaciones de esta relación penetran en su conciencia. Experimenta el mayor de todos los regalos, la riqueza y plenitud del Amor de Dios en el hombre.

Uno de los pasos más importantes hacia conseguir este objetivo es la actitud de desapego. Como resultado del Amor Divino, es el apego al Alma de toda vida lo que tiene como resultado el desapego de la forma.

Tal y como se expresó anteriormente, los discípulos que han sido puestos juntos en la vida de la personalidad para trabajar algún aspecto del Plan, a menudo se encuentran con grandes dificultades. Hay diferencias en las reacciones de la personalidad, disparidad de opinión, al igual que en método y forma de trabajar y en la composición de rayo. Esto produce fricción cuando se pone la atención en la vida de la forma.

El aspirante aprende primero que su hermano es un Alma y, por ello, ambos forman parte de la Vida Una. Entonces, se ejercita en dar importancia solamente a la Unicidad del Alma y a no prestar atención a las diferencias de la persona. Al principio esto es difícil, puesto que durante muchas vidas al aspirante le han concernido los

La Naturaleza del Alma

asuntos de la personalidad. Necesita colocar los valores en las realidades constantes, en lugar de hacerlo en lo condicionado y, de este modo, obtener la perspectiva correcta.

Existe mayor posibilidad de facilitar esto cuando el aspirante puede elevar su punto focal de atención por encima del área en la que las formas pensamiento antiguas pueden influenciarle. Su tarea es permanecer estable en la Luz de esa Verdad que está intentando encarnar. Comienza a establecer, de hecho, su residencia en la cabeza, ese lugar donde practica sus meditaciones diarias.

Aquí le es posible abstenerse de la crítica en pensamiento, palabra o acción. Va todavía más lejos y reconoce que no hay vicio o defecto en la persona. De este modo, lleva su punto focal de atención más allá de la máscara, hacia la realidad, y la Verdad le es comunicada. No se siente atraído o repelido por la persona, está aunado con el Alma, lo que tiene como resultado natural la correcta relación en el plano de la personalidad, el discípulo se da cuenta de que es libre para trabajar en armonía con cualquier persona.

Durante la próxima semana, por favor, utilice el siguiente pensamiento simiente en su ejercicio de meditación diario:

Permanezco receptivo a ese Amor que es mi Alma, y la Verdad me es revelada.

LECCIÓN 7

El Segundo Rayo al Impactar el Instrumento

El segundo rayo en el cuerpo mental como razón o
comprensión y su relación con la Inteligencia.

La precipitación de Amor a través de la Jerarquía, el
Alma y su instrumento.

El Amor en el cuerpo astral y los pares de opuestos.

La necesidad de manifestar Amor en el físico denso.

El Amor-Sabiduría Divino, que es la energía y Ley básicas de nuestro sistema Solar, es de hecho la verdadera
esencia de la conciencia misma y, a menudo, se encuentra
predominante en algún lugar del instrumento del discípulo. Incluso en aquellos de ellos que, trabajando en las
líneas de fuerza del primer y tercer rayo, lo hacen desde
una perspectiva hacia la manifestación última del Amor.

El concepto más importante en relación al segundo rayo,
y que es muy poco entendido hasta después de cierta
iniciación, es su relación con el proceso de razonamiento.
El intelecto, que atribuimos como una facultad de la
mente intelectual del hombre, es de hecho una facultad
de la conciencia misma que maneja la voluntad y la sustancia inteligente que le están disponibles para producir
orden a partir del caos. Dependiendo del grado de desarrollo de la percepción (conciencia de Amor) se determinará la habilidad de un hombre para pensar. Esta desarrollada conciencia de Amor es, de hecho, una presencia

La Naturaleza del Alma

subyacente que se mueve dentro de la mente.

La mente individual misma, o el cuerpo mental de un hombre, se crea a partir de la Voluntad y la sustancia inteligente, a través de un punto focal de autoidentificación dentro de la conciencia del Logos Planetario. El punto focal de individualidad crece en su percepción del ser como Amor, a través de la experiencia, construyendo gradualmente un cuerpo mental capaz de comprender la Vida Mayor de la cual forma parte.

El Amor, entonces, produce comprensión. Es la energía que relaciona muchas experiencias, de tal modo que produce un patrón, una evolución y, finalmente, un pensamiento inteligente y productivo.

Una vez que el hombre ha entrado conscientemente en el camino de la iniciación, se vuelve más inteligente aparentemente porque se hace más consciente del Amor. La llamada inteligencia crece hasta que se convierte en Sabiduría; de este modo, definimos Amor-Sabiduría, en su aspecto más elevado, como Razón Pura. Esta razón es incluyente, u omnisciente, porque es instantánea. Supera el proceso razonador del hombre común, quien ve y puede, por tanto, relacionarse únicamente con el aspecto forma, puesto que va más allá de la forma, hacia la realidad triádica o causal de esta, para relacionar todos los aspectos en una totalidad armónica. Nada queda fuera, todo está incluido a través del Poder del Amor para percibir y relacionar. Así pues, decimos que el Amor Perfecto produce entendimiento perfecto.

Si el probacionista aprendiera más, si percibiera el Plan y se relacionara con Él, fijaría su atención en el Amor; no en la emoción, sino en la razón y en la conciencia para, literalmente, invocarlas en su propia mente. De este modo, atraería todas las partes del Plan a su mente, donde pueden percibirse y relacionarse en ese ensamblaje de pensamiento que produce la "visión", hablando en términos ocultistas.

El Amor encuentra su fuente, en lo que se refiere a la humanidad, en el Centro Cardíaco Planetario, conocido como la Jerarquía Espiritual.

Busca su punto de entrada en el hombre individual a través de su Alma, para pasar desapercibido e inapropiado (en la mayoría de los casos), a través de la mente, hasta la naturaleza sensible (el cuerpo astral-emocional), donde se refleja en la conciencia del cerebro como emoción.

El alineamiento, entonces, con el Amor, o el Corazón de Dios, para la mayoría de los hombres es como sigue:

1. Jerarquía Espiritual.
2. Alma individual.
3. Cuerpo mental.
4. Cuerpo astral-emocional (el aspecto sensible de la conciencia).
5. Conciencia cerebral.

En raras ocasiones el hombre utiliza esta energía en la región de la mente pura (superior), donde se crea el pensamiento, sino que pasa sin impedimento a través de esta área para impactar el aspecto sensible de la conciencia, donde se interpreta como emoción. Entonces, se refleja en la mente inferior, en la que funciona la conciencia cerebral para ser evaluada en una serie de pensamientos que son, en realidad, poco más que emociones que han tomado forma en la sustancia mental. De este modo, el hombre común interpreta la experiencia de acuerdo a su impacto sobre la energía del Amor dentro de su propia naturaleza emocional.

La Naturaleza del Alma

No es de extrañar, entonces, que las reacciones de la humanidad a su propia existencia sean, a menudo, tan irracionales e irrazonables. Ni que sus asuntos no reflejen la Luz. La Luz de la Razón ha sido ensombrecida por las nubes de la ignorancia Espiritual que habita esa área entre la Mente superior, donde el pensamiento puro es posible, y el cerebro, el área donde las emociones del hombre velan la Verdad.

No olviden que el cerebro no es el creador del pensamiento, sino más bien el instrumento y, en muchos casos, su víctima. Si esas formas pensamiento, cuando impactan el cerebro del hombre, son en su mayoría emocionales en su contenido o razón, en la misma medida, sus reacciones a la vida serán emocionales. Si vive en el centro del plexo solar, su vida exterior reflejará las nieblas características de este lugar donde (en términos ocultos) el agua es transmutada en vapor. El hombre que vive aquí no puede ver claramente, pues su visión esta distorsionada por la niebla.

Hay mucho sobre lo que se ha expuesto que el aspirante necesita entender. Si parece difícil es debido a que esta información tiene como intención despertar la intuición Espiritual. Reflexione sobre ello y llegue a entender por qué las emociones son semejantes a la niebla.

El estudiante serio que estudie y medite sobre esta lección verá el obvio camino que yace ante él.

Primero ha de elevarse a la cabeza, donde tomará residencia y vivirá conscientemente. ¿Cuán consciente es el individuo común? ¿Cuán a menudo sabes el por qué de tus acciones? ¿No es cierto que el llamado hombre común está en gran parte atrapado en un laberinto de actividad apenas producida, o tan siquiera ayudada, por su propio pensamiento consciente? ¿Sabe lo que es un

Lección 7

pensamiento libre de emoción? El aspecto sensible de la conciencia es capaz de funcionar también en la mente como intuición abstracta más que como emoción. Este es un concepto que merece la pena contemplar.

Enfocado en la cabeza y esforzándose por vivir en la mente, el probacionista percibirá su alineamiento con el Corazón de Dios.

Este es un alineamiento vertical. Pensará hacia arriba receptivo al Amor, según le llega desde la Jerarquía a través de su Alma y mente. A medida que pasa a través de su mente (como la energía de la conciencia del Alma) se apropiará de él con el propósito de conocer la Verdad. Si esta confuso acerca de qué es la Verdad, la buscará, en cualquier situación en la que se encuentre, desde un enfoque en la cabeza y a través de la energía del Amor.

Esfuércese por pensar en la mente en términos de Amor muchas veces al día. Consciente y deliberadamente y razonando con él, provéase de este Amor en niveles mentales. Permita que todos los intentos de entendimiento, todos los procesos de pensamiento se realicen con Amor.

El próximo paso es manifestar una expresión positiva de ello en la naturaleza emocional. Inunde este aspecto de sí con Amor, muchas, muchas veces al día.

En la aproximación del estudiante a un entendimiento de esta energía particular, la examina desde la perspectiva que percibe los pares de opuestos tal y como son puestos de manifiesto por el segundo rayo. De este modo, llega a comprender, mediante flashes iluminadores de percepción, su propia psique interior y, por supuesto, esto permite un entendimiento amoroso de los problemas del otro.

La Naturaleza del Alma

Capte este concepto con claridad: Independientemente de la propia composición individual de rayo, el problema particular en su vida estará, de un modo u otro, relacionado con la energía del Amor. No importa si es recóndito o aparente, la clara reevaluación de la psique pondrá esto de manifiesto.

Considere el polo opuesto del Amor al manifestarse dentro de la naturaleza humana. ¿Cuál es? A menudo sorprende al probacionista de segundo rayo tomar conciencia de que el polo opuesto del Amor es el odio. Energía de segundo rayo negativa se manifiesta como odio en sus varias tonalidades o colores. El aspecto normal de Amor en el individuo bien se vuelve hacia si mismo, lo que automáticamente excluye a los demás de esta expresión, o, en casos extremos, se restringe por completo y este se odia incluso a sí mismo.

Como el Amor es la energía que percibe y relaciona, nos damos cuenta de que sus manifestaciones negativas niegan y distorsionan la facultad de razonamiento de la conciencia, de tal modo que se vuelve imposible el uso correcto, incluso, de la mente inferior. En tales casos, el individuo experimenta una dificultad extrema para el aprendizaje. No le falta inteligencia básica, pero su conciencia es incapaz de relacionar datos en sustancia mental de manera que produzcan conocimiento. No dispone de la necesaria cualidad de Amor para utilizar su mente adecuadamente.

Cuando un niño no es amado, cuando su expresión natural de Amor se ve negada por el entorno, su capacidad de razonar se ve impedida y, de este modo, el proceso educativo se vuelve un serio problema. Si los adultos directamente involucrados en el desarrollo y crecimiento de este niño se dieran cuenta de esta carencia, en sí mismo o en su entorno, podrían encontrar fácilmente

Lección 7

una solución para sus problemas.

La aplicación práctica de la técnica es algo sencillo, ya sea en el caso del niño, de un adulto hermano o del probacionista mismo. Como el Amor es la energía de la conciencia misma, toda persona está dotada de amor, ya sea como potencial o como expresión real. Aquello que interpretamos como bueno es básicamente una expresión o un efecto del Amor. De este modo, hay bondad dentro del ser humano y existe la posibilidad de aprender la Verdad independientemente de las apariencias externas.

Esa bondad, ese Amor, es atraído hacia su expresión externa dentro de cada persona que el discípulo encuentra. Esta es una de sus mayores actividades de servicio y cualifica todas sus relaciones.

El reconocimiento de la bondad básica, llamada el Cristo interno, en cada hombre, mujer o niño que el individuo encuentra, y el esfuerzo consciente de atraer esa bondad hacia la manifestación, es la obligación de aquel que se considera un discípulo o aspira al discipulado.

Esto solo puede realizarse a través de un reconocimiento positivo y una proclamación silenciosa de esa bondad o Amor. Ningún grado de criticismo o interferencia en la vida del otro y en sus asuntos evocará Amor en él. El Amor evoca Amor. De este modo, el camino del discípulo está claramente enunciado.

Durante la próxima semana continúe utilizando el mismo pensamiento simiente en su meditación diaria. Como tarea, por favor, traiga una explicación por escrito de los efectos que sus meditaciones sobre el Amor están teniendo en su conciencia y en su vida y asuntos.

La Naturaleza del Alma

LECCIÓN 8

El Tercer Rayo al Impactar el Instrumento:

Actividad Inteligente y la naturaleza de la sustancia
(inercia, actividad, creatividad);
Los impactos del tercer rayo en el instrumento como
polarización mental y construcción consciente de formas;
El rol de la transmutación.

La tercera característica Divina de la personalidad infundida por el alma se define como Actividad Inteligente. Es una expresión energética inherente al aspecto madre y tiene que ver con la misma naturaleza de la sustancia.

La sustancia es no solamente inteligente sino que, en su esencia, es la Inteligencia misma. Posee dos características que son de la mayor importancia para el estudiante durante esta fase de su desarrollo. La sustancia, al ser el polo negativo de toda manifestación, en su estado libre o inicial es completamente negativa, inactiva e impresionable. Es, por ello, inerte. En el momento en que la Intención Divina (el aspecto Voluntad) le impresiona se vuelve activa. Estas dos características de inercia y actividad hacen posible su naturaleza constructora de formas.

De este modo, vemos como es en sí misma la Inteligencia, el aspecto madre o sustancia. Cuando la Voluntad actúa sobre ella, como en la primera Trinidad o Causa,

La Naturaleza del Alma

su inercia básica controla su excitación para crear únicamente las formas que conllevan la Intención de la Voluntad Divina y, de este modo, un Cosmos ordenado deviene a la existencia.

El aspecto Hijo de la primera Trinidad hereda no solamente la Voluntad e Inteligencia de Sus padres, sino también las características de ambos. Posee la habilidad de dirigir la Voluntad y de actuar de forma inteligente, de este modo, crea a partir de Sí Mismo.

El hombre, uno de los descendiente de Dios en la larga línea de ellos, hereda en menor grado estas mismas características que han de desarrollarse y perfeccionarse en el curso de su evolución.

Está constituido por: 1. Un polo positivo que es el Espíritu, el aspecto Voluntad motivadora; 2. un polo negativo que es la Materia, el aspecto Inteligencia; y 3. una conciencia. Como su Espíritu se deriva del Padre y su sustancia de la Madre, no son esencialmente suyos, aunque forma parte de ellos. El hombre es esencialmente la conciencia o campo magnético que reside dentro del ámbito de frecuencia entre los dos polos. De este modo, hereda dentro de sí las características del Padre: Propósito, Poder y Voluntad; y las características de la Madre: inercia, actividad y creatividad. Como conciencia, evoluciona para manipular ambos: Espíritu y Materia, o Voluntad e Inteligencia. De este modo, puede finalmente afirmar, en plena conciencia: "Yo y el Padre somos Uno".

La Actividad Inteligente, entonces, desde la perspectiva del Alma Espiritual, es la habilidad de la conciencia de controlar el movimiento de la sustancia y de mantenerla y fijarla en la órbita deseada. Esto conduce a la iniciación y a la condición de adepto.

Lección 8

El hombre entra conscientemente en el proceso de entrenamiento, que conduce a esta realización, cuando las fuerzas ordinarias de la evolución le llevan a ese lugar donde percibe la actividad inteligente como la expresión del Plan de Dios en la tierra y busca tomar parte en él. Entonces, el proceso evolutivo se acelera y vive con gran rapidez, debido a una conciencia siempre en expansión, a través de cada fase del momento eterno. Lo que le hubiera llevado muchas encarnaciones lograr en la conciencia, solamente le lleva una, de ahí la llamada transformación repentina. La inteligencia activa acelera entonces todo el proceso de crecimiento y desarrollo y, el hombre, puede sentir que un objetivo o ideal expande su conciencia hasta que lo encarna y realiza su manifestación dentro de su vida y asuntos en tan solo una existencia.

Aquí tenemos esa Actividad Divina del Plan que, una vez realizada y aceptada, se vuelve análoga a la Ley de la Gracia Divina que el Cristianismo ha enseñado a las masas.

El impacto de la Inteligencia Divina en el discípulo probacionista ocasiona tres efectos principales dentro de su conciencia e instrumento.

1. La primera manifestación es la del caos aparente. Es el resultado de una activación de formas antiguas a la vez que un despertar mental. El individuo atraviesa una serie de experiencias que, de alguna manera, no son percibidas. Sin embargo, se sienten como placer o dolor, felicidad o aflicción, pérdida o ganancia. A menudo parece que estas no tienen relación o significado alguno. Más adelante, un día, el individuo despierta a los hechos de la vida. Se da cuenta de que todo lo vivido ha tenido un propósito definido. Ve un patrón y se da cuenta de que el Alma

La Naturaleza del Alma

es la causa motivadora de todo ello.

Empieza a desarrollar un interés mental (nota la diferencia entre mental y emocional) por aquello que ocurre dentro y fuera de sí, al igual que por lo que ocurre en los demás.

Al mismo tiempo, recibe un flujo de energías Divinas que descienden desde el Alma a través de los varios aspectos de su persona. Como ya hemos descubierto anteriormente, estas energías activan lo deseable y lo indeseable, haciendo crecer todo aquello que reside dentro de su estado total de conciencia.

Al atravesar el aspecto mental, pensamientos de sí, al igual que de servicio, se expanden y crecen en la manifestación. El cuerpo mental se activa y el individuo toma conciencia de su propia vida de pensamiento.

Cuando las energías atraviesan la naturaleza emocional, todos los deseos se avivan en una llama que emerge, en conflicto con la aspiración recientemente despertada. Muy a menudo el estudiante se sorprende al descubrir emociones que no creía ser capaz de abrigar. Toma conciencia de su propia vida de deseos subconscientes.

Conforme las energías atraviesan el instrumento físico y pasan al entorno, los efectos son diversos, puesto que aquí se precipitan en forma concreta la vida de pensamientos subjetivos y la vida astral-emocional. Quizás aparezcan una serie de enfermedades menores o, incluso, una seria. Al mismo tiempo, pueden ocurrir curaciones que parezcan milagrosas a los ojos del observador.

Al principio, las manifestaciones, sean cuales sean y conforme se oponen las unas a las otras, parecen despertar un estado de agitación. Por ello, la primera manifestación de la actividad inteligente en la vida del aspirante o del discípulo probacionista es caos. No tiene sentido para la mente del hombre común.

Este es el primer peligro en el camino del principiante, las pruebas que acompañan a la iniciación. El discípulo inexperto ha de mirar más allá de las apariencias, a la realidad interior, dándose cuenta de que, a través de este caos externo, el Orden Divino se restablecerá en su vida y asuntos.

2. La segunda manifestación de la Actividad Inteligente que ha de ocurrir ahora en la vida del discípulo es la polarización mental. Ha de transferir su punto focal de atención de su naturaleza astral-emocional a su cuerpo mental, y esto no es tarea sencilla.

El individuo, enfocado en su cuerpo astral, está controlado por sus emociones e influenciado por las de los demás. Es movido en diversas direcciones por las fuerzas de este aspecto de su instrumento y del mundo emocional en el que vive. Las fuerzas astrales son el factor de poder en la manifestación. De este modo, este lo controla de manera desbocada y es incapaz de ver con claridad, puesto que está cegado por sus propios deseos y sentimientos. Está perdido en medio de la ilusión, es de hecho parte de ella puesto que, después de todo, no es más que un actor en el gran drama, sin ser consciente de este papel. Sufre los triunfos y las tragedias del rol que juega, sin darse cuenta de su verdadera identidad.

El estudiante debe tener conciencia de que si una emoción, cualquiera, ya sea suya o de otro, desvía su acción o pensamiento de una Verdad comprendida en algún momento, una parte de su conciencia estará polarizada en esa área de su cuerpo astral.

La Naturaleza del Alma

Todo el esfuerzo durante esta etapa de desarrollo consiste en elevar la conciencia, poco a poco, fuera del área donde las emociones controlan, al área de la mente donde la Verdad formulada en pensamiento es el factor controlador de la vida y los asuntos.

Esto es actividad inteligente y, cuando la conciencia cerebral coopera con el Alma, el cambio puede producirse con gran rapidez y la menor incomodidad.

Sería muy beneficioso para todo estudiante atraído hacia estas lecciones darse cuenta de que aquí reside la causa de la dificultad en su camino.

¿Por qué tantos hombres y mujeres hoy en día buscan al siquiatra, al analista o incluso al hipnotizador, en un esfuerzo frenético de entenderse a sí mismos, al igual que de obtener un mínimo control sobre su entorno? Debido a que la mayoría de la humanidad está atravesando ese caos que precede a la polarización mental.

La terapia más perfecta que uno puede emprender en este difícil periodo es la espiritual, ejercida por el Alma cuando enfoca la Luz de Su Inteligencia en Su instrumento y en la conciencia prisionera en él. Esa Luz revela, limpia y purifica.

El aspirante y discípulo probacionista establece un triángulo entre su Alma, su subconsciencia y sí mismo como el observador. Toma su lugar en el centro del entrecejo y permite que el Alma arroje Su Luz en el subconsciente. Entonces observa el contenido revelado, sin tomar partido. A través de esas observaciones y del alineamiento perfecto, el Alma puede traer la claridad del Ser al ser.

Las emociones pueden revelarse al observador, pero este

no toma parte en ellas. No le hacen prisionero ni le controlan. Se da cuenta de la Verdad y transmuta la emoción en su polo opuesto.

Ejemplo

El discípulo ha establecido su alineamiento triangular entre sí mismo, enfocado en el centro del entrecejo; su Alma, a través de su aspiración a ella, y su subconsciente, a través del reconocimiento de su existencia.

Se convierte entonces en el observador, permitiendo (no demandando sino permitiendo) que el Alma revele aquello que quiera del contenido del subconsciente.

Entonces toma conciencia de una emoción. Digamos, por ejemplo, que se trata de un intenso resentimiento hacia una persona que conoció en su infancia. Este resentimiento original se manifiesta en la actualidad de su vida adulta ante cualquier persona que esté en una posición de autoridad.

Esto se revela con inesperada claridad. En ese momento transmuta la fuerza negativa, al realizar y proyectar amor hacia:

a. Sí mismo como niño.

b. La persona originalmente implicada.

c. La situación original.

d. Todas las personas que están en una posición de autoridad en cualquier lugar del mundo.

A través de esta técnica de terapia del Alma, la conciencia se desplaza del cuerpo astral-emocional al cuerpo mental.

3. La tercera manifestación que toma la energía de la actividad inteligente en la vida y asuntos del discípulo probacionista es la de la construcción consciente de formas.

Trataremos este tema con más detalle en el próximo capítulo.

Mientras tanto, utilice el siguiente pensamiento simiente en su meditación diaria.

Permanezco receptivo a esa Inteligencia Divina que produce la actividad del Plan. La Acción Correcta se revela ante mí y me completo.

LA TECNICA DE TRANSMUTACIÓN

Esta técnica puede utilizarse cada noche antes de retirarse o cuando sea necesario.

1. Establezca el habitual alineamiento de su triple naturaleza inferior y enfoque la conciencia en el centro ajna.

2. Integre la conciencia en aspiración hacia el Alma.

3. Visualice un triángulo de luz entre:

 El Alma

Usted como observador en el ajna

El subconsciente

4. Repita despacio y con atención:

"La Luz del Alma es arrojada en el instrumento para revelar, limpiar y purificar aquello que está kármicamente preparado para ser traído a la Luz según la Ley y el Orden Divinos. Permanezco claro, solamente observando".

5. Transmute cualquier negatividad que se revele en su opuesto polar a través de la aplicación del Amor.

6. Medite durante tres minutos en el concepto: "LA VERDAD ME HARÁ LIBRE".

Dedique algunos momentos a radiar la Luz de la Verdad a través del instrumento y del entorno.

La Naturaleza del Alma

LECCIÓN 9

Prerrequisitos para la Construcción Consciente de Formas:

El Amor como energía y fuerza primarias en la construcción de formas;
Perfección del propio instrumento como primera actividad inteligente;
Amor en la mente, la energía de una Voluntad subordinada y la aspiración al servicio cuando se emprende la Magia Blanca;
Adaptación consciente y control del instrumento.

Cuando el Alma infunde a la persona con la energía del Amor, que es, recuerde, la de la conciencia misma, la característica Divina definida como Actividad Inteligente comienza a hacer su aparición. Hasta que el aspecto Amor no está suficientemente desarrollado, la energía de la Inteligencia Divina no puede moldear aquellas formas que, desde la perspectiva del Alma Espiritual, son la expresión de la Actividad Inteligente.

Recordará que definíamos el Tercer rayo Planetario como "La aplicación inteligente de la mente en el Amor". Ello significa, literalmente, que el corazón debe estar unido a la cabeza; que la mente del hombre ha de estar tan infundida por el Amor, que su actividad es una aplicación inteligente del Amor en todo tiempo y espacio. Es

La Naturaleza del Alma

la conciencia del Amor que mantiene Espíritu y Materia (Voluntad e Inteligencia) en esa ecuación precisa que tiene como resultado la forma perfecta.

Así, llegamos al arte y la ciencia de la construcción de formas, que es el *modus operandi* del Mago Blanco, que trabaja con creciente devoción para manifestar el Plan Divino dentro del cuerpo de la humanidad. Este moldea la sustancia en aquellas formas que transmitirán la conciencia del Plan Divino en su aparición a la Luz del Día.

El discípulo probacionista utiliza la técnica de la construcción de formas para perfeccionar su propio instrumento y, al hacerlo, se entrena para entrar en el campo de la Magia Blanca como un discípulo del Cristo. Cuando su triple instrumento, su entorno y cada aspecto de su vida y de sus asuntos se conforman con la Verdad subjetiva que ha percibido, entonces se puede confiar en él para trabajar con aquellas técnicas que servirán para el mejoramiento de una humanidad necesitada.

Este es el gran obstáculo que muchos discípulos aspirantes encuentran cuando imploran desesperadamente técnicas con las que servir. Olvidan que han de ofrecer su servicio a través de sus propios instrumentos y que, aunque sirvan a la humanidad con vehículos imperfectos, sin embargo, ha de alcanzarse cierto grado de conformidad antes de poder confiar al discípulo los secretos de la Magia Blanca.

¿Qué significa el término "instrumento perfeccionado"? Ciertamente, hace referencia a lo bueno, lo verdadero y lo bello tal y como se comunica de dentro a fuera. No se refiere a una apariencia superficial de buena salud, belleza o abundancia ni a ninguna otra cosa de este estilo. Un hombre puede yacer convaleciente en la cama y, sin embargo, rendir un servicio específico y valioso en el mundo de los sentidos.

Es el aspecto conciencia el que determina la condición del instrumento. ¿Cuál es la influencia subjetiva que el hombre enfocado en el cerebro irradia a través de sus vehículos? Esta es la pregunta de mayor importancia y no ¿cuál es la condición de su salud física o estatus económico?

Existen ciertos prerrequisitos, que enumeraré aquí, para aprender el arte y la ciencia de la construcción de formas.

1. Un cierto grado de polarización mental. El hombre debe ser capaz de establecer y mantener, al menos durante tres minutos, una concentración mental que no sea interrumpida por un impacto emocional.

   La mayoría de los estudiantes han adquirido esta habilidad a través de su necesidad de ganarse la vida, otros por la práctica de la meditación e, incluso otros, a través de sus esfuerzos educativos.

2. La capacidad de expresar Amor desde un nivel mental y, de este modo, controlar el cuerpo astral. Esto no es tan común y la mayoría de los estudiantes no han adquirido todavía esta capacidad. La técnica de transmutación, presentada en la lección anterior, ayudará al aprendiz sincero en su esfuerzo por responder a este prerrequisito.

3. Una voluntad desarrollada, subordinada a la Voluntad Divina del Plan mismo. En otras palabras, la voluntad personal desarrollada acepta el Plan Divino en todas circunstancias.

La Naturaleza del Alma

4. Una intensa aspiración a utilizar la mente en beneficio de la humanidad. El estudiante busca conocimiento, pero no por este en sí mismo. Ha de estar motivado por una necesidad interna de contribuir a mejorar el mundo de la raza de los hombres.

El primer concepto que el discípulo estudiante debe aprender, conforme se acerca a esta ciencia, es que las formas que principalmente le conciernen son las que existen en su conciencia. ¿Qué es lo que piensa en relación a todas las cosas, tanto individual como colectivamente? ¿Qué es lo que siente? ¿Qué patrones internos moldean y sostienen su conciencia y, de este modo, condicionan su vida y sus asuntos?

Entonces, compara lo que está en manifestación con el modelo ideal. ¿A qué patrón adaptaría su conciencia si fuera libre de elegir? ¿Qué desearía pensar y sentir? Y, finalmente, ¿qué querría hacer?

Después de esta búsqueda interna, y de establecer comparaciones, se vuelve receptivo al Plan que su Alma haría operativo. ¿Qué cualidades, qué características, qué formas situaría el Alma en la conciencia? ¿Qué lecciones ha estado Esta intentando enseñar todos estos años?

Después de recibir la clara impresión o visión del ideal de su Alma, lo acepta y lo construye con el ojo de su mente. Con cuidado y con la más completa conformidad con el ideal transmitido construye las formas de pensamiento que su mente adoptará, las de sentimiento que sus emociones seguirán y la actividad externa que mejor conducirá al nuevo estado de conciencia a la manifestación.

Para el probacionista, la actividad externa siempre se

relacionará con la armonización, el equilibrio y el Orden Divino de su entorno presente. Responderá a esas demandas que en el mundo físico su drama o deber le impongan, con la realización espiritual que demanden.

Esto es adaptación consciente y es una de las manifestaciones de la Actividad Inteligente. El probacionista aprende a adaptarse a su entorno para, más adelante, adaptar su entorno a lo mejor que hay en él. Él y su vida externa se adaptan poco a poco al Alma y, de este modo, la Ley y el Orden Divino se reafirman, primero en su conciencia y, finalmente, en la forma externa. Esto tiene como resultado correctas relaciones. Una clave para el estudiante sincero se ofrece en las siguientes palabras:

Permanezco solo sobre la balanza, y traigo a todas las relaciones ese movimiento peculiar que da como resultado el equilibrio.

En este punto, es oportuno considerar que el mundo en el que vivimos está en un estado de flujo continuo. Aquello que hoy parece persistente e inamovible, mañana es cosa del pasado. Todas las formas son temporarias, pasajeras y asumen constantemente nuevos patrones e imágenes que cambian incluso en el acto mismo de su formación.

La conciencia crece a través de su habilidad de adaptarse a las condiciones cambiantes de su alrededor. Contrariamente al pensamiento común, no es la resistencia la que produce el crecimiento, sino la adaptabilidad, esa capacidad que permite a la conciencia prestarse a sí misma a una condición manifiesta, para salir de ella intacta y completa. Podemos ver esto en la guerra, en el caso de un cuerpo herido que ha perdido un miembro o, incluso, en casos de locura. La conciencia crece debido a la experiencia, no a pesar de ella. Incluso aunque el

La Naturaleza del Alma

hombre sea inconsciente de esa habilidad innata para la adaptación, lo hace constantemente y, cuando esa adaptación se vuelve consciente, vemos un rápido crecimiento.

El aspirante y probacionista, una vez que comienza a captar este hecho, se da cuenta de que aunque su personalidad pueda haber estado resistiéndose a las condiciones de su entorno, su conciencia se ha prestado a ellas. El hombre, siguiendo este ejemplo, deja entonces de luchar y comienza a cooperar con su Alma. Entra en este estado de una manera impersonal y desapegada, primero como el observador y más tarde como el actor. Como actor lo hace una vez que se ha vuelto consciente del Propósito de su Alma.

En otras palabras, si vive en una condición de enfermedad, pobreza, etc. deja de resistirse, se adapta a ella y se pregunta: "Cuál es la lección que debo aprender aquí? ¿Por qué mi Alma me ha proyectado en esta situación?". Retira la personalidad del campo de acción durante un tiempo, para entrar de nuevo como el observador. Entra tranquilamente en su entorno y ve únicamente lo bueno, lo verdadero y lo bello; busca el crecimiento que las condiciones proporcionan y, poco a poco pero con determinación, el entorno responde al influjo de energía positiva ejercido sobre él. Con el nuevo cambio, la conciencia se adapta de nuevo.

Conforme el estudiante estudia el arte de la construcción de formas, aprende a verlas todas como inteligencia sustancial en movimiento controlado, creadas para transmitir un propósito y producir un objetivo deseado. La propia forma del individuo es considerada como un instrumento. Su propósito es finalmente revelado y percibido. El hombre percibe las cualidades que esa forma tiene la intención de reflejar y se dispone a encarnarlas. Construye las formas (internamente primero) que fo-

Lección 9

mentarán la expresión del Alma.

Deberán recordarse algunos puntos:

1. La forma es Actividad Inteligente en manifestación.

2. Toda actividad en manifestación debe tomar forma en uno o más registros de frecuencia.

Por ejemplo, la palabra es una forma de actividad que el pensamiento adopta al ponerse de manifiesto en el plano físico. Su propósito es la comunicación o relación. Su objetivo la unificación.

El discípulo probacionista observa todas sus actividades, nota la forma particular que cada una de ellas tiende a tomar; reconoce, por ejemplo, la forma que su pensamiento toma en la palabra, pensamiento y obra. Ve cómo el suyo propio se refleja en la forma, nota su cualidad a través de la claridad y conveniencia de las formas utilizadas para expresarlo.

Esto, a menudo, le lleva a la repentina realidad de que su actividad inteligente ha sido llevada a cabo de una manera bastante fortuita. Se dispone, entonces, a poner cierto orden en ella.

1. Observa y cuida su palabra y, al hacerlo, se vuelve más consciente de su vida de pensamiento, la consciente y la inconsciente. Se da cuenta del tipo, fuerza y cualidad de la energía mental con la que constantemente trabaja, al igual que del correcto o incorrecto uso de la misma. Aprende el propósito de su cuerpo mental, reconociéndolo como un instrumento del Alma y, al mismo tiempo, como el cuerpo causativo de la manifestación inferior. Lo ve como un instrumento y un intermediario entre un estado

de conciencia superior y otro inferior, y no como la conciencia misma.

2. Observa y transmuta sus emociones y, de este modo, toma conciencia de su cuerpo astral, el factor de poder en la manifestación. Observa cómo las emociones pueden distorsionar su pensamiento, cuando su Propósito es reflejar perfectamente y encarnar el Plan Divino según lo formula su mente.

3. Disciplina su actividad física para conformarla a su imagen mental del Alma. Reconoce aquella actividad que responde al aspecto forma de la vida y aquella que responde al Alma. Ve su actividad como vehículo de expresión de una conciencia superior o inferior y aprende a iniciar esa actividad que fusiona los dos estados de conciencia en uno. De este modo, el hombre se vuelve en su conciencia un Alma viviente.

Continúe utilizando el mismo pensamiento simiente en su meditación diaria.

.

LECCIÓN 10

El Alma y su Relación con la Trinidad Sagrada:

Relación con Dios Padre;

Relación con la Jerarquía y el Cristo;

(Clarificación del contacto con un "Maestro");

Relación con la madre o aspecto Espíritu Santo.

Conforme contemplamos el ideal del Alma que el estudiante, en esta etapa, está intentando encarnar, encontramos que está basado en las tres expresiones principales de la Divinidad.

1. <u>Esta dotado de, y motivado por, la Voluntad Divina del Propósito Logoico</u>. Esto conecta a la humanidad, tanto individual como colectivamente, con el Logos Planetario, el Padre en nuestra Biblia Cristiana. Significa que la voluntad del hombre es una extensión de La de Dios, que su propósito es una continuación del Propósito mayor y que su poder es el Poder de la Intención Logoica.

Una vez que se entiende y acepta esto plenamente, se conoce al Padre. Se reconoce ese Ser Divino, Qiuen con Su Voluntad desencadenó la Chispa Divina que se convirtió en nuestra identidad individual o Alma.

Así podemos relacionarnos de modo consciente con el Padre y dirigir nuestra aspiración a una Fuente conocida y no a un Dios vago e indefinido.

Quizás el principiante en el estudio del ocultismo tenga

La Naturaleza del Alma

dificultad en aceptar este concepto, puesto que destruye y contradice la cristalización del pensamiento y la superstición que ha evolucionado en la mayoría de las mentes con relación al Padre. Quien se ve envuelto en un velo de misterio y confusión, alejado de la percepción humana a través de la superstición y de la mala interpretación, aunque se pide a las masas que dirijan su aspiración, esperanzas y oraciones a Él. Esto ha dado como resultado la incapacidad de la mente humana de relacionarse con su Fuente Divina, el Padre de su Ser, de aquí el desajuste de una humanidad que no puede relacionarse con sus Padres.

Al considerar este concepto, nos damos cuenta primero de que nuestro Creador inmediato esta mucho más cerca de nosotros de lo que habíamos pensado. El Padre de cada Alma en esta humanidad es el Logos – la Vida Central rectora que habita y anima este planeta Tierra y toda la vida en él.

Este concepto puede crear conflicto con respecto al concepto del Dios Uno – ”Ese Centro Cósmico Creativo acerca del Cual nada puede decirse”; por ello, debemos considerar muy cuidadosamente la cuestión de Quién y Qué es Dios?

Sabemos que hay Un Centro, Una Vida de la cual surgen todas las demás vidas menores. De este Centro emerge el Cosmos, el Hombre Celestial y los Grandes Avatares. Sin embargo, sobre Este nada puede decir la mente humana, salvo que es la Fuente Última que nos acogerá cuando hayamos evolucionado o cuando seamos ascendidos a un estado mucho más elevado que el de nuestro Logos.

Dentro de esta Vida Una existen muchos Logos Cósmicos, Solares y Planetarios. Quienes, habiendo sido creados a la imagen y semejanza de su Padre, a su vez, crean de Sí mismos. Nosotros, los niños humanos somos los Hijos de Dios, pero nuestra Filiación es con nuestros propio Logos Planetario. Existimos en Él y Él existe en nosotros, y así es.

Si el estudiante puede aceptar este concepto ahora y captar su significado esencial, se puede producir un ajuste Divino dentro de su psique que tendrá profundos efectos psicológicos en su personalidad. Esta es quizás una de las Verdades más importantes con las que será impresionado, por lo tanto, reflexione profundamente sobre ella.

Su alineamiento con Dios es directo y real, puesto que va directamente desde su voluntad a la Voluntad del Logos que creó su Alma. Reflexione sobre ello, mi hermano, y después vuelva a la oración del Maestro Jesús. Cuando repita en silencio "Padre Nuestro", hágalo con el conocimiento consciente de Quien es, relacionándose con Él como su Hijo Divino. No tema esta identificación, ni tampoco emanar su Amor y su Agradecimiento hacia Él.

De este modo, su voluntad le relaciona con el Padre. Así da uno de los primeros pasos en el camino de la iniciación, que le conduce a una completa realización de su Identidad espiritual y, de este modo, comienzas verdaderamente a encarnar el ideal de su Alma.

2. El ideal del Alma está cualificado por el Amor- Sabiduría Divino. Es la conciencia del Amor Divino en la que la Sabiduría es inherente. Así, Su cualidad se deriva del corazón (la conciencia del aspecto Alma) de nuestro Logos Planetario. Esto conecta a la humanidad, tanto individual como colectivamente, con el Cristo y Su Jerarquía Espiritual, que encarnan el Corazón de nuestro Dios. El hombre se relaciona

La Naturaleza del Alma

con los Maestros de Sabiduría, esos Seres Divinos que se han realizado plenamente y han crecido en su Filiación Divina a través de su Identidad con el Cristo. Estos son los Hermanos Mayores de la raza humana, los guías y guardianes de nuestra civilización, los Maestros y Salvadores de nuestras Almas.

Aunque habitualmente no nos encontramos con Ellos, puesto que Viven en un rango de frecuencia que está más allá de nuestra percepción, nos podemos relacionar con Ellos como hermanos menores, modelando nuestras vidas conforme a las Verdades que han encarnado. Estas están contenidas en las Enseñanzas de manifestaciones tales como el Buda y Jesús de Nazaret.

Reconozcamos que el Alma está en contacto con la Jerarquía, puesto que cada Una ha sido asignada bajo el cuidado de uno u otro de los Maestros hasta que alcance su propia madurez.

Este es otro concepto importante que captar y entender, sin embargo existe un peligro en él. En este punto, el estudiante ha de ser extremadamente cuidadoso de no perder la verdad de este concepto envolviéndolo de glamour.

Primero se da cuenta de que cada Alma tiene su relación específica y particular con uno de los Hermanos Mayores —que cada Una es vigilada y guiada en los niveles del Alma a través de los varios estadios de su desarrollo evolutivo— y que este Hermano Mayor puede ayudar solamente dentro de ciertas limitaciones que se definen del modo siguiente:

A. Su contacto se estable únicamente con el Alma y nunca con la personalidad.

Lección 10

B. Este contacto se realiza a través de conceptos abstractos y de energía, nunca a través de pensamientos
o palabras, excepto en el caso de una Encarnación
Divina, como el Maestro Jesús.

En otras palabras, un Maestro de Sabiduría puede
impartir ciertas Verdades al Alma Espiritual a través
de la transferencia de conceptos en niveles mentales
superiores. El hombre enfocado en el cerebro debe fu-
sionar su conciencia con la del Alma para darse cuenta de esta comunión, o recibir una Verdad impartida
en su conciencia a través del contacto con su Alma.
Las palabras o imágenes utilizadas para traducir esta Verdad serán las suyas propias, formuladas dentro
de su propio cerebro, conforme traduzca el flujo de
abstracción en una forma concreta.

C. Una Verdad impartida siempre debe tomar la forma
de una abstracción, ser universal en su aplicación y
estar relacionada únicamente con la enseñanza. En
otras palabras, un Maestro no tiene permitido dar
consejos respecto a un problema de la personalidad o
dirigir a una persona a tomar un curso de acción determinado. La propia voluntad individual es libre en
todo momento.

D. El Maestro libera su energía Divina, Verdades y Protección al discípulo en la medida del esfuerzo de este
para servir al Plan. En otras palabras, el Maestro
responde a la fuerza invocatoria del discípulo.

Cada uno de ustedes puede darse cuenta de que tiene
una relación específica con la Jerarquía, que la Sabiduría de su Alma se ve expandida por el Maestro y, de este
modo, que recibe ayuda en su desarrollo a través de la
guía amorosa de un Hermano Mayor. Relaciónese con Él a
través de su amor y aprecio, su receptividad a la Verdad y

su aplicación de Esta en el servicio. Cuando lo haya hecho, entonces podrá invocar conscientemente tanto la Sabiduría como la energía de su Maestro en su actividad de servicio planeada.

3. El ideal del Alma está dotado de la capacidad de crear, de controlar el movimiento de la sustancia. Esto le vincula al final con el Aspecto Madre, el Espíritu Santo o la Mente Divina. Conforme establece un contacto específico con este Aspecto, lo hace a través del Ángel de la Presencia, ese cuerpo energético de Luz que alberga su Ser Crístico transcendente.

Aquí reside un concepto que alberga un gran misterio. El Alma está en contacto con la sustancia, a partir de la cual todas las formas son creadas, a través de su propio Ángel de la Presencia y es, por ello, capaz de controlar el movimiento de la sustancia y así crear las formas que su servicio adoptará.

El medio utilizado en el proceso de la construcción de formas, que es el aspecto Madre en lo que se refiere a este planeta, es la Mente Divina. Aquí la Voluntad Logoica impresiona primero la sustancia, o inteligencia, con Su Propósito y las formas arquetípicas aparecen. Estas reciben un cuerpo sustancial adicional en el mundo de la mente (parte de la Mente Divina) por aquellas Almas que sirven al Plan de un modo consciente.

El estudiante, en este punto, establece su contacto con esa energía que es sustancia a través de su receptividad a la Luz de su propio Ángel de la Presencia. Aspira a trabajar con esa Luz, a construir formas a partir de ella para el mejoramiento de la humanidad.

Se vuelve receptivo a *"esa Mente que era en el Cristo"*,

tratando siempre de utilizar la sustancia mental de un modo correcto.

Esta "Mente que era en el Cristo" la visualiza como la Luz azul-blanca del Cristo que impregna su cuerpo mental desde arriba. Conforme la recibe, responde dirigiendo su Voluntad al bien, y su Voluntad de Amar al aspecto Espíritu Santo, en niveles Monádicos, a través del Ángel de la Presencia.

El resultado es un conocimiento creciente de las formas arquetípicas y, con ello, un conocimiento del Plan Divino, al igual que una habilidad siempre creciente de moldear con inteligencia esas formas que transmiten el Plan Divino en su manifestación externa.

A través de la realización triple descrita anteriormente, el ideal incluye una relación consciente con:

El Padre Planetario

El Cristo Planetario o Hermano Mayor

La Madre Planetaria

Estos están relacionados y son la Fuente de su Espíritu o Voluntad, su Alma o Consciencia y su Inteligencia.

Otro punto en relación al aspecto Inteligencia: Es a través de la inteligencia negativa que el Alma crea Su propio vehículo de encarnación. Este vehículo —el cuerpo, las emociones, y la mente— es una cristalización del aspecto Madre. Su sustancia fue impulsada a la actividad por la Voluntad Divina del Alma, cualificada por el Amor Divino del Alma y moldeada en la forma a través de la Actividad Inteligente del Alma.

La Naturaleza del Alma

Se ve constantemente revitalizada y reenergetizada por esas energías vitales que transportan el aspecto Madre.

El vehículo es fluido y esta siempre sujeto a la Voluntad Divina.

El ideal del Alma incluye, entonces, un control absoluto de la naturaleza de la forma.

Por favor, utilice el siguiente pensamiento simiente en su ejercicio de meditación diario:

"Soy el Alma. Fusiono y mezclo las tres Luces para convertirlas en la Luz Divina. Yo soy esa Luz".

Como tarea, por favor, explique con sus propias palabras su visión (comprensión) del ideal.

LECCIÓN 11

La Trinidad y Su Relación con la Persona:

El primer rayo y la aspiración (en las emociones como
deseo, en la mente como ambición);
Reorientación del egoísmo y de la voluntad separativa
hacia un estado de cooperación e inclusividad;
Segundo rayo y meditación (como herramienta para la
iluminación y el servicio);
Tercer rayo y su aplicación.

Los tres rayos mayores planetarios, que el discípulo en probación esta intentando perfeccionar dentro de sí mismo en el proceso de la construcción del carácter, son tres tipos de energía que le llegan e influencian en la medida de su aspiración, meditación y aplicación. Vamos a considerar con cierto detalle este triple método de contactar, aceptar y encarnar las energías divinas del Alma. Esto ofrecerá al estudiante un entendimiento mayor de la ley y despejará el camino para un eventual contacto en la conciencia con el Alma.

A. ASPIRACIÓN

Para entender más claramente esta actividad es conveniente considerar primero su correspondencia a un nivel más bajo el deseo.

El deseo, que es un fenómeno de la naturaleza emocional

La Naturaleza del Alma

de la personalidad, se basa en la voluntad egoísta del hombre enfocado en el cerebro. El término "ego-ísta", tal y como se utiliza en estas lecciones, tiene que ver con todo aquello que concierne al yo separado. Es la actitud de exclusión, en ocasiones muy sutil y difícil de ver por el individuo mismo.

El deseo del logro personal, incluso aunque se refiera a lo espiritual, es egoísta y caracteriza prácticamente a todos los probacionistas en el camino. Separa en su conciencia al individuo de su hermano. Su deseo crea una barrera de pensamiento y emoción que gira a su alrededor de tal modo que en su conciencia le aísla de los demás. Así, se vuelve insensible a todo aquello que no tenga impacto directo sobre sí mismo como una personalidad separada e importante.

El individuo reconoce y elimina esta tendencia de la personalidad al darse cuenta, con su corazón y con su mente, de que forma parte del todo y de que depende de cada parte y de la totalidad. Este concepto ha de tener un significado mayor para él que el de una mera teoría capaz de comprender con su intelecto. Debe conocerse como Verdad en su corazón y en su mente, de tal modo que el estudiante fusione en sí mismo el acercamiento con el corazón y con la cabeza. Entonces se da cuenta de que él es importante (importante no es la palabra correcta) solo en la medida en que reconoce y equilibra adecuadamente su relación con cada parte y con el todo.

En nuestra consideración del deseo aprendemos que la voluntad egoísta, centrada en el pequeño "yo", actúa sobre la naturaleza emocional como una influencia vibratoria. Un bombardeo de impulso eléctrico pasa, a través del sistema nervioso, del pequeño "yo" asentado en el cerebro a la polarización emocional localizada en la región del plexo solar. Este hace emerger de la naturaleza

emocional una actividad vibratoria comúnmente denominada deseo.

El cuerpo emocional de la mayoría de la gente, tal y como lo percibe el clarividente, está en un estado de constante agitación. Vórtices de energía, muy similares a los
remolinos de una corriente o río, mueven las energías
del individuo en una u otra dirección. Estos vórtices re-
presentan los muchos deseos que tienden a dirigir la vida y los asuntos del individuo.

Se ven espasmódicamente estimulados por el impulso de
la pequeña voluntad, pero sin un ritmo definido y, por
ello, son de alguna manera impredecibles y erráticos. En
este caso, vemos a un individuo completamente regido
por sus emociones, sin propósito y víctima de las circunstancias en todo momento.

Existe una diferencia cuando el deseo va unido al propósito. El individuo, entonces, tiende a estar polarizado y a
manifestar menos agitación en su cuerpo astral-
emocional. Existen solo uno o dos vórtices principales y
se establece un ritmo más definido. Este atrae y repele,
y así vemos periodos de intenso deseo, con la posterior
gratificación mediante la satisfacción de ese deseo.

La gratificación del deseo siempre conduce, tarde o temprano, a la desilusión y, de este modo, el individuo continúa sintiéndose insatisfecho. Esto conduce de manera
natural a la sustitución por otro nuevo objetivo y a un
periodo de intenso deseo, hasta que el individuo despierta al hecho de que el deseo es traicionero. Entonces se
aleja de él y entra en la actividad de la aspiración.

En resumen, el deseo es una actividad de la naturaleza
emocional impulsada por la voluntad egoísta de la persona. Es siempre separativo, limitándose a la satisfac-

ción del individuo concernido. Por este motivo es el máximo responsable de la falta de hermandad en el mundo actual.

La aspiración es el resultado de un impulso eléctrico proyectado desde el Alma (enfocada en la región de la glándula pineal) al aspecto emocional (localizado en la región del corazón) a través de la energía que subyace a toda sustancia. De este modo, la actividad vibratoria de la naturaleza emocional se acelera y este aspecto se ve literalmente elevado de los niveles inferiores de la esfera astral, donde el deseo es la norma, a los niveles superiores de la aspiración.

Este cuerpo de energía, visto por el clarividente, está en relativa tranquilidad. Se parece a un lago aquietado de agua clara que refleja únicamente el impacto vertical del Plan Divino, tal y como lo formula la mente del discípulo.

Tenemos entonces, primero, el impulso que trae la aspiración a la existencia desde el Alma. El aspirante comienza con una especie de añoranza, o deseo, hacia la Luz. De la misma manera que una flor busca la luz del sol, así el aspirante busca la luz del Alma. Esto lo realiza con todo su ser.

Al igual que una flor crece y florece e irradia belleza, el aspirante crece, florece e irradia divinidad. Esta radiación suya se caracteriza por su capacidad de dar en la forma de actividad esa energía recibida desde Alma. Esta continua búsqueda de la Luz y, a su vez, ese dar o compartir de esta Luz es lo que llamamos aspiración.

Esto, a su vez, evoca una respuesta mayor del Alma y el aspirante recibe más Luz. De este modo, a través de un ciclo de flujo y reflujo de energías, la personalidad hace una llamada, que se ve respondida por el Alma, y vemos al hombre florecer como personalidad infundida por el Alma.

El término mismo "aspirante", tal y como se aplica a un individuo, denota cierto desarrollo y no se utiliza indiscriminadamente con relación a todos los estudiantes. El aspirante es aquel que está implicado en la evocación del Impulso de la Voluntad Divina. Este es un concepto muy importante y todo estudiante sincero debería contemplarlo. De este modo, se trae a la manifestación activa el primer aspecto de la Divinidad dentro del entorno del individuo. Conforme el aspirante se convierte en probacionista y, más adelante, en discípulo aceptado, no deja atrás la actividad de la aspiración. Esto es algo que evoluciona con él conforme recorre el sendero de la iniciación.

Cuando el aspirante está bien asentado en esta fase de crecimiento, las siguientes palabras pueden describir cuál es su actitud mental:

"No mi voluntad, oh Alma, sino la Tuya".

Deliberadamente, y a menudo con gran coste para la personalidad, este llamado se hace oír. La pequeña voluntad de la personalidad, que ha regido durante mucho tiempo, se subordina a la Voluntad del Alma, y no sin una clara batalla.

Esas formas que no están en armonía con el Propósito del Alma entran en un proceso de desintegración. Esto incluye cualquier forma discordante, ya sea una forma mental, una forma emocional, una forma física o una forma de actividad. De este modo, la atención del aspirante se eleva y el ojo se abre.

El aspirante, que es también un discípulo probacionista, establece un constante alineamiento entre su cerebro y el Impulso a la Voluntad Divina de su Alma. Esto lo realiza del siguiente modo:

1. Reconociendo primero el hecho de la existencia del Alma.

2. Aceptando mental y emocionalmente la Voluntad de su Alma.

3. Visualizando una línea de luz que surge de su cerebro y se extiende a través de su mente y de su Alma. Su aspiración se dirige hacia el Alma a través de esta línea.

4. Mantiene esta línea de contacto en todo momento, subordinando sus actividades y su voluntad personal a la Voluntad Divina de su Alma.

Este alineamiento no se ofrece para ser utilizado como un ejercicio de meditación. Ha de serlo como una actividad mental simultánea a la rutina de la vida diaria. Permitamos que los ojos permanezcan abiertos, el cerebro subjetivamente atento y el instrumento físico ocupado en la actividad externa, como es habitual. No utilicen este alineamiento como una forma de meditación.

En resumen, la aspiración es una actividad de la naturaleza emocional superior y de la mente impulsada por el Alma. Siempre concerniente al Plan Divino, y por ello inclusiva, producirá eventualmente dentro de la mente y el corazón del aspirante el reconocimiento, la aceptación y la práctica de la hermandad.

B. MEDITACIÓN

La meditación, cuando se practica correctamente, pone al aspirante en contacto con los aspectos iluminadores

Lección 11

del Alma. Hace posible el reconocimiento y la eventual encarnación de la Voluntad del Alma.

La actividad de la aspiración sintoniza al estudiante, por así decirlo, con el Alma, mientras que la meditación expande la conciencia de su personalidad hasta tocar la periferia y, finalmente, fusionarse con la conciencia del Alma.

Me gustaría aprovechar esta oportunidad para señalar su importancia a aquellos de ustedes para quienes la meditación parece aburrida y exenta de recompensa, no solamente para su propio desarrollo individual sino también como una actividad de servicio.

Primero, respecto a su desarrollo individual, la meditación es la puerta abierta a la iniciación. Es el camino a la Luz recorrido por todos los discípulos del Cristo. Es a través de esta actividad que se penetra y conoce el interior Reino de Dios, el mundo de significado y el "Lugar Secreto de lo Más Elevado". Toda actividad del discípulo aceptado ha sido primero, a través de la meditación, contemplada y elaborada en colaboración con el Plan Divino. Llega un momento, en la vida de todo discípulo, donde el avance espiritual depende de esta actividad, puesto que es literalmente el sendero de los Dioses.

La meditación, para ser fructífera, debe ser emprendida por el ocultista que es también un místico, con todo el ser. El foco total de la conciencia se centra en la mente para enfocarse en la Verdad. No aborde la meditación como un intento a medias tintas de seguir las instrucciones. Permita que, para conseguir lo máximo de ella la totalidad del ser se vea inundada por el amor a esta actividad.

Como una actividad de servicio, que cada uno de ustedes

puede iniciar aquí y ahora, la meditación es una de las
más importantes. A través de ella se le permite al discípulo enfocar dentro de sí mismo no solamente el Plan
Divino o la intención Jerárquica, sino también la energía precipitada del Plan Divino. Se convierte en un instrumento a través del cual el Cristo enfoca Sus esfuerzos para guiar, instruir y elevar la conciencia de las masas.

Cada discípulo que se ofrece a sí mismo de esta manera
sirve a una causa mucho mayor de lo que él pueda darse
cuenta. Puesto que, conforme experimenta la realización
de una Verdad, la fuerza de su realización difunde la
Verdad en la mente de las masas donde otros miembros
de la humanidad pueden percibirla como su propio pensamiento. De este modo, aquellas ideas Divinas que
emergen desde la Jerarquía al discípulo, desde el Alma
Espiritual al hombre enfocado en el cerebro, son de nuevo transmitidas al cuerpo mental de la humanidad en su
totalidad, donde muchos miembros de esta pueden ser
influenciados por ellas y, a su vez, volverse una influencia en la actividad del Plan Divino. Dense cuenta de esta
importancia —consideren el servicio que pueden rendir
cada vez que contemplan en meditación un concepto de
la Verdad— cada vez que entran en contacto, enfocan
dentro de sí mismos, y trasmiten una energía Divina
subyacente a un concepto de Verdad.

C. APLICACIÓN

Después de estudiar detenidamente los apartados A y B,
el estudiante toma conciencia de que es a través de su
persistente aspiración que contacta la Voluntad del Alma y de que el Amor-Sabiduría del Alma es contactado a
través de su habilidad de meditar. El tercer aspecto, la
Actividad Inteligente, lo contacta el estudiante a través
de su esfuerzo aplicado de vivir la Verdad. Esta aplica-

Lección 11

ción, demostrada por el estudiante sincero, no solo lleva su vida y sus asuntos a una actividad inteligente, sino que también hace posible su manifestación en la actividad de los otros dos aspectos del Alma que ha contactado.

En la siguiente lección consideraremos la aplicación como la habilidad del discípulo de establecer y controlar su actividad vibratoria. Mientras tanto, presten detenida atención a esta lección, puesto que contiene mucho que les puede ser beneficioso. Continúen utilizando el mismo pensamiento simiente para la meditación.

Que se haga la Luz.

La Naturaleza del Alma

LECCIÓN 12

Aplicación y Encarnación de la Verdad:

Inofensividad;

Purificación de los pensamientos;

Control de la palabra;

Dirigir apropiadamente las emociones;

Comunicación de la cualidad de nuestro Ser interior a

través de la actividad física.

Un discípulo se define como aquel que ha entrado en la conciencia de sí mismo como Alma y que trabaja en el mundo como tal.

Este "trabajo" del discípulo es, en realidad, el establecimiento y habilidad de controlar un cierto tipo de cualidad de impacto vibratorio sobre su entorno en todo momento. De este modo, crea un aura de influencia particular que se convierte en parte de su equipamiento para el servicio.

El hombre interior crea su impacto vibratorio conforme realiza las tareas de su vivir cotidiano. Cada pensamiento, sentimiento, palabra y acción que pone en movimiento tiene una frecuencia vibratoria específica. Conforme esta impacta a otros individuos o a un grupo, ejerce una influencia, ya sea para lo que llamamos el bien o para el mal.

Lo primero que se enseña al estudiante es a aspirar a la

inofensividad. Aprende que solo se vuelve realmente inofensivo cuando su impacto vibratorio está en armonía con el Plan Divino. Con este propósito, procede a llevar bajo el control consciente la actividad vibratoria de su cuádruple mecanismo, en sintonía con esos conceptos que conoce como Verdad.

Para llegar a un entendimiento claro de esta fase del proceso de construcción del carácter, estudiaremos por separado cada aspecto de la cuádruple actividad vibratoria del estudiante.

A. PENSAMIENTO

Sabemos que todo lo que puede ser definido como "algo" en el mundo de la forma mantiene una vida por sí mismo, se manifiesta en tiempo y espacio de acuerdo a la Ley de los Ciclos y tiene un efecto definido sobre todas las otras vidas. Esto se denomina la actividad vibratoria de la Vida. Todas las cosas tienen una frecuencia vibratoria que determina su actividad cíclica, dentro y fuera del mundo de los asuntos externos; su manifestación en tiempo y espacio, y su efecto sobre todas las demás vidas.

Esto es cierto tanto para un pensamiento como lo es para una Vida Solar. Por este motivo, hablamos de los pensamientos como formas pensamiento. Estas son, de hecho, ideas con Alma que han tomado forma concreta.

Si bien es cierto que un humano no puede originar una idea y solo unos pocos pueden un pensamiento, la persona recibe una idea original o un pensamiento dentro de su propia mente, donde le da su tono y colorido individual. Se apropia de una idea y esta lleva la frecuencia que él le impone como parte de su influencia en el mundo.

Lección 12

Las grandes mentes dan vida a una idea, dan forma como pensamiento a una idea abstracta y la envían a realizar un propósito específico.

La mayoría de la raza todavía no ha alcanzado este estado de desarrollo y se ve controlada, casi enteramente, por las "grandes mentes" a medida que las masas reciben, aceptan y encarnan los pensamientos creados para ellos por unos pocos. De esta encarnación emerge una cultura y una civilización. Los resultados serán buenos y exentos de distorsión si las "grandes mentes" son claras y si las masas son receptivas. La motivación juega un papel importante en todo ello. Aquellos individuos exentos de escrúpulos y de iluminación esclavizan a las masas. El verdadero servidor del mundo crea un lugar mejor para la humanidad en el que vivir y crecer. De este modo, vemos el mundo del pensamiento como el cuerpo causativo de las condiciones y circunstancias en manifestación para la familia humana.

El estudiante observa su propia vida de pensamiento desde esta perspectiva. Contempla el resultado de este sobre sí mismo, al igual que sobre los demás, dentro de su esfera de influencia. ¿Tiene su impacto vibratorio como resultado Amor, Paz y Armonía? ¿Es un vehículo de la manifestación del Plan Divino? Si no es así, necesitará un entrenamiento disciplinario autoimpuesto. ¿Se encuentra en el proceso de convertirse, a través del proceso de evolución, en un liberador o en un esclavizador de las masas? Aquí subyace parte de la respuesta acerca de su grado de inofensividad y la clave sobre el tipo y cualidad de energía mental que utiliza.

B. PALABRA

Las palabras del estudiante también tienen vida propia —son la causa de ciertas manifestaciones en tiempo y espacio y un efecto sobre las vidas de los demás.

El sonido afecta la sustancia creadora de todas las formas y la pone en movimiento, o modifica el movimiento ya establecido en la sustancia. El impacto vibratorio del sonido puede tener como resultado un movimiento de la sustancia constructivo o destructivo.

Cuando el sonido toma la forma de una palabra, se establece un decreto. Esa palabra o grupo de palabras se manifestará en tiempo y espacio. Si los estudiantes pudieran observar los efectos producidos por las palabras emitidas por casi cualquier individuo, quedarían dolorosamente impactados. El verdadero clarividente siente dolor al observar los cuerpos fragmentados, las emociones enfermas y las condiciones caóticas que resultan de las palabras emitidas por la humanidad. Una palabra, una vez pronunciada, no puede ser borrada. Una cadena de efectos es puesta en movimiento y dará como resultado una manifestación en el plano físico.

Cuando uno considera que la palabra no es solamente una manifestación de un pensamiento sino también la dirección hacia la manifestación en el plano físico de este, uno se para antes de hablar.

Hay aquí otro punto de gran importancia para el estudiante: ¿Sus palabras conducen su propia vida de pensamiento o la de otro?; ¿está dirigiendo hacia la manifestación una actividad claramente formulada por su mente o por una mente superior?; ¿o está siendo simplemente la voz (el instrumento de manifestación) de cualquier pensamiento que impacta su mente desde cualquier fuente?

El discípulo en probación habla y, porque se ha vuelto receptivo a un cierto grado de energía del Alma, sus palabras se manifiestan con más fuerza y rapidez que las de muchos de sus hermanos. Tienen una influencia definida en aquellos que se encuentran en su entorno. A menudo forman y determinan las condiciones de la manifestación dentro de su esfera de influencia. De este modo, los aspirantes y probacionistas en el mundo manifiestan las condiciones cíclicas más cortas en las que muchos de sus hermanos menores deben vivir. Muchos de los obstáculos del principiante han sido puestos a sus pies por un discípulo inexperto.

Hermanos míos, vigilen su palabra. Estudien sus efectos sobre los demás y aprendan otra lección sobre inofensividad. No pueden avanzar en el camino hasta que hayan aprendido esta lección.

C. EMOCIONES

Este tema ha supuesto un problema durante esta era en particular para el profesor medio de Sabiduría. El principiante y la mayoría de los probacionistas tienen poca o ninguna comprensión de las emociones. Emoción es un nombre dado a sus sentimientos y ¿qué es un sentimiento? La ausencia de la terminología adecuada todavía complica más el asunto y se debe a ello la falta de una enseñanza clara sobre este tema durante el pasado.

La emoción es el efecto producido por el impacto de fuerza astral sobre el sistema sensorial del cuerpo físico.

El plano astral es esa área entre los planos mental y físico donde la energía de la mente y la de la sustancia se ponen en contacto, produciendo la forma sustancial. La energía astral se pone en movimiento a través del pensamiento, la palabra o la acción y, en este punto, se convierte en una fuerza poderosa. El impacto vibratorio de esta fuerza sobre el sistema sensorial produce lo que llamamos una emoción, de acuerdo a su tipo, fuerza y cualidad.

Aquí reside una clave: El registro de una emoción es un indicador de un pensamiento que ha tomado forma dentro del cuerpo astral. Orbita alrededor del individuo, en el aura astral, alimentándose de su propia energía de vida, coloreando las experiencias de su personalidad y, a menudo, controlando su conciencia hasta el grado de dictar todos sus actos.

Para la humanidad común, el cuerpo de energía astral-emocional se compone de muchas de esas formas que ciegan completamente a las masas de la realidad. Cualquier impacto vibratorio sobre el aparato sensorio del hombre común (del cual el cerebro es una parte) se ve coloreado por esas formas de tal modo que su verdadero significado se ve distorsionado o interrumpido por el contenido astral a través del cual debe pasar.

El plano astral contiene el agregado de formas creadas por la humanidad, más las fuerzas generadas por estas formas. Aquí se encuentran los pensamientos del hombre, sus sueños, su vida de deseos concretada y puesta de manifiesto. No es de estrañar que esta esfera de existencia se haya comparado con una miasma donde las nieblas y vapores de las creaciones del hombre velan la realidad de nuestra percepción sensorial.

Una forma astral se manifestará en tiempo y espacio como un patrón cíclico, conforme a la revitalización que recibe de uno o más miembros de la humanidad. Aquí reside una clave para uno de los problemas del mundo: Conforme un individuo acepta y contempla una forma originada dentro de la conciencia astral de la raza, le da el poder de su propia fuerza astral y, de este modo, fortaleze su atracción al plano físico.

112

Lección 12

Para el principiante, las formas astrales o emociones tienen vida propia, se manifiestan cíclicamente en tiempo y espacio y tienen un efecto sobre las demás vidas.

En este punto, el estudiante se da cuenta de la necesidad de limpiar su naturaleza emocional. Aprende a través de la observación y la razón cuáles de sus emociones producen efectos nocivos sobre los demás y las elimina de su actividad vibratoria.

Al adoptar un acción disciplinaria positiva, a través de la aplicación de la amabilidad, la cordialidad y la Ley del Amor, en cada situación, su vehículo astral se convierte en una torre de fortaleza, sanación y, al final, en un agente de transmutación para los demás.

"Observen esta parte en ustedes, Oh discípulos, ya que ha de volverse inofensiva, al igual que una paloma, antes de que la puerta se abra".

D. ACTIVIDAD FISICA

Cada acto realizado por el instrumento físico tiene una frecuencia vibratoria y su impacto ejerce una influencia sobre el entorno. La actividad física es el resultado de un gasto de energía. Una vez que esta energía es puesta en movimiento se vuelve la fuente de una serie de efectos, llamados reacciones.

Mucho le es revelado al estudiante cuando detiene la actividad externa durante el tiempo suficiente para contemplar el significado interno de su instrumento y de sus diversas partes.

El primer y más obvio hecho es que su cuerpo físico no solo le alberga sino que también es su instrumento de contacto con el mundo en el que vive. Su constitución

La Naturaleza del Alma

incluye un aparato sensorial (cerebro y sistema nervioso) para el registro de vibraciones entrantes, así como para la emisión de las salientes. Es un instrumento de recepción y emisión compuesto de esos centros preparados para recibir y enviar vibraciones dentro de un rango determinado de frecuencias. De esta manera, percibe a través de sus cinco sentidos y es, al mismo tiempo, percibido por otros del mismo modo.

Es interesante resaltar aquí que, a medida que la frecuencia vibratoria del instrumento es elevada o acelerada, se experimentan otros sentidos como la telepatía y varias percepciones denominadas "extrasensoriales".

El siguiente hecho evidente es que él, como un estado de conciencia funcionando a través de un instrumento físico, se relaciona con otros de manera íntima. Esta relación se demuestra más fácilmente tanto en su habilidad como en su necesidad de comunicar. El hecho de tener algo que comunicar a otros y de poder ser entendido por ellos es su primera constatación de esta relación.

La falta de creencia o fe del hombre común en la vida después de la muerte, o en la existencia del Alma, se basa en su incapacidad de comunicar con aquellos que han pasado al otro lado o con el Alma. Tan pronto como se encuentre una manera de percibir y comunicar con estos y otros estados del Ser, la entidad humana no solo creerá, sino que también conocerá. Se aproxima un acontecimiento que establecerá de una vez por todas en la mente de la raza el hecho de otros planos de existencia además del físico. Este "acontecimiento", por supuesto, tiene que ver con un tipo de percepción y comunicación.

La siguiente realización que el estudiante experimenta es la cualidad de sus relaciones, y que él mismo la determina a través de su pensamiento, palabras, senti-

Lección 12

mientos y hechos.

Un buen ejemplo de ello es el individuo que, de repente, se da cuenta de que la cualidad de sus relaciones es el engaño. Se le miente, se le distorsiona, se desconfía de él y él, a su vez, desconfía. A través de la observación descubre que comunica esta cualidad a otros y, como respuesta, evoca lo mismo en ellos. A menudo piensa una cosa y manifiesta otra; expresa algo mientras que piensa y actúa de manera diferente. De este modo, su propia actividad vibratoria es disarmónica y la nota discordante toma la forma de engaño.

Una vez considerada su actividad vibratoria en estos cuatro aspectos, el estudiante empieza a tener un atisbo del tipo y cualidad de influencia que ha estado ejerciendo sobre su entorno e inicia obvias medidas disciplinarias para, gradualmente, controlar su impacto vibratorio sobre los demás. Aplica cada concepto de Verdad que ha comprendido a su actividad diaria y, de este modo, lleva sus energías y asuntos a una actividad inteligente.

Utilice el siguiente pensamiento simiente en su meditación diaria:

"Yo soy el Alma. Resueno en tiempo y espacio como un acorde armónico. Soy el Verbo hecho Carne".

Como trabajo escrito, por favor, formule tres medidas disciplinarias que va a implementar a la luz de la información anterior. Entregue la tarea a su profesor antes de pasar a la lección siguiente.

La Naturaleza del Alma

LECCIÓN 13

La Naturaleza del Cuerpo Etérico:

El triple instrumento (mental, astral, etérico);
La naturaleza del etérico y su relación con el
mecanismo físico;
El sistema de centros (localización, significado,
transferencia);
Meditación y alineamiento en relación con el sistema
de centros.

Antes de continuar con el estudio de los atributos del Alma, vamos de nuevo a llevar nuestra atención a la técnica de la meditación. Está ahora preparado para una forma, de alguna manera más avanzada de meditación, que utiliza alguno de los centros y una manipulación más consciente de la energía.

Es oportuno, en este momento, reevaluar todo este tema. ¿Qué es lo que intenta hacer con la meditación? ¿Cuáles son el propósito y los objetivos de la técnica de meditación y cómo se obtiene la maestría en ella para, eventualmente, acceder a esa área de la meditación que está más allá de la forma?

El propósito motivador para entrar en esta actividad debe ser siempre la aspiración de servir. Quizás esta sea la razón por la que la meditación resulta tan difícil para el principiante. Aquellos que no están motivados por una aspiración, de alguna manera altruísta (inspirada

La Naturaleza del Alma

por el Alma), de servir a la humanidad será extraño que perseveren hasta pasado el punto donde la meditación ya no es una disciplina. Al principio, la actividad proporciona tan pocos frutos aparentes que la persona que no está bien enfocada en el Alma es raro que ejercite esta disciplina sobre la naturaleza de su forma. No se da cuenta de que es necesario realizar ciertos ajustes internos antes de que sus meditaciones puedan producir resultados externos. Si está bien orientado y aspira de verdad a tomar su lugar en el camino como discípulo (un servidor del mundo), esta es una de las áreas en las que demostrará la Voluntad del Alma sobre la pequeña voluntad de la personalidad.

Uno debe, en este punto, tener cierto conocimiento del instrumento del Alma para poder reevaluar con mayor perfeccón la técnica de la meditación y su lugar, tanto en el entrenamiento como en el servicio como discípulo.

El instrumento del Alma es de naturaleza triple, compuesto por tres cuerpos de energía que coexisten en tiempo y espacio. Estos son:

1. El mental

2. El astral

3. El etérico

El cuerpo físico no se incluye porque no es un principio. Es un efecto temporal, de muy corta duración cuando se observa desde la perspectiva del que percibe el esquema evolutivo como una totalidad. Es una apariencia o efecto, un substrato del etérico, en su manifestación imperfecta. Cuando se perfecciona el vehículo o principio etérico, la frecuencia de la sustancia densa del cuerpo físico es elevada a la misma frequencia que la que ahora tiene

Lección 13

su contraparte etérica.

El cuerpo etérico es el cuerpo de energía vital que interpenetra todo lo que llamamos forma-espacio, relacio-
nando, alimentando y sosteniendo las múltiples vidas
dentro de la Vida Una.

Lo vemos primero, en su manifestación general, como el
cuerpo sustancial de Dios, una vasta red de energías y
fuerzas dentro de la que vivimos, nos movemos y tenemos nuestro Ser. Interpenetra toda sustancia, la relaciona y la mantiene en forma. Es de naturaleza eléctri-
ca, compuesto por muchas pequeñas líneas de fuerza
(con apariencia tubular, para el clarividente) que crean
canales para el flujo de energías a través de la totalidad
del sistema.

La energía del pensamiento y de la emoción circula por
estos tubos para impactar a otra naturaleza mental y
emocional, y para adquirir una manifestación externa.

Todos sabemos que la energía sigue al pensamiento.
Circula por la red etérica hacia su destino, sea cual sea
y esté donde esté ese destino.

En la forma humana estas líneas de fuerza subyacen y
están particularmente relacionadas con el cerebro y sistema nervioso. Desde esta red mayor, el cuerpo etérico
interpenetra cada átomo del cuerpo físico y se extiende
hacia fuera algunos centímetros, variando esta distancia
según la evolución de la conciencia que lo habita.

A través de la red etérica, la mente impresiona el cerebro. A través de este mismo medio, el cuerpo astral (la
naturaleza de deseo) impresiona el cerebro y el sistema
nervioso. Y, de nuevo, a través del mismo medio, la
fuerza necesaria para la acción en el cuerpo físico se

alimenta a través del sistema nevioso y las glándulas endocrinas. Cuando el cuerpo etérico está suficientemente desarrollado, el Alma lo utiliza para dominar y controlar la naturaleza de la forma exterior.

El cuerpo etérico contiene dentro de sí ciertos centros de fuerza que se pueden definir como centros de transmisión para energías entrantes y salientes. De los muchos centros en la red etérica, consideraremos aquí los siete centros mayores y sus funciones. Por favor, recuerde, conforme lee y estudia este tema, que estos centros están formados de energía etérica y que no existen en el físico denso, aunque lo interpenetran y producen efectos sobre él.

Cada centro se localiza seis o doce centímetros fuera del físico y se extienden con la forma de una espiral invertida.

1. El centro de la cabeza se localiza en la parte alta de esta. Este centro pone en contacto a la conciencia prisionera (la persona) con la conciencia Espiritual Trascendente. Permanece inactivo hasta que el hombre emprende el camino de ascenso.

2. El centro ajna se localiza entre las cejas. Está relativamente inactivo hasta el momento en que la triple personalidad llega a cierta integración y se puede enfocar conscientemente en el plano mental. En este momento, el ajna ejerce una papel importante en el alineamiento del Alma, la mente y el cerebro. Relaciona estos tres en la conciencia y ayuda a la creación de ese cuerpo magnético mental tan significativo para el crecimiento y desarrollo de la conciencia.

Más adelante, el ajna sirve como centro de control sobre

la naturaleza de la forma inferior. Conforme el discípulo probacionista se aproxima a la tercera iniciación, se establece un intercambio de energía entre los centros de la cabeza y del entrecejo, lo que compele a la totalidad del sistema a reorientarse.

Esta última afirmación es importante para aquellos de ustedes que se encuentran en el proceso de ajustarse a una polarización en la cabeza.

3. El centro de la garganta se localiza en la mitad del cuello, encuentra su punto de entrada en el físico en la columna vertebral. Este centro se encuentra muy activo en el caso del intelectual. Es el centro de contacto con la mente concreta inferior, las energías creativas del sonido y es el recipiente en los casos de telepatía de mente a mente.

4. El centro del corazón se localiza entre los hombros y encuentra su punto de entrada en el físico en la columna vertebral. Este centro alimenta el físico con energía vital a través del corazón físico y del flujo sanguíneo. También relaciona al individuo con su cuerpo astral superior y le pone en contacto por primera vez con el Amor de Dios. Las energías fluyentes a través de este centro impelen al indivuo a buscar, establecer relaciones y aspirar.

Podemos establecer aquí una correspondencia muy interesante. El centro del corazón en la columna se corresponde con el sol físico que proporciona las condiciones apropiadas para el crecimiento.

Este centro, como todos los demás centros, debe estar dominado por el centro de la cabeza y coordinado por el centro ajna para ser efectivo en el servicio. Cuando se establece el alineamiento entre la cabeza, el ajna, la garganta y el corazón, el hombre se convierte en un creador consciente. En el artista creador de hoy en día los centros predominantes son generalmente la cabeza, la garganta y el corazón. Cuando el ajna se convierta en el coordinador, veremos trabajos creativos que sobrepasarán todo lo conocido hoy en día, en lo que se refiere a su influencia.

5. El centro del plexo solar se localiza justo por encima de la cintura y encuentra su punto de entrada en el físico a través de la columna vertebral. Este centro predomina hoy en día en la humanidad. Está muy activo en todos los tipos emocionales, siendo el centro de contacto con el cuerpo astral-emocional. Debe ser eventualmente dominado y sobrepasado por el centro del corazón.

6. El centro sacro se localiza alrededor de seis centímetros por debajo de la cintura, encuentra su punto de entrada en el físico a través de la columna vertebral. Este centro transmite las energías creativas a los órganos de reproducción y debe ser eventualmente reemplazado por el centro de la garganta.

7. El centro kundalini se localiza justo encima del coxis y encuentra su punto de entrada en el físico en la base de la columna. Este es el último centro en despertar, sus energías son ascendidas al ajna en la tercera iniciación. Muy poco se puede decir acerca de la kundalini en estos momentos, puesto que su misterio se revelará al discípulo solo después de que haya alcanzado cierto desarrollo evolutivo.

El cuerpo etérico, con su sistema de centros, es la forma sustancial del Alma, es un vehículo para las tres mayores clasificaciones de la conciencia del Alma. Estas son:

Lección 13

A. La conciencia Espiritual del Alma enfocada en el centro de la cabeza. La persona, entonces, contacta su propio "Ser Superior" a través de este centro. El "Ser Superior" o Alma Espiritual Transcendente impresiona el cerebro con su Sabiduría a través del centro de la cabeza y de la red etérica como inspiración.

B. La conciencia humana del Alma, que se enfoca en el corazón y centros relacionados con él. Aquí se establece contacto con el grupo y con la conciencia mental y astral de la familia humana. Este contacto se impresiona como intuición sobre el cerebro a través de la red etérica.

C. El Alma animal, que se enfoca en el plexo solar y centros relacionados. Este centro de conciencia relaciona al hombre con el animal y con su pasado. El contacto a través de este centro y de la red etérica se impresiona en el cerebro como instinto.

Estos tres niveles de conciencia dentro del individuo y las masas deben ser sintetizados antes de que el hombre pueda entrar en el reino de los cielos. El trabajo de síntesis no puede continuar hasta que el hombre haya integrado su triple personalidad -su naturaleza mental, astral y física- en una unidad que responda al Alma.

Este es el primer objetivo de su meditación: la integración de la personalidad unificada. Conforme enfoca su conciencia en la mente, a través del centro ajna, e intenta, desde esta, dominar sus respuestas físicas y emocionales, consciente o inconscientemente dirige el flujo de energías de sus centros inferiores hacia arriba, a un foco integrado en el ajna. De este modo, la conciencia prisionera en la naturaleza de la forma inferior, física y astral, eleva su frecuencia y, gradualmente, se integra en una unidad funcional enfocada en la mente.

La Naturaleza del Alma

Así, toma residencia en el ajna, desde donde se puede poner en contacto con su Alma Espiritual a través de su mente, mientras mantiene el contacto y el control de su naturaleza de la forma inferior.

Tan pronto como haya establecido cierto grado de "residencia" en el ajna, la persona recibe una técnica de meditación que le retira o abstrae todavía más del mundo de la forma y le pone más conscientemente en contacto con su Ser Superior. Desde aquí, continúa sus meditaciones intentando volverse receptivo, como unidad, a su Alma Espiritual Trascendente.

En este punto, entonces, ha añadido al objetivo de integrar su personalidad el de establecer un contacto consciente con el Alma y de responder a ese contacto.

El Alma Espiritual, "en meditación profunda", pone en movimiento esas Ideas Divinas que incorporará a su instrumento.

La persona, en meditación profunda, recibe, interpreta y responde a estas mismas ideas, poniéndolas en movimiento para manifestarlas a través de su red etérica y su sistema de centros.

De este modo, la meditación procede en tres fases:

1. El ascenso o acercamiento; ese periodo en el que el discípulo alinea, integra y eleva su conciencia hacia una frecuencia que es receptiva al Alma Espiritual.

2. Meditación profunda.

   a. El foco concentrado de receptividad que espera el influjo de la Idea Divina, desde el Alma, a través del centro de la cabeza.

Lección 13

b. La interpretación y formulación de la idea en conocimiento concreto. En este punto, la conciencia encarnada, identificada como el Alma, relaciona la idea recibida consigo misma y con su entorno. La interpreta conforme la necesidad de su tiempo y su lugar.

3. Descenso o encarnación.

Después de haber recibido una idea, o concepto transcendente, y después de haberla interpretado, se integra en el mecanismo de respuesta inferior desde un enfoque en el ajna. La conciencia encarnada, todavía identificada con el Alma, impresiona el conocimiento concreto sobre la mente, la naturaleza astral-emocional y el cerebro físico y sistema nervioso. Esto lo realiza a través de la proyección del pensamiento y del sonido (enfoque de la intención) a través de algunos de sus centros De este modo puede encarnar los ideales superiores.

En cada etapa del proceso de meditación se utiliza, de un modo consciente, un triángulo de centros.

En el caso del alineamiento inferior, la atención se vuelve hacia los cuerpos más que hacia los centros. Esto evitará peligros y retrasos innecesarios.

Los cuerpos inferiores se alinean tan rápido como sea posible del modo siguiente:

a. Relájese físicamente y póngase cómodo.
b. Calme y serene el cuerpo emocional.
c. Enfoque y alerte la mente.

En este punto la personalidad está preparada para comenzar el ascenso y el proceso de integración.

La Naturaleza del Alma

a. Enfoca la conciencia en el ajna, dándose cuenta de que está polarizado en su mente.

b. Entonces toma tres respiraciones profundas y se da cuenta, con cada una de ellas, de que, como polo positivo de atracción magnética, está atrayendo...

(a) La conciencia prisionera en el aparato sensorio físico hacia un foco integrado en el centro ajna.

(b) La conciencia prisionera en la naturaleza emocional hacia un foco integrado en el centro ajna.

(c) La conciencia prisionera en la naturaleza de la mente inferior hacia un foco integrado en el centro ajna.

Entonces, muy suavemente, entona el OM y se da cuenta de que estos tres aspectos de sí mismo están integrados en una unidad que aspira al Alma Espiritual.

Así, aspira conforme vuelve su atención hacia dentro. Visualiza una línea de luz que se extiende hacia dentro, desde el ajna hasta la cueva en el centro de la cabeza; y otra línea de luz que se extiende hacia arriba, desde la cueva hasta el centro de la cabeza. Entonces, vuelve de nuevo a la cueva donde permanecerá en alineamiento directo con el Alma Transcendente.

Así, entran en actividad tres centros:

1. El ajna.

2. La cueva en el centro de la cabeza, ese lugar a mitad de camino entre el Alma y la personalidad que no se convierte en un centro hasta que se utiliza de

manera consciente.

3. El centro de la cabeza.

Tan pronto como se haya establecido un enfoque en la cueva estará preparado para la meditación profunda.

Conforme recuerda que su Alma Transcendente permanece en meditación profunda, intenta elevar su frecuencia y se alinea para que se produzca un intercambio de energía entre sí mismo en meditación y su Alma en meditación.

Directamente bajo el centro de la cabeza y conectado a él a través de una línea de luz, entra en un estado de receptividad, utilizando un pensamiento simiente como ese poder de atracción que demandará la atención de su Alma.

El primer pensamiento simiente que el estudiante utiliza con esta forma de meditación concierne a la identidad. Se identifica con el Alma, dándose cuenta de que es una extensión del Alma Espiritual Transcendente. Está tanto encarnado en la forma como por encima de ella, libre de ella:

"Habiendo penetrado este instrumento con una parte de mi mismo, yo permanezco, yo soy".

Con la mayor realización que le sea posible de este pensamiento simiente espera el "contacto" del Alma. Permanece atento, a través de la línea de luz y del centro de la cabeza, a su Ser trascendente.

Después de haber recibido el "toque", o impacto, lo formula en conocimiento concreto, relacionándolo consigo mismo y su entorno. Aquí formula el Plan para su instrumento (disciplinas que ejercer, cualidades que encarnar, etc.) y el Plan de servicio para su entorno (relación del Alma identificada con el entorno). Esta ahora construyendo formas pensamiento.

De este modo, de nuevo, tres centros mayores están alineados y activos: el centro de la cabeza, la cueva y el ajna, puesto que la línea de luz permanece intacta desde la cueva al ajna a través de todo el proceso.

Está preparado ahora para el descenso, el proceso de encarnación. Permanece en la cueva y proyecta su intención formulada en el ajna conforme entona el OM.

"Yo, el Alma, me apropio de la triple personalidad integrada al servicio del Plan". OM.

Se mueve de nuevo hacia fuera, al ajna, y mantiene su enfoque allí, a la vez que dirige su atención hacia y a través de los siguientes centros, para completar el descenso:

1. CENTRO AJNA: *"Que haya Luz en la mente". OM.*

2. CENTRO DEL CORAZON: *"Que se manifieste el amor altruista dentro de la naturaleza emocional". OM.*

3. CENTRO DE LA GARGANTA: *"Que se manifieste la acción correcta dentro del cuerpo físico y su entorno". OM.*

Así, el ajna (tercer ojo enfocado), corazón y garganta están alineados y activos.

Completa su meditación irradiando Amor desde su vehículo etérico, hacia y a través de su entorno, a la humanidad.

LECCIÓN 14

La Constitución de Rayo del Hombre y los Efectos del
Cuarto Rayo:

Los rayos de atributo y sus relaciones con los tres rayos
primaries;
Constitución de rayo individual y un ejemplo hipotético
de rayos funcionando a través de un discípulo y de un
ser humano común;
El uso del cuarto rayo en armonizar los opuestos y la
ley de la paradoja.

Llegamos ahora al tema de los atributos del Alma, que
son cuatro tipos de energías disponibles para la conciencia encarnada, como tonos menores de los tres rayos
mayores de Voluntad, Amor e Inteligencia. En otras palabras, estos cuatro atributos se derivan del triángulo
básico de energías causativas y son expresiones diferenciadas de ellas. Se definen como:

1. El cuarto rayo de Armonía a través del Conflicto,
   que se deriva y es una expresión diferenciada del
   segundo rayo de Amor-Sabiduría.

2. El quinto rayo de Ciencia y Conocimiento Concreto, que se deriva y es una expresión diferenciada
   del tercer rayo de Inteligencia Activa.

3. El sexto rayo de Devoción, que se deriva y es una expresión diferenciada del segundo rayo de Amor-Sabiduría.

4. El séptimo rayo de Magia Ceremonial o de Orden y Ley Divinos, que se deriva y es una expresión diferenciada del primer rayo de Voluntad y Poder.

Estas cuatro expresiones de energía emergen cuando los tres rayos mayores impactan la sustancia a través de la conciencia. Son las expresiones que la conciencia Logoica proporciona a los tres rayos mayores cuando trabaja Su propósito a través del instrumento en tiempo y espacio. Las denominamos los atributos del Alma o el aspecto conciencia, lo que significa que son las cualidades expresivas derivadas de las energías causativas del Alma.

Estas energías pueden ser expresadas con más facilidad en tiempo y espacio, para producir un efecto específico, que las energías de los tres rayos mayores, ya que que sus frecuencias son apropiadas y expresadas con más facilidad por la conciencia encarnada.

Así pues, el primer rayo se expresa más frecuentemente, a través de su expresión suavizada y diferenciada, como Ceremonia y Orden que como Voluntad Pura y Poder. El segundo rayo se expresa con más frecuencia como Armonía y Devoción que como Amor-Sabiduría divinos o Razón Pura. Y el tercer rayo se expresa con más asiduidad como Ciencia y Conocimiento Concreto que como Creatividad Pura.

Los siete, expresándose al máximo de sus potencialidades, resuenan en tiempo y espacio como un acorde armónico que se expresa perfectamente como Propósito Logoico. De este modo, manifiestan la perfección en la forma.

Lección 14

Un hombre es un agregado de energías que se mantienen unidas en tiempo y espacio a través de su red etérica, formada por una chispa individualizada de conciencia Logoica que, junto con todos los demás hombres, es un punto o centro focal a través del cual, finalmente, el propósito Logoico se exterioriza en la manifestación. Por ello, decimos que la humanidad, en su suma total, forma el centro laríngeo de este planeta, a través del cual la Palabra de Dios se expresa en tiempo y espacio.

La chispa individualizada de conciencia Logoica, identificada, dentro del agregado de energías definidas como Sus vehículos o cuerpos, como una persona que evoluciona hacia la conciencia plena del Alma, tiene que valorar el tipo, fuerza y cualidad de estas energías para expresarlas conscientemente en servicio al Plan.

Aprende, a través del estudio del ocultismo, que su expresión del Alma está coloreada por una energía de rayo predominante, por uno de los siete Planetarios, y que cada uno de los tres vehículos está coloreado por uno u otro de los siete subtonos de la expresión del Alma. Además de estos cuatro rayos, su persona, como totalidad, funciona en uno de los subrayos del Alma, de tal modo que la conciencia tiene disponibles cinco energías específicas con las que trabajar en el mundo de los asuntos humanos. Estas cinco energías constituyen su equipo dentro de cualquier ciclo de encarnación. Una comprensión de ellas revela sus aptitudes, habilidades, psicología y su problema particular en la vida. Conforme a cómo utilice estas energías, se puede determinar su punto de evolución y el patrón kármico de necesidad construído en la sustancia misma de sus cuerpos.

De este modo, el profesor de Sabiduría puede conocer a su estudiante y, desde ese conocimiento, servir a su Alma en relación con el Plan, más que servir a la personalidad con sus deseos, gustos y disgustos.

Consideremos ahora esta información a través de un hipotético agregado de energías implicadas en un discípulo en el camino.

Rayo del Alma	segundo rayo de Amor-Sabiduría.
Rayo de integración de la personalidad	primer rayo de Voluntad y Poder.
Rayo del cuerpo mental	cuarto rayo de Armonía.
Rayo del cuerpo emocional	sexto rayo de Devoción.
Rayo del cuerpo físico	séptimo rayo de Orden.

El Alma, funcionando a través del segundo rayo Planetario de Amor-Sabiduría Divina, se expresa, recuerde, como el Amor por la Sabiduría y le ofrece dos caminos de menor resistencia hacia la manifestación externa a través de los cuerpos mental y astral. No le resultará difícil expresar su Amor por la Sabiduría a través del cuarto rayo en su cuerpo mental, al que puede ver y trabajar a través de la Ley de Armonía; ni tampoco a través de su naturaleza sensible astral que está muy coloreada por la devoción, en este caso la devoción por el ideal de la Sabiduría; pero la personalidad, en su suma total, y el cuerpo eterofísico representarán para el Alma un problema específico durante esta encarnación.

El rayo integrado de la personalidad es el de Voluntad y Poder, lo que significa que las energías de este triple vehículo solo pueden ser movilizadas y dirigidas conscientemente a la manifestación a través de un enfoque interno y dinámico de la Voluntad. En el cuerpo eterofísico, el vehículo a través del cual las energías deben pasar hacia la manifestación externa, encontramos un reflejo, o expresión disminuída, de la Voluntad como Orden.

Así, esta Alma de segundo rayo, con su natural Amor a la Sabiduría, su visión mental de la armonía de Dios y su devoción a la Sabiduría (en el nivel del sentimiento), una naturaleza mística, tiene que convertirse en el ocultista. Se encuentra con la necesidad kármica de movilizar todas estas energías y fuerzas en una acción ordenada en el plano físico de apariciencia, y esto no le resulta una tarea sencilla.

De este modo, su Propósito de Alma durante esta encarnación, su camino de servicio y su necesidad kármica le conducen fuera de su tendencia a la aceptación pasiva de lo que hay, hacia un camino de actividad dinámica en el cual la Sabiduría se exterioriza en lugar de interiorizarse.

En el caso del Alma menos evolucionada, estas mismas energías habrían presentado un conjunto de condiciones completamente diferente.

Esta Alma particular tiene disponible para sí tres rayos de atributo, tres tonos menores con los que exteriorizar su propósito en tiempo y espacio. Estos tres rayos: Armonía, Devoción y Orden, le proporcionan un conjunto de frecuencias que, sencillas de comprender en sus expresiones por la humanidad, se adaptan con facilidad al plano físico de la apariencia . Así pues, su persona podría encajar fácilmente en su entorno a través de la armonía, la devoción y el orden, con una excepción: El rayo de integración de la personalidad es el primer rayo de Voluntad y Poder y, aunque es un subrayo del de Amor-Sabiduría, hasta que no esté cuidadosamente controlado, esta persona presentará problemas en las relaciones. Tendrá que utilizar la Voluntad de Amar en los niveles de la personalidad y expresar ese Amor externamente, hacia los demás; mientras que toda su tendencia es a expresar ese Amor internamente, hacia la Sabiduría, excluyendo a los demás.

De este modo, empezamos a comprender en alguna medida el significado de los rayos. Más adelante se le proporcionarán técnicas de meditación con el propósito de comprender su propia constitución de rayo. Mientras tanto, intente absorber de forma creciente una comprensión de estas energías conforme consideramos cada una de ellas.

El cuarto rayo de Armonía es una de las energías más interesantes de las cuatro menores y una de las más importantes durante esta fase de la evolución humana. No es el eayo que produce las artes creativas, como se suele pensar. En su expresión positiva, produce un sistema dinámico de equilibrio que armoniza y sintoniza las múltiples frecuencias del instrumento con la frecuencia del Alma.

En el caso del probacionista en el camino, esta energía se manifiesta primero como una observación de los pares de opuestos. Esto es verdad, en mayor o menor medida, dependiendo de su particular constitución de rayo. Si esta energía no es predominante en algún lugar de su constitución, estará presente en menor medida, puesto que estas cuatro energías menores forman parte de los atributos del Alma y son parte de Su naturaleza.

Este es un punto importante, puesto que existe un gran malentendido en las mentes de muchos estudiantes, de estos temas de atributos y características disponibles. Muchos creen que si no tienen una energía particular de rayo predominante en su constitución, entonces carecen de ella –que esta energía no les está disponible–. Esto no es necesariamente cierto, puesto que las siete cualidades de rayo constituyen la naturaleza del Alma. Una cualidad particular puede que predomine o no, pero, en cualquier caso, está disponible y, cuando el Alma desarrolle todas las cualidades, la naturaleza septenaria del Alma se expresará perfectamente en tiempo y espacio.

Conforme el aspirante se convierte en un discípulo en probación, comienza a observar y reconocer los pares de opuestos tal y como se manifiestan en su conciencia y en su instrumento.

Observa como fluctúa entre lo que llamamos "bueno" y lo que llamamos "malo". Como oscila como un péndulo de un extremo al otro y, gradualmente, se da cuenta de que para equilibrar los opuestos debe tomar el camino de enmedio, sin inclinarse ni hacia la izquierda ni hacia la derecha.

Conforme este concepto cala en él, es malinterpretado a menudo como un camino de no acción o pasividad. Este es un glamour del plano astral, uno de los vapores astrales que distorsiona tanto la Verdad que se vuelve imperceptible en su apariencia.

Esta energía armonizante no es para nada pasiva. Es esencialmente dinámica, puesto que fusiona los pares de opuestos de tal modo que los unifica y produce una tonalidad global en la Palabra audible de Dios.

Durante algún tiempo, el probacionista intenta volverse pasivo, para tomar el camino de menor resistencia, y esto sirve a un propósito, puesto que le convierte más fácilmente en el observador.

Conforme transita lo que considera el camino de enme-

La Naturaleza del Alma

dio, observa los pares de opuestos e intenta equilibrarlos desde este punto de enfoque central:

Me mantengo solo sobre la balanza y llevo a todas las relaciones ese movimiento peculiar que tiene como resultado el equilibrio.

"Ese movimiento peculiar" es la expresión del cuarto rayo de Armonía, que permite al probacionista pasar de la pasividad a la acción —extenderse y llevar a los opuestos hasta ese punto central de enfoque donde el equilibrio se restablece, donde lo que considera malo es transmutado en lo bueno.

En este punto, el probacionista comienza a comprender la Ley de la Paradoja. Aprende que todos los conceptos, todos los sistemas de pensamiento deben estar basados en una verdad causal. Todo lo que existe debe tener su fundamento en la realidad, de lo contrario no puede existir. Al mismo tiempo, todo lo que existe debe ser falso, puesto que está limitado por la forma. Así aplica la Ley de la Paradoja a cada concepto, cada forma, cada experiencia que le es familiar y aprende a entender los opuestos polares, lo que llamamos bueno y malo como "esencia" o como "forma". Nada es estrictamente verdadero o falso, bueno o malo, todo es ambos a la vez; y conforme entiende esto, la esencia o realidad y la forma o sustancia pueden fusionarse, de tal modo que producen una tonalidad unificada que, en su efecto mágico, armoniza o sintoniza todas las demás frecuencias dentro de su ámbito de influencia.

Esto es Armonía, una expresión diferenciada del Amor-Sabiduría. produce ese entendimiento que es un prerrequisito en las relaciones humanas correctas, ya sea con la Vida Una, con una situación o con las demás personas.

Lección 14

Durante la próxima semana utilice el siguiente pensamiento simiente para la meditación:

El Sonido del Alma Espiritual Transcendente. *Aspiro a sentir la frecuencia de ese sonido silencioso, a entender su significado y, de este modo, a reproducirlo armoniosamente dentro del mundo de la personalidad, entendiendo que esta vibración, esta Armonía es un atributo del Alma.*

Por favor, traiga a la siguiente clase un resumen escrito de su comprensión del cuarto rayo de Armonía; utilice tanto la lección como la meditación para expandir su entendimiento sobre este tema.

La Naturaleza del Alma

LECCIÓN 15

El Cuarto Rayo y la Vida de Grupo Ashrámica:

El Cuarto rayo como sonido, color y vibración
esotéricos;
La habilidad de armonizar como prerrequisito para
acceder al entendimiento consciente de la vida
ashrámica;
La descripción de un ashram.

Al considerar el cuarto rayo de Armonía, el estudiante debe concienciar que se trata, esencialmente, del sonido o vibración interna esotérica de Dios encarnado en el Cosmos manifestado. Esta vibración está presente dentro de todas las formas, es inherente a toda conciencia y está disponible para los discípulos, tanto como energía cuanto como Ley que puede ser utilizada al servicio del Plan.

Asi pues, la armonía oculta o externamente visible es una parte integral, un ingrediente esencial de todo lo que es. No se necesita mirar más allá de la discordia para encontrar armonía. Está en todas partes presente por igual en esencia y puede hacerse visible a través del reconocimiento y la invocación.

El discípulo probacionista aprende a invocar la armonía hacia la manifestación externa a través de su invocación, como un atributo del Alma, primero en su propia conciencia cerebral, después en sus vehículos de apariencia y, finalmente, en su propio entorno. De este modo, gradualmente, genera esa influencia áurica que es característica del discípulo aceptado y pasa con éxito la iniciación: gana la entrada a la vida grupal ashrámica.

La mayoría de ustedes están familiarizados con el tema de los ashrams Jerárquicos, pero solamente de modo vago e intangible. La falta de claridad a este respecto, en las mentes de los probacionistas, produce tal distorsión en el glamour del cuerpo astral que se conoce realmente muy poco en relación a este tema en el mundo exotérico. De todos modos, como hemos entrado en un nuevo periodo de crecimiento y desarrollo de la conciencia humana, mucho de lo que ha sido necesariamente esotérico se hace ahora exotérico para la conciencia cerebral de aquellos miembros de la humanidad que están dentro de la periferia de la Luz Jerárquica. Por ello, se pone a disposición de los probacionistas una enunciación clara de ciertos hechos de la naturaleza, para acelerar y ayudar a que se complete con más facilidad esa fase de desarrollo en la que ellos se encuentran en la actualidad.

En el pasado, los probacionistas han tenido que luchar en mayor o menor medida, durante este periodo de crecimiento, con poca o ninguna ayuda aparente de sus hermanos mayores. Gradualmente, en un periodo de muchas encarnaciones donde el probacionista se ha encontrado aparentemente solo y sin ayuda, este ha adquirido, por un método de ensayo y error, esas experiencias en conciencia que le han permitido ganar la entrada posteriormente, o autoiniciarse en el reino del discipulado aceptado en una o dos encarnaciones.

Hoy en día, muchos discípulos ponen su atención en el grupo de probacionistas del mundo, ayudándoles y, de algún modo, casi elevándoles a una nueva vuelta de espiral en su realización. Por ello, el Camino se vuelve por un lado más disponible y fácil de comprender y, por otro lado, más difícil de transitar, puesto que se enfoca en las necesidades de este tiempo. A los probacionistas se les presenta la oportunidad de aceptar mayores responsabilidades que en el pasado y también se les ofrece los medios necesarios para afrontarlas. Aquellos que pueden aprovechar y al mismo tiempo mostrar ese crecimiento constante que se deriva de la construcción del caracter, habrán establecido un nuevo Camino de Retorno dentro del cuerpo de la humanidad.

El probacionista, entonces, es receptor de ciertos hechos de la naturaleza que, en la medida que se despliegan en la conciencia, le sitúan más conscientemente en contacto con el propósito de su Alma.

Un ashram, aunque es un hecho natural, existe solamente en la conciencia. Este es el primer concepto fundamental que impacta en la conciencia cerebral del aspirante a la iniciación y que le permite el nacimiento dentro de la vida ashrámica de grupo.

En su consideración de un ashram, lo visualiza compuesto de un punto focal (normalmente un maestro de Sabiduría, cubierto con túnica y turbante enjoyado) y con un grupo de discípulos cautivados y estupefactos haciendo reverencias a sus pies. Sitúa este ashram en algún lugar en el cielo y desea fervientemente formar parte de él.

Esta imagen no puede estar más lejos de la realidad y, sin embargo, constituye la mayor forma-pensamiento que atrae la conciencia astral, e incluso mental inferior, de muchos probacionistas en el mundo de hoy.

El ashram existe en la conciencia de sus miembros y es

una conciencia grupal. Cada miembro participa y contribuye a la conciencia global de su grupo. De este modo, cada miembro está en contacto consciente con cada uno de los otros y, en cierta medida, con la vida central rectora del ashram. Esta mantiene enfocados los planes y propósitos del grupo, y cada miembro se relaciona de acuerdo con sus talentos, capacidades y la necesidad kármica para la manifestación de esos planes y propósitos.

El Alma Espiritual transcendente, en su propio nivel, tiene Su propia vida particular y asuntos que forman parte de la vida ashrámica del grupo.

Este es el segundo concepto fundamental a impartir respecto a este tema a la conciencia cerebral del probacionista.

Su Alma Espiritual, ese Ser Divino superior que es él en realidad, funciona ahora en un ashram. No está esperando a ser admitido en la vida grupal, sino que ya forma parte de ella.

¿Qué es lo que la iniciación supone para el Alma Espiritual? Implica la integración, iluminación y el control de la personalidad, lo que conduce a su inclusión en la vida ashrámica. Esto es lo que el Alma Espiritual transcendente se propone hacer. Este es, entonces, un objetivo inmediato diseñado para servir Su Propósito superior.

El Propósito superior, a menudo referido como el Propósito del Alma, tiene que ver con la relación entre el Alma en su propio nivel y la conciencia Crística a la que está despertando. La vida ashrámica de grupo es un enfoque de la conciencia del Cristo en un grupo de Alma a través del ser Jerárquico que actúa como Su vida central rectora.

Lección 15

El Plan Divino, tal y como se mantiene enfocado por el Cristo, se precipita en el ashram, donde los miembros pueden, como conciencia de grupo, encarnar y, a través de esa encarnación, relacionarlo con la necesidad de la humanidad en cualquier tiempo y lugar.

El Plan Divino es un estado de conciencia al que nos referimos como el Cristo. Este es el Plan para la humanidad: La evolución de cada miembro individual de la humanidad a la identificación consciente con El Cristo, el desarrollo o despliegue a través de la experiencia y el esfuerzo autoiniciado de cada unidad de conciencia individual hacia el Ser del Cristo.

El Propósito propio del Alma tiene que ver con Su relación específica con ese Plan —una serie de Actos Divinos (o estados de conciencia) a manifestar a través de una sucesión de encarnaciones llamadas el Sendero del Discipulado, que contribuirán y verán la expresión externa del Plan—. De este modo, el Alma Espiritual se interesa por la humanidad, tanto a nivel colectivo como individual, y no tanto en lo que llamamos el yo. En otras palabras, el Propósito del Alma tiene que ver tanto con la humanidad como familia global, como con el hermano individual y, no tanto, con los propios logros.

Este es el tercer concepto fundamental, respecto a este tema, a impartir a la conciencia cerebral del probacionista. Su Propósito del Alma se interesa por el Plan para la humanidad y por cómo puede servirlo mejor en su tiempo y lugar particular.

Este Propósito Divino está contenido en la vida ashrámica del grupo. El probacionista gana la entrada conforme se convierte en un intrumento, en los tres mundos de manifestación, a través del cual la conciencia de grupo ashrámica puede expresar su parte del Plan. Su

La Naturaleza del Alma

tarea no es tanto elevarse al ashram (aunque esto lo hace durante sus momentos de meditación) como lo es estar a su disposición, tanto en conciencia como en instrumentalidad, para el trabajo que se necesita realizar. Permite que el ashram trabaje a través de él, que acceda, a través de un alineamiento interior vertical dentro de sí, a manifestar la conciencia de grupo dentro de su conciencia cerebral y, externamente, en el mundo de la forma. De este modo, no es tanto un discípulo aceptado como un discípulo que acepta ser una avanzadilla de la conciencia del Maestro.

El probacionista invoca específicamente el cuarto rayo de Armonía a medida que entra en el estado de crecimiento descrito anteriormente. Al darse cuenta de que el cuarto rayo es sonido esotérico y de que este produce color, el probacionista invoca al sonido inaudible de su Alma como el atributo de la Armonía, produciendo un color (cualidad) dentro de su propia conciencia cerebral y en su vida de pensamiento.

De este modo, a medida que comienza a sentir este tono, esta frecuencia, que es armonía durante sus meditaciones (y cuya sensibilidad es al principio muy sutil, no más que una sensación abstracta o una intuición), se esfuerza en producir este color dentro de su vida interna de pensamiento.

El color esotérico tiene que ver con la cualidad. La cualidad del cuarto rayo en la mente proporciona una percepción tan ámplia e inclusiva que borra todo prejuicio, criticismo, reglas preferidas y estándares de comportamiento. De este modo, la vida interna de pensamiento se limpia de cualquier nota discordante e irradia el color dorado del entendimiento. Está en paz con Dios y con Su mundo.

Lección 15

Durante esta etapa, el probacionista utiliza la Ley de la Paradoja una y otra vez: Ve la Verdad en sus múltiples facetas, sus muchos aspectos, como una totalidad y como relativa; de tal modo que le resulta imposible condenar a un hombre o situación y solo permanence ese entendimiento dorado que es Sabiduría. Así pues, el cuarto rayo de Armonía, un atributo del Alma, sintoniza las muchas frecuencias dentro de la conciencia cerebral con la frecuencia de la sabiduría, y el hombre descubre la paz mental.

Después de haber reproducido el tono de armonía del Alma dentro de la conciencia cerebral, el probacionista se dispone a reproducirlo dentro de la sustancia de sus vehículos.

Por favor, tome nota: Esto se realiza después de que la frecuencia dinámica de esta energía se haya impuesto sobre la conciencia cerebral, y no antes. Ha de haber producido resultados a este nivel antes de invocarla en los vehículos.

Esta invocación del cuarto rayo en los vehículos es una operación mágica que no explicaré en éste momento, puesto que solo serviría para ponerle en peligro. De todos modos, sepa que: "Cuando el estudiante está preparado, el profesor o la enseñanza aparece". Cuando haya conseguido desarrollar con éxito lo descrito anteriormente, se hará con seguridad receptivo al conocimiento necesario para completar el siguiente paso de este crecimiento.

Cuando se invoca el cuarto rayo en la sustancia de los vehículos, la frecuencia de estos se eleva de tal modo que la vida ashrámica de grupo puede verterse en y a través de ellos. Los cuerpos no solamente se purifican sino que, literalmente, se reconstruyen a través de la aplicación mágica del sonido esotérico en ellos. Esta es la fase en la que se eliminan completamente viejos patrones kármicos de enfermedad e invalidez y la carne se adapta a un nuevo molde.

El probacionista, literalmente con una nueva conciencia y un nuevo instrumento, está preparado para recrear su entorno y producir esa influencia áurica que completa su iniciación a la nueva vida.

¿Qué se puede decir de este evento, en estos momentos, más que algo general y abstruso? Este individuo se ha convertido en un discípulo aceptado a través de su aceptación del camino, la vida y la conciencia del discípulo. Así, vive en el mundo como tal, su influencia áurica es tanta que produce crecimiento en todas las unidades de conciencia con las que entra en contacto. Es un Cristo joven, quizás no totalmente maduro, pero consciente de su naturaleza crística y creador de la bueno, lo bello y lo verdadero para sus hermanos. Se ha convertido en un Poder en el mundo, una influencia para el Cristo, un agente del Plan Divino para la humanidad.

Por favor, continúe con el mismo pensamiento simiente para la meditación y aprenda el verdadero significado de la paz.

LECCIÓN 16

El Quinto Rayo y el Desarrollo Secuencial del Plan
Divino en Tiempo y Espacio:

Nuestra "realidad" como manifestación de nuestro
estado interno de conciencia;
La "manifestación" del Plan Divino en la próxima era y
detalles del trabajo a realizar;
Relación entre el tercer y el quinto rayo;
El quinto rayo como Ecuación Divina.

En su estudio de los atributos del Alma, el probacionista
pronto descubre que existen en ellos realidades tangi-
bles que puede entender y aplicar más fácilmente que en
los rayos de aspecto. Estos atributos construyen tanto
sus mundos visibles como los invisibles de manera real y
cercana, son el oasis mismo de la civilización en la que
vive, explican casi todos sus talentos y capacidades.

Estas son las energías que subyacen en su estado interno de conciencia y que conforman sus experiencias externas. Una experiencia no es más que la manifestación
gráfica (la manifestación en sustancia densa) del estado
interno de conciencia. Este "estado de conciencia" es la
combinación de características, atributos, cualidades,
etc. que en su totalidad constituyen el hombre interior
encarnado. Cuando esta combinación está, de alguna
manera, integrada en un foco identificado con sus experiencias (los cuerpos forman parte de ellas), a esto lo

La Naturaleza del Alma

llamamos personalidad. Cuando el foco integrado se desapega de su identificación con la experiencia (desapegándose de su propio efecto sobre la sustancia) y se reidentifica como un punto focal dentro de la Vida Una, a esto lo llamamos la conciencia del Alma encarnada. La conciencia, entonces, se identifica como conciencia y se da cuenta de que, aunque se ofrece a sí misma para tener un efecto sobre la sustancia, sin embargo el creador no es su propia creación.

A través de este proceso de identificación y reidentificación, el Alma evoluciona en el Cristo - el Cristo como único Hijo engendrado; es decir: La conciencia de la multiplicidad enfocada en la Unidad. El Padre, entonces, es la conciencia del Uno enfocada en los muchos; mientras que la personalidad no es consciente del Uno o de la multiplicidad, sino solamente de esa ilusión que denominamos el yo.

¿De qué es el Alma consciente? ¿Qué incluye su conciencia que puede ser considerado como objetivos para el aspirante probacionista?

El Alma, en su propio plano, es consciente de la vida de grupo, y de ahí su participación en el ashram. Su conciencia incluye, en una esfera de identificación siempre creciente, la conciencia de su grupo que, gradualmente, incluye a muchos.

Esto significa que la conciencia cerebral se convierte en un instrumento a través del cual la vida de grupo (el Alma) se expresa en servicio a sus hermanos (otras Almas del grupo).

Su servicio particular tiene que ver con su relación con el Plan y esto, por supuesto, está determinado por el tipo, fuerza y cualidad de su potencial energético, es decir,

Lección 16

el rayo del Alma.

¿Cuál es el Pan Divino para la humanidad? Lo hemos definido de muchas maneras, hemos hablado de generalidades más que específicamente, esto ha sido necesario puesto que cada uno debe interpretar el Plan de acuerdo a su relación con él.

En esta lección, sin embargo, seremos algo más específicos y relacionaremos la generalidad del Plan con este tiempo y espacio particular, este periodo cíclico de crecimiento en el que se encuentra la humanidad.

El Plan Divino para la humanidad, en este ciclo, incluye el siguiente crecimiento y desarrollo:

A. Identificación, tanto individual como colectiva, de la conciencia de masas con el Alma a través de:

1. La prueba conclusiva, en varios campos científicos de actividad, de la existencia del Alma como el factor causante de la manifestación:

   a. A través de descubrimientos psicológicos respecto a la reencarnación, la vida después de la muerte y la entidad encarnante o Alma.

   b. A través de la percepción, con instrumentos, de la red etérica y el descubrimiento final del cuerpo de sustancia de la Vida Una, lo que conducirá a nuevos hallazgos respecto al aspecto Vida.

   c. A través del contacto instrumental con el plano astral y de grupos de discípulos trabajando en esa esfera.

   d. A través del contacto instrumental con el plano

mental, la percepción y grabación de formas de-pensamiento, y el seguimiento de las energías liberadas y dirigidas a la manifestación por esas formas-pensamiento.

 e. A través de la recogida de datos por el contacto con el espacio exterior.

De este modo, la ciencia misma demandará una completa reevaluación de todos los sistemas de pensamiento religiosos y filosóficos, elevando a la humanidad de su aparente letargo a un nuevo y dinámico esfuerzo espiritual.

B. Realización por la conciencia de masas de que el Propósito de vida en los tres mundos es el crecimiento y desarrollo del Alma a través de:

 1. El cambio en la conciencia humana, forzado por la ciencia: de un enfoque astral a un enfoque mental.

 2. El esfuerzo intensivo de discípulos para reeducar a las masas con nuevas ideas e ideales.

 3. La emergencia, desde las ruinas de la desfasada estructura de las religiones organizadas, de una nueva Religión Mundial que no puede estar confinada o limitada por ninguna organización externa. ¡Tendrá tal propósito y fuerza, y será tan universal, que romperá cualquier intento de organizarla! Será realmente una Religión Mundial, porque emergerá de la fuente del corazón y la mente de las masas.

C. Una nueva cultura y civilización creada con el objetivo de ayudar al desarrollo y crecimiento del aspecto conciencia.

Lección 16

1. El desarrollo de una ciencia nueva y legítima llamada Ocultología.

2. La construcción de una nueva estructura económica cuyo propósito sea manifestar el crecimiento y desarrollo de la conciencia. Serán propios de esta economía todos los recursos naturales para el crecimiento Espiritual de la humanidad y responderá a la necesidad común allá donde se enfoque.

3. Un nuevo sistema educativo diseñado para apoyar el crecimiento del Alma dentro del niño y el desarrollo del Propósito del Alma desde su potencial a su expresión activa.

4. El final del régimen politico y el principio de un verdadero funcionamiento del Nuevo Grupo de Servidores del Mundo dentro del cuerpo de la humanidad.

5. El avance de la medicina como ciencia de regeneración y rejuvenecimiento de la sustancia.

Este es un simple esbozo de algunos de los cambios que el Plan Divino guarda para la humanidad de hoy; pero estos, pocos, indican mucho más claramente los campos de servicio en los que los probacionistas pueden entrar como parte de su propia actividad iniciática.

A la luz de lo expresado anteriormente, considere lo que la humanidad tiene todavía que experimentar antes, como parte de la iniciación de masas. El impacto del quinto rayo por sí mismo, a través de los diversos campos de la ciencia sobre la conciencia de la humanidad, demandará un esfuerzo intensificado de todos los probacionistas y discípulos en el terreno de juego, para estabilizar el impacto y apoyar un crecimiento progresivo, ordenado y constante. Este es el campo de servicio dictado por el Plan Divino. ¿Cómo se relacionará con él?

El quinto rayo de ciencia y conocimiento concreto es esa energía que, adecuadamente, relaciona Espíritu, materia y conciencia -delimitándolas en una manifestación aparente. De ahí que esta lección sobre la energía del quinto rayo clarifica, de alguna manera, el Plan Divino para la humanidad en su relación con el mundo de los asuntos humanos del aquí y ahora.

De este modo, vemos que esta energía se ocupa del tiempo y espacio. Es el aspecto concretizador de la energía del tercer rayo, esa energía que hace posible revestir una abstracción universal de sustancia mental concreta y así producir la forma-pensamiento específica de una manera secuencial. La abstracción se precipita en la forma concreta y la secuencia de la forma en manifestación crea lo que llamamos tiempo y espacio.

El tercer rayo es el aspecto constructor de las formas -la energía y sustancia de la inteligencia- el aspecto materia. El quinto rayo es esa frecuencia de la inteligencia sustancial que produce la forma final en su estructura externa -aquello que se precipita a la apariencia, el movimiento mismo creador del tiempo.

Aunque se entiende que este concepto es difícil de comprender al principio, sin embargo, es importante para su desarrollo en este momento. Trate de visualizar esta idea en su sentido intemporal, precipítandose en esa frecuencia que produce su movimiento a través de una serie o secuencia de fomas definidas, creando de este modo la manifestación de su evolución en tiempo y espacio.

Esta es la connotación del quinto rayo visto desde la perspectiva del Alma Espiritual Transcendente. Su Propósito, entonces, o su Intención Divina, es producir esa ecuación de Espíritu, materia y conciencia en un movimiento tal que tenga como resultado la experimentación (que llamamos evolución) por cada átomo de conciencia de todo lo que es posible para la totalidad. De este modo, la conciencia conoce, no solamente en teoría sino en la práctica, todo lo que es posible conocer, desde el estado del Ser más inferior al más superior.

¿Qué significa todo esto para el probacionista, atrapado en el tiempo y el espacio, cuya conciencia está aprisionada, por decirlo de alguna manera, en el movimiento del aspecto constructor de la forma?

El probacionista está aprendiendo el arte y la ciencia de la construcción de formas y tiene como tarea convertirse en el constructor, en sentido creativo, más que en la construcción. Una comprensión del quinto rayo de ciencia y conocimiento concreto no solamente le situará en la conciencia del mundo de las ideas, que está por encima de la frecuencia de las formas, sino que también le enseñará cómo utilizar el tiempo y el espacio en beneficio del Plan.

Con este conocimiento, el discípulo iniciado entra en sus propias manifestaciones dentro de los tres mundos del esfuerzo humano. No solamente se sitúa en tiempo y espacio, sino que también crea su propio tiempo y espacio.

Así adquiere maestría de la naturaleza de la forma y del aspecto constructor de formas, la inteligencia sustancial que es su polo negativo de la manifestación. Se eleva por encima de ello como un Alma consciente encarnada para, finalmente, convertirse en el Cristo e ir hacia el Padre.

Hemos definido la frecuencia del cuarto rayo como sonido. ¿Cómo definiremos la frecuencia del quinto rayo?

La Naturaleza del Alma

¿Qué se le puede decir, en este momento, que le vuelva receptivo a un entendimiento de este potencial energético disponible para usted como un atributo del Alma?

Solamente puedo manifestar que la frecuencia de esta energía es la del movimiento. El movimiento constante del Alma que produce, por así decirlo, una imagen en movimiento de su crecimiento.

El probacionista, que es también un solicitante de la iniciación, intenta sentir este movimiento, esta actividad inteligente, antes de crear el tiempo.

Su nuevo pensamiento simiente para la meditación es *estar receptivo a ese movimiento, hacia abajo y hacia afuera, del Alma que produce su crecimiento interno y hacia arriba.*

Por favor, escriba su comprensión del quinto rayo de ciencia y conocimiento concreto, para acceder a él utilice tanto el material de esta lección como la técnica de la meditación. Traiga este escrito consigo a la siguiente clase.

LECCIÓN 17

El Quinto Rayo y su Relación con la Evolución y la
Iniciación:

El camino de retorno y el crecimiento autoiniciado;
En términos de las tres motivaciones de la Voluntad
relacionadas con las tres iniciaciones;
Los problemas de la separatividad, la discriminación y
el alineamiento cuando el quinto rayo impacta el
instrumento.

El discípulo probacionista se esfuerza por establecer su
residencia dentro del cuerpo mental, por controlar las
fuerzas que constituyen su naturaleza emocional y, de
alguna manera, por controlar el movimiento de esa sustancia que se ha consolidado para producir sus cuerpos.

La evolución misma le lleva a este ciclo de oportunidad,
situándole de alguna manera, prematuramente, en medio de la necesidad de la situación. Así pues, confronta
esta tarea triple antes de comprenderla y, por ello, durante un cierto periodo de tiempo se ocupa de ella de un
modo inconsciente. No sabe lo que está tratando de realizar ni el por qué, sino, solamente, que necesita hacer
algo. Aquí encontramos la fuerza directora de la evolución misma impulsándole en una dirección determinada,
casi incluso a pesar de su voluntad. Este es un periodo
marcado por mucho dolor real interno.

La Naturaleza del Alma

Finalmente, la evolución le lleva a un lugar donde la autoconciencia y el crecimiento autoiniciado se ven como una posibilidad. Hablando en símbolos ocultistas, se encuentra inmerso hasta el cuello en la batalla librada entre las fuerzas del Alma, traídas a la personalidad, y las fuerzas de las múltiples formas con las que se identifica como personalidad. Aquí se produce un conflicto violento de enormes dimensiones dentro de su propio círculo-no-se-pasa en el que está sumergido hasta el cuello.

Cuando se da cuenta de que únicamente le es posible terminar con este conflicto desde una polarización en la cabeza, es decir, desde un posicionamiento mental, este individuo ha de tomar una decisión fundamental en el proceso evolutivo. En aras de su propia liberación, ¿cooperará con las fuerzas de la evolución y comenzará el principio del fin de este conficto?

En ese momento de clara visión, el individuo o bien aprovechará la oportunidad y se mantendrá polarizado en la cabeza a través de una decisión, o bien la ignorará para volver a sumergirse de nuevo en mitad de las fuerzas en conflicto durante otro periodo de tiempo.

Más tarde o más temprano, durante uno u otro ciclo de oportunidad, tomará conciencia de las connotaciones de esta oportunidad recurrente; utilizará su capacidad decisoria y pondrá sus pies por primera vez en el camino de la iniciación, como probacionista.

Considere el tremendo significado de este acto. Ha de situar sus pies en el camino desde un posicionamiento mental. La única energía de la que dispone para atravesar el conflicto y que le ponga en el sendero es la energía de la Voluntad.

Este es el momento en el que, a pesar del tirón de las

atractivas fuerzas de la naturaleza, se dice: "Emergeré e iré hacia el Padre".

Este es el primer esfuerzo consciente hacia la liberación, su primera cooperación consciente con la energía Divina de la Voluntad, tal como se transmite desde la Mónada a través de su Alma Espiritual. Así, las fuerzas Monádicas son traídas directamente para actuar sobre el conflicto que tiene lugar dentro de su círculo-no-se-pasa.

Este primer impacto de ninguna manera reduce el conflicto, pero le mantiene en la cabeza, por encima y casi libre de él.

Esa etapa del camino que llamamos "discipulado probacionista" se caracteriza por estas tres motivaciones de la Voluntad:

1. La voluntad de liberación del dolor a nivel individual y personal. Este es el principio del crecimiento autoiniciado.

2. La voluntad de unión con la Vida Una. Esto es un avance hacia un conocido logro espiritual.

3. La voluntad de liberación del dolor para la humanidad. Este es el verdadero principio del discipulado activo y, al final, sitúa al probacionista dentro de su propio ashram.

De este modo, vemos que el primer enunciado: "Emergeré e iré hacia el Padre", es solo un principio y que es por fuerza egoista. Incumbe al yo separado y a su necesidad recientemente comprendida de escapar del dolor.

Vemos que la masa de la humanidad está hoy en día acercándose a esta etapa, lo que supone pasar la primera

La Naturaleza del Alma

iniciación (la realización del estado de hijo que puede elevarse e ir hacia el Padre) y el acercamiento hacia la segunda.

Así pues, la humanidad de nuevo se acerca a ese momento recurrente donde, desde una experiencia súbita de clara visión, la masa, individual y colectivamente, se da cuenta de que solo se puede liberar del dolor desde un enfoque en la cabeza, como hijo. Los líderes de las masas encontrarán un camino, fuera del valle de dolor, que conducirá a las cimas de la libertad y, ese camino de salida, será reconocido como un crecimiento autoiniciado hacia la madurez espiritual. Los líderes transferirán este concepto a las masas y la humanidad situará sus pies conscientemente en el sendero.

Si hay un concepto más importante que todos los demás en esta nueva era de muchos nuevos conceptos e ideas, este es el del crecimiento autoiniciado. Esta idea no es nueva y, sin embargo, hasta la fecha únicamente ha conseguido impactar unas cuentas mentes en cada época determinada. Considere el significado espiritual de este concepto. Considere sus muchas implicaciones y sus efectos sobre la humanidad.

El hombre crece porque existe una ley básica de la conciencia que le impulsa a hacerlo. En cada encarnación lo hace hacia el lado positivo de su naturaleza, incluso en aquellas vidas en las que parece malvado, inferior o miserable. Esta evolución es un proceso lento y largo con el que el hombre tiene muy poco que ver. El crecimiento es algo que le ocurre de manera natural y en la conciencia de cada hombre existe profundamente este conocimiento.

Ahora, repentinamente, descubre que puede, a través de su propio esfuerzo, iniciar un nuevo crecimiento y desarrollo. Puede concebir un objetivo de crecimiento espiritual dentro de sí e iniciar las experiencias que facilitarán la encarnación de ese objetivo. De este modo, cada hombre puede convertirse en un Cristo porque así lo desea. El destino o el karma ya no le limitan, puesto que ha alcanzado ese lugar en el que se ve a sí mismo como el creador de su propio destino. A través del proceso creativo del pensamiento puede convertirse en aquello que desea ser. Ha dejado de estar prisionero de su propia herencia, entorno o mecanismo de respuesta construido. Esta es la verdadera visión de libertad a la que la humanidad en masa se está acercando.

De este modo, consideramos el Plan Divino desde una perspectiva diferente en su relación con la conciencia de la humanidad de hoy. Vemos con mayor claridad el campo de servicio en el que el probacionista puede iniciarse y, gradualmente, eliminamos toda duda respecto a lo que constituye la acción correcta en cualquier circunstancia determinada.

También advertimos que el punto de vista separativo del hombre puede ser utilizado como una herramienta al servicio del Plan. Este concepto de crecimiento autoiniciado, que impactará a la humanidad en su conjunto, tiene creado un camino natural de acercamiento. Este trayecto puede emplearse correctamente debido a la atracción que la liberación del dolor tiene sobre la humanidad, puesto que puede ser utilizada para impactar las mentes y los cerebros de los hombres. No se preocupen de que la motivación de las masas concierna al yo separado, puesto que esto forma parte de la evolución. Alégrense, ya que la dirección tomada es hacia arriba: "Me levantaré e iré junto a mi Padre", incluso si es desde la necesidad del yo separado de escapar del dolor.

La segunda motivación de la Voluntad hacia la unión con la Vida Una llegará cuando se haya dado el primer

La Naturaleza del Alma

paso y constituirá la segunda iniciación.

Mientras tanto, ¿dónde se encuentra usted? Todos aquellos que se sienten sincera y seriamente atraídos hacia esta serie de instrucciones se encuentran en la fase tercera y final del discipulado en probación, donde la motivación de la Voluntad se dirige hacia la humanidad en su conjunto. Aquí el probacionista inicia ese servicio que le situará dentro del ashram como un discípulo aceptado. Está tomando la tercera iniciación donde su necesidad de estar al servicio se dirige a: 1) optimizar su instrumento para incrementar su servicio, y 2) una contribución activa con la Vida Una a través de un vehículo todavía imperfecto.

Durante esta etapa, el probacionista trabaja conscientemente con el quinto rayo de conocimiento concreto y ciencia. Esta energía le permite utilizar su mente, desarrollar ese conocimiento del Plan con el que hará lo siguiente:

1. Discriminar entre lo real y lo irreal.

2. Discriminar entre lo esencial y lo no esencial.

3. Discriminar entre lo importante y lo menos importante.

Su utilización del quinto rayo desde un punto de realización de la conciencia del Alma desarrolla su mente como herramienta de aguda percepción discriminatoria.

La forma de meditación, con independencia del rayo predominante en el pensamiento simiente, es básica y técnicamente una expresión del quinto rayo. Esto es, la forma misma, que es un proceso de alineamiento matemático, es una actividad del quinto rayo. De este modo, vemos como el probacionista se apropia y dirige esta energía hacia una actividad, conforme alinea su persona y sus vehículos con su Alma Espiritual a través de un foco mediador.

Su punto de enfoque identificado se convierte en un mediador entre el Espíritu (tal y como es visto desde el nivel del Alma Espiritual) y la materia. Por consiguiente, hace equivalente el Espíritu, la materia y la conciencia desde su nivel de actividad particular.

De este modo:

1. Mantiene su morada en la cabeza.

2. Controla las fuerzas de su naturaleza astral emocional.

3. Controla, de algún modo, el movimiento de esa sustancia que se ha fusionado para formar sus cuerpos.

Es ahora cuando el probacionista se da cuenta por completo de la necesidad de crear conscientemente las formas que sus energías tomarán para aparecer a la Luz del Día. Hasta este punto, se ha sentido satisfecho de dejar que la evolución, su inconsciente, su entorno, sus vecinos y finalmente el Plan Divino, como algo vago y desconocido, dicten sus experiencias y, de este modo, la dirección de sus energías.

Ahora se da cuenta de que no solamente debe subordinar su voluntad a la Voluntad Divina, sino que también debe verificarla. Es su responsabilidad conocer el Plan Divino y cooperar con él con conciencia completa y despierta de lo que está haciendo. De este modo se convierte en el manipulador y no en lo manipulado.

La Naturaleza del Alma

Consigue esto conforme se alinea con (a) el Espíritu, como su Alma Espiritual Transcendente, y con (b) la materia, como la fuerza sustancial dentro de

1. Sus vehículos

2. Su entorno

3. Su experiencia

a través de él como un foco mediador (meditador).

Atrae una línea de energía desde su Alma Espiritual y, a través de sí mismo como un foco en el cuerpo mental, hacia cualquier forma (ya sea esta sus cuerpos, una situación o una condición) que temporalmente le concierna, estableciendo de este modo el perfecto alineamiento entre el Espíritu y la materia. Así alcanza el conocimiento y entendimiento del Propósito de esa forma y, conforme medita, impresiona el Propósito sobre ella para cambiar su apariencia y que esté mas acorde con el Plan Divino.

Utilizando esta técnica del quinto rayo, el probacionista aprende a crear su propio tiempo y espacio, contribuye con la Vida Una en el servicio de Su Plan y toma la tercera iniciación, entrando en el ashram como un discípulo aceptado.

Continúe con el mismo pensamiento simiente para su meditación y como tarea, por favor, utilice la técnica siguiente:

A. Primera Semana

Alinee conscientemente las fuerzas sustanciales del triple instrumento con el Alma Espiritual Transcendente, a través de un foco identificado en la mente como el Hijo. Mantenga este alineamiento durante todo el día, intente conocerlo y realizarlo tan a menudo como le sea posible.

B. Segunda Semana

Elija una situación de naturaleza negativa dentro de su entorno y alinee las fuerzas sustanciales de esa situación con el Alma Espiritual Transcendente, a través de un foco identificado en la mente como el Hijo. Mantenga este alineamiento durante todo el día, intente conocerlo y realizarlo tan a menudo como le sea posible.

C. Tercera Semana

Utilice la misma técnica, esta vez trabajando con una situación de naturaleza positiva (agradable) dentro de su entorno.

D. Cuarta Semana

Elija una condición negativa que se manifieste en el cuerpo de la humanidad en su conjunto y alinee las fuerzas sustanciales de esa condición con el Plan Divino, a través de un foco identificado en el mundo de la mente como el Hijo. Mantenga este alineamiento durante todo el día, intente conocerlo y realizarlo tan a menudo como le sea posible.

Al final de cada semana escriba un informe breve de esta actividad.

La Naturaleza del Alma

LECCIÓN 18

El Sexto Rayo de Devoción e Idealism:

El sexto rayo ha condicionado la era pasada;

El rol de la idea y sus contrapartes, el ideal y el ídolo;

El Alma como una idea desplegándose a través de siete

etapas de crecimiento;

Construir correctas relaciones con el sexto rayo según

sale de la manifestación.

Conforme observamos nuestro mundo actual, que es en realidad un agregado de multiples energías y fuerzas mantenidas unidas en ciertos patrones de relación determinados por la red etérica de la familia humana, vemos evidencias de un rayo particularmente predominante que colorea y sustancia la imagen global en movimiento de nuestra presente civilización. Esta energía, aunque ha dejado de ser la mayor influencia impactante, desde que otra la está eclipsando, continúa siendo la energía y frecuencia predominante dentro de la cual la humanidad habita. Cada forma en expresión está coloreada por esta energía desde que se creó la presentación de la forma-pensamiento de la Sabiduría, que vino a la manifestación a través de los filósofos griegos y que ha determinado la experiencia de la humanidad desde aquella época. Esta energía del sexto rayo de devoción puede ser considerada la materia sustancial que ha creado todas las cosas en existencia en el periodo actual.

La Naturaleza del Alma

De este modo, el probacionista se ve afectado por ciertas energías impactantes responsables de traer los nuevos sistemas de pensamiento y, por lo tanto, un nuevo mundo de la forma; se ve afectado por esas energías conforme impactan la frecuencia ya establecida del sexto rayo. Este es un concepto muy importante a entender y captar, puesto que existe una gran cantidad de malas interpretaciones por parte de estudiantes y probacionistas respecto a este tema. El hecho de que la energía de sexto rayo esté dejando de ocupar una posición de influencia primordial no significa que su actividad haya desaparecido, ni su eliminación del escenario presente. Quiere decir, únicamente, que esta energía ya ha tenido su impacto fundamental, tanto en la conciencia como en la sustancia, y que pueden añadirse otras influencias conforme la humanidad procede en su camino evolutivo. El efecto ya establecido debe manejarse de tal modo que se mantenga sin distorsión el desarrollo evolutivo producido por el impacto del sexto rayo desde la pasada época.

Así pues, el probacionista, y el discípulo en el mundo cotidiano, se ve implicado con esta energía como una frecuencia ya existente en la conciencia de la humanidad y en sus muchas formas.

Tendemos a pensar que, conforme lo viejo deja paso a lo nuevo, lo que ya existe debe ser eliminado; se convierte en algo indeseado y desdeñado por considerarse anticuado. No nos damos cuenta de que el pasado y el futuro, juntos, producen el momento presente. Así pues, el individuo que en su cegera no se apercibe de este hecho y que, rápidamente, prefiere descartar las realidades del pasado, entra en su pequeña esfera de glamour y es de poca utilidad para el Plan al que pretende servir.

Hay una lección importantísima para todos aquellos que se encuentran formando parte consciente de esta presente crisis de oportunidad. Mientras que la influencia del sexto rayo produce un tipo de fanatismo y astralismo que es despreciado por el discípulo moderno, también produce algo bueno y verdadero cuya belleza está mas allá de toda descripción. Mire a través de la cristalización externa de su aspecto negativo para observar la belleza existente, si es capaz de entender esta expresión de energía.

El sexto rayo de devoción es, en su aspecto más elevado, la energía de la idea o el ideal de la Divinidad concebido en la conciencia del Alma. Así pues, se trata del Alma dotada de la capacidad de idear, es decir, de crear una forma en la conciencia que sea una expresión del Ser Divino.

Platón nos aportó el concepto de la Verdad que, en su pureza, puede ser encontrada únicamente en la idea; y todas las manifestaciones por debajo de este nivel son distorsiones o sombras de esa Verdad. La energía contenida en este concepto es del sexto rayo y Platón, junto con otros miembros de su grupo, trajo a la existencia esta presentación de forma-pensamiento que fue creada por el Señor de este rayo para actuar como la energía directora para el crecimiento y desarrollo de la humanidad durante la pasada era.

Esta verdad pura se encuentra solamente en la idea y no puede ser negada por el verdadero buscador. La belleza se puede percibir en la idea de la belleza; la verdad de la rosa se encuentra en la idea de la rosa, porque esa idea es su Alma, la verdadera esencia de su forma. Así, se aconseja a todo buscador indagar dentro de sí mismo para entrar verdaderamente en el Reino de Dios.

Comenzamos a considerar el Alma misma desde una luz bastante diferente conforme nos acercamos a ella a través del sexto rayo de ideación. Hemos definido el Alma

La Naturaleza del Alma

de muchas maneras, en un esfuerzo por entender lo que es. La hemos llamado el Segundo Logos, el aspecto conciencia, el campo magnetico creado entre los polos opuestos de la Divinidad, etc.

Ahora decimos que el Alma es la idea del Espiritu concebido en el vientre de la materia, nacida en siete etapas de crecimiento en el mundo de la forma como la conciencia de Dios.

1.	Infancia	Hombre animal	Individualización
2.	Niñez	Hombre astral	Naturaleza completamente emocional
3.	Pubertad	Hombre mental	Unidad autoconsciente parcialmente integrada
4.	Adolescencia	Hombre con aspiración emocional	Persona infundida por el Alma
5.	Juventud	Conciencia de grupo	Maestría– Cristo
6.	Mediana edad	Conciencia Planetaria y Solar	Logoico
7.	Madurez espiritual	Conciencia Solar y Cósmica	Centrado en el Logos

Cuando la personalidad se hace consciente del Alma, o es impresionada por el Alma, se encuentra a si misma percibiendo el mundo de las ideas, i.e., las verdades que

Lección 18

ha estado buscando por mucho tiempo, a menudo llamada la Sabiduría sin Edad. A estas ideas, o los ideales en que más tarde se convertirán, dirige su devoción, intentando personificarlas en una manifestación viviente de la verdad. De este modo realiza su acercamiento consciente a Dios mediante el sexto rayo de Devoción a un ideal.

Más tarde, cuando la personalidad se fusiona con la conciencia del Alma Espíritual Trascendente, percibe esas ideas como viniendo de y estando en ese Alma.

El Alma evoluciona a medida que idea la impresión trascendente del Cristo en su propia conciencia, poniendo en movimiento aquellas Ideas Divinas que son su actividad irradiante. Según se expande la actividad irradiante, según gana en potencia espiritual, atrapa o eleva a la personalidad hasta la periferia de su propia esfera, en donde ambas se fusionan (Alma y personalidad, o idea y expresión) para reencarnar de nuevo en el cerebro como un ser completo – el hijo o unidad de Dios autoconsciente (consciente del grupo).

De este modo, el sexto rayo se relaciona con eso que solo puede definirse como la idea de la sabiduría. Aquí tenemos sabiduría en su esencia, una expresión diferenciada del segundo rayo de Amor-Sabiduría Divino.

Aquí también tenemos al gran filósofo, el buscador de la verdad, quien percibiendo la idea, se adentra en un mundo tan sumamente diferente del de la forma que está verdaderamente en la forma, pero sin ser de la forma.

¿Hemos de abandonar rápidamente la expresión de esta energía? ¿Fracasaremos en percibir y llevar con nosotros aquello que ha incorporado a la conciencia de la humanidad durante la pasada era? La misma idea de Dios, de

La Naturaleza del Alma

los Dioses, de la belleza, la armonía, y la verdad misma, son básicamente una expresión de sexto rayo. La humanidad ha percibido la idea de lo bueno, lo verdadero y lo hermoso, y ha respondido a esa idea. Que Dios nos ayude a mantenerlas durante esta nueva era de lógica y razón, de magia y orden. Que sea el fundamento a partir del cual nuestra lógica, razón, magia y orden puedan proceder.

A medida que nuevas energías impactan sobre lo que ya está construido, producen naturalmente un conflicto en el que la vieja forma se desintegra. Esta es una necesaria manifestación del proceso evolutivo, y podría ser indoloro si la conciencia implicada pudiera desapegarse lo suficiente de la forma y conservar la idea que es Verdad. Cuando la forma es vista como lo importante, la idea se pierde y la forma desciende ante la presencia del nuevo impacto.

Miramos a nuestro alrededor hoy y vemos muchas apariencias, algunas queridas, otras odiadas. Estas apariencias muestran un cariz tan cambiante que apenas sabemos de ellas de un año para otro. Muchas se desintegran, desapareciendo ante nuestros ojos. Cuando observamos todo esto, tendemos a reaccionar de dos maneras diferentes:

1. lamentar la forma perdida, buscando consuelo en la pena.

2. o despreciarla como algo viejo y gastado, una falsedad del pasado.

Cualquiera de las dos maneras es una manifestación de apego personal a la forma, y en ambos casoa la idea se pierde.

Lección 18

Observamos que esto ocurre en particular en el mundo de las religiones a medida que el conflicto entre las nuevas energías de la Ciencia y las viejas y más estables energías de la Religión destruyen la forma.

¿Qué puede hacer el probacionista para servir durante este crucial período de crecimiento y desarrollo de la humanidad?

Sobre todo, puede entender. Puede observar las verdades que fueron la motivación detrás de la presente estructura religiosa, y que son de nuevo las mismas motivaciones detrás de la nueva era de ciencia. Puede ver estas verdades en su realidad esencial y hacer las paces con las expresiones de la energía de ambas. De este modo se convierte en un pacificador en un área de conflicto; un custodio de la Luz, de la Sabiduría. Sus pensamientos, sus sentimientos, sus palabras puede portar la energía de la curación, que de nuevo es la energía de la Sabiduría, y así sellar la rotura, sanar la brecha entre Ciencia y Religión.

El discípulo que es sabio nunca habla en contra de la forma religiosa que la verdad ha tomado, sino que inspira esa verdad con tal pureza que la vieja forma no es echada de menos. Señala y revela esa síntesis que es la misma verdad tanto en lo nuevo como en lo viejo y así pone de relieve el camino de progreso.

Esto es necesario en este tiempo de conflicto cuando las mentes y los corazones de la humanidad están severamente perturbados. Existen muchos discípulos jóvenes en el mundo de hoy; mucho probacionistas que buscan entrar al Quinto Reino. Su tarea está delineada con claridad. La necesidad de su tiempo es obvia, porque se puede, con un esfuerzo unificado, tanto buscar y enunciar la verdad como rasgar el velo de confusión que

La Naturaleza del Alma

nubla los ojos de la humanidad.

A medida que se mueve en el mundo de la forma y observa tanto lo viejo como lo nuevo, busque la verdad en la idea. Observe más allá de la forma la idea que es su Alma, su causa, para preservar y perpetuar lo bueno, lo verdadero y lo hermoso que se ha conseguido en el pasado. De esta manera se evita durante un nuevo ciclo el error que lleva a la humanidad de vuelta a la experiencia de épocas oscuras.

Que su nuevo pensamiento semilla en la meditación sea una *receptividad a las Ideas divinas del Alma Trascendente antes de que hayan tomado forma.*

Como tarea, escriba su comprensión del sexto rayo de devoción, usando tanto el material de la lección como la meditación para acercarte. Lleve consigo el trabajo a la próxima clase.

LECCIÓN 19

Los Opuestos del Sexto Rayo y su Impacto en el
Instrumento:

Los opuestos tal como los ven las actuales religiones
mundiales;
La energía de la concentración frente al fanatismo;
Los glamores del sexto rayo.

Los pares de opuestos, tal como los vemos manifestarse
en el mundo de hoy, son en gran medida el resultado del
sexto rayo en su expresión a través de la humanidad, el
centro laríngeo planetario.

Jesús, el Señor del sexto rayo, trajo y puso bajo el foco la
idea del amor dentro del cuerpo de la humanidad, donde
podía ser tomada y manejada conscientemente para el
mejoramiento humano. Él tradujo la idea en una doctrina de amor que, si se interpreta y aplica adecuadamente, eleva la personalidad autoconsciente a los portales de
la iniciación. A la conciencia de la humanidad se le ha
dado tanto la energía como la técnica que la expandirán
desde un yo separado, hasta ser una parte consciente y
omniincluyente de la Vida Una.

La Cristiandad, la gran abogada y seguidora del Maestro Jesús, en realidad ha hecho muy poco para promover
este objetivo. Ha seguido un curso de devoción al ideal
que se traduce de esa idea, pero dicho ideal ha sido en
gran medida una interpretación errónea que ha produ-

cido el opuesto polar del amor en las mentes y corazones de su gente.

Así, descubrimos que la masa de la humanidad que se llama a sí misma cristiana y que acepta a Jesús, El Cristo, como su Salvador, expresa odio y prejuicio, incluso hoy, en su intento de dominar el mundo con su religión. Aquí los supuestos discípulos de El Cristo han perpetuado guerras (frías y calientes), han causado crueldades innombrables e incontables sobre sus propios parientes y otros, y han envenenado a las multitudes con un odio tan malvado que pone en peligro la vida misma de la humanidad. Y todo esto en el Nombre de Cristo, que es en sí mismo el Ser de Amor.

Si estas palabras parecen duras, es porque expresan una verdad que es difícil de afrontar. Esta forma-pensamiento que presenta la Sabiduría está especialmente relacionada con la Cristiandad, y muchos de los que están kármicamente relacionados con ella han contribuido al estilo de vida cristiano. La Cristiandad misma no puede ser culpada, sino sólo aquellos que la han hecho, y continúan haciéndola, lo que es.

Esta forma religiosa no se romperá y desintegrará ante nuestros ojos, y no debe hacerlo. Aún tiene una misión que cumplir y debe enmendar los errores cometidos antes de que esa misión pueda ser realizada. Muchas de sus formas anticuadas desaparecerán, pero la Cristiandad misma está destinada a vivir un renacimiento que manifestará la doctrina del Amor tal como la impartió el Maestro Jesús.

Muchos de vosotros que os sentís atraídos por este curso de instrucción como probacionistas volveréis a entrar en el campo de la cristiandad como discípulos servidores en esta vida o en la siguiente. Así, el sexto rayo de Devoción demostrará su verdadera expresión como una cualidad inherente a la conciencia y el instrumento humanos.

Observemos más de cerca las expresiones positivas y negativas de esta energía para tener una mayor claridad.

El sexto rayo produce la devoción a un ideal, que en su manifestación positiva es una dirección singular hacia la iluminación espiritual y la encarnación. Es la energía de Buda, de la Luz, a medida que dicha Luz busca su fuente a través de la curva que va de la materia al Espíritu. Así, el buscador eleva la luz de la materia a la frecuencia que está en armonía con la Luz del Espíritu a fin de conocer la Verdad.

Tal persona está enamorada de la sabiduría. Toda su naturaleza anhela la comprensión espiritual, y no le permitirá descansar hasta que la alcance.

Así, el filósofo nace para recorrer los pasadizos de la mente hasta que ve y toma el camino que le aleja de la forma hacia el corazón mismo de la conciencia.

No es de extrañar que el mundo, e incluso los cuerpos, hayan sido descuidados por los buscadores de la era pasada. La influencia del sexto rayo era tal que daba al hombre el perfecto modo de, y justificación para, su deseo de escapar. La forma se consideraba una prisión que debe dejarse atrás antes de poder conocer la verdad. Sócrates, uno de los puntos focales a través de los cuales esta energía hizo su impacto en la humanidad, demostró esta expresión de ella cuando dio la bienvenida a la muerte, y también en su pronunciamiento del cuerpo como "el enemigo del filósofo".

La Naturaleza del Alma

La cristiandad, con su condena del sexo, su puritanismo y sus numerosas distorsiones en cuanto a qué constituye el bien y el mal, demuestra esta particular expresión del sexto rayo a un nivel todavía inferior de interpretación emocional.

El mundo oriental respondió con un sistema rígido de auto-negación, que condujo a tal decadencia en el mundo de los asuntos humanos que sólo pudo manifestarse una violenta revolución cuando las nuevas energías impactaron sobre las energías cristalizadas dentro de la forma presente.

La nueva verdad, que impactará en la conciencia de la humanidad a medida que el séptimo rayo comience a predominar, será formulada como sigue:

1. La verdad está en la idea que es el Alma de la forma (sexto rayo),

2. Pero dicha verdad debe ser llevada hacia la aparición a fin de manifestar la perfección de la forma (séptimo rayo).

El filósofo moderno abogará por un sistema de pensamiento diseñado para llevar el cielo a la tierra, mientras que el filósofo del pasado abogaba por un sistema de pensamiento diseñado para escapar de la tierra y sus formas en busca de un cielo indefinible situado en otra parte.

De esta manera se juntan dos facetas de la Verdad para revelar el logro de un objetivo más perfecto. Se considera que la forma, así como el Alma, están dotadas de un Propósito Divino que sólo puede revelarse cuando la dualidad de Alma y forma se funden en unidad. La forma, entonces, no es sino un vehículo dentro y a través del cual puede expresarse la idea.

Los sentidos corporales se consideran una creación divina, y cuando están debidamente alineados con el Alma, se convierten en la representación externa de la facultad perceptiva del Alma, más que en una trampa y una ilusión de la que el Alma debe escapar.

A medida que la energía del sexto rayo, el atributo de la ideación en los niveles del Alma, impacta sobre el discípulo probacionista, estimula su naturaleza devocional, y él comienza a construir su ideal del Alma.

Buscando un patrón en el que plasmar su ideal, generalmente descubrirá algún individuo que personifique su imagen subconsciente de dicho ideal. Entonces ese individuo, como personalidad, se convierte en el objeto de su devoción, y él desea más que nada en el mundo ser como el idealizado. Y también desea, con gran intensidad, ser aceptado por ese individuo, y hará todo lo que esté en su poder para producir dicha aceptación.

Descubrimos que muchos probacionistas, particularmente en el pasado, situaron su ideal en Jesús de Nazaret. Al hacerlo, se hicieron devotos de la personalidad más que del Cristo de Jesús, y por tanto se perdieron para la Verdad.

Otros estructuran su ideal siguiendo a un profesor o amigo, y, al hacerlo, construyen un glamour tal en torno a todo el tema que se convierte en su objetivo a lograr. Entonces es necesario que el probacionista se someta a una dolorosa experiencia de desilusión antes de poder aproximarse a la Verdad a través de un ideal sin distorsión.

Los probacionistas deben aprender a no esperar y exigir perfección de sus profesores, porque el aspecto forma aún no es perfecto, y no puede serlo hasta que la suma total de sustancia de los tres planos del esfuerzo humano haya sido elevada mucho más alto que su frecuencia actual. Incluso Jesús de Nazaret cometió errores en el aspecto forma. Su personalidad no era perfecta, aunque mucho creen que lo era. Este fracaso a la hora de reconocer y aceptar la imperfección de un líder no sólo conduce al glamour, sino también a una incapacidad de buscar más allá de ese glamour una verdad más alta. Las masas justifican sus guerras santas por el acto de violencia por el que Jesús expulsó a los cambistas del templo. Esto fue un error y Él lo sabía, pero la masa, que no podía aceptar una imperfección de su salvador, cerró los ojos a la Verdad de Su mensaje. Ese mensaje era de Amor, de perdón, de no violencia.

Al crear tu ideal, estructúralo según la <u>idea</u>. Construye tu <u>propia</u> forma, la que más perfectamente transmita y revele la idea. Esta es tu contribución al Plan Divino en este tiempo y lugar.

El probacionista construye su ideal del Alma como un estado de conciencia en los niveles mentales, como una condición o cualidad en los niveles astrales, y como una expresión de actividad en los niveles físicos.

El estado de conciencia contendrá aquellas ideas que sean las Verdades que él ha alcanzando por medio del enfoque en el cuerpo mental y de su alineamiento con el Yo superior, de la formulación de esas ideas en pensamientos, y de ensamblar las formas-pensamiento en una actividad de servicio planeada.

La condición o cualidad en los niveles astrales será de un tono particular (de acuerdo con su constitución de rayo) del Amor. No será, y no se debe esperar que sea, la misma para todos los individuos, y los probacionistas tienen que darse cuenta de este hecho y aceptarlo. La cualidad tonal de amor de uno se puede manifestar como una fuerza callada en tiempo de problemas, o como un brillo de belleza irradiante, o como una expresión de afecto y comprensión.

La expresión en la actividad consistirá en el servicio al plan, y se manifestará en todos los asuntos externos de la personalidad. También estará grabada dentro de y sobre la forma misma, será acarreada por la voz y el gesto, y se revelará en la respuesta interna del mecanismo.

El probacionista moderno debe aprender a dirigir su devoción hacia el Plan, más que hacia los puntos focales a través de los cuales el Plan se pone en relación con la humanidad. Por lo tanto, no cometa el error de hacerse devoto de un profesor, de un miembro de la Jerarquía, ni siquiera de los Grandes Seres, sino más bien dedique su devoción a la manifestación del Plan Divino.

Por favor, continúe con el mismo pensamiento simiente para la meditación.

La Naturaleza del Alma

LECCIÓN 20

El Séptimo Rayo Entrante de Ley Divina y Orden:

Clarificación del significado de la "Nueva Era";
El conflicto entre las "formas pensamiento" del sexto
rayo saliente y las del séptimo rayo entrante;
Los opuestos polares de la energía de los siete rayos;
Magia blanca frente a magia negra y la tentación de
crear desde un punto de vista separado.

El nuevo grupo de discípulos en rápida integración que sirve conscientemente en el mundo de nuestros días se enfrenta con la facilitación de uno de los grandes cambios evolutivos que se han de producir en el crecimiento y desarrollo de la humanidad. Ciertamente, en este momento presente el pasado se encuentra con el futuro para producir una crisis de oportunidad sin paralelo en la historia humana.

Esta es una crisis de transición en la que se toman las decisiones y se crean los patrones que determinarán las experiencias de los próximos veinticinco siglos.

Hay muchos que miran hacia la "Nueva Era" con la esperanza de que su venida aporte los valores espirituales que tanto faltan en la conciencia humana de nuestros días. Esperan esta "Nueva Era" como esperarían un milagro, sin darse cuenta de que ya está sobre nosotros ahora y de que los cambios que trae son oportunidades.

La Naturaleza del Alma

Este es un punto que exige clarificación, porque esperar un milagro es apretar los labios, mover la cabeza y negarse a aceptar la oportunidad ofrecida.

La Nueva Era es. Ya hemos entrado en ella, y su significado simplemente es este: nuevas energías y fuerzas están impactando sobre la conciencia de la masa y sus múltiples formas de expresión y, a medida que impactan, producen una condición de inestabilidad dentro de la conciencia, la forma, y por lo tanto en el mundo de los asuntos humanos. Esta condición de inestabilidad puede compararse con los primeros dos años de la vida de un niño, en los que se establece el molde para el flujo direccional que seguirán las energías a lo largo de su experiencia de vida en esta encarnación.

En otras palabras, la denominada Nueva Era ha encarnado, y ahora está en esa fase de crecimiento que determinará sus características y cualidades para los veinticinco siglos que son su ciclo de vida.

Esto significa que la humanidad está en el cruce de caminos y tiene que tomar una decisión, con la responsabilidad como centro laríngeo planetario, de tomar las decisiones que manifestarán el plan de Dios sobre la tierra durante esta Nueva Era.

Si se han de incorporar los valores espirituales superiores a los asuntos humanos, si se ha de tomar el camino de vuelta que conduce a Dios, y si el Cristo ha de hacer Su Reaparición durante este ciclo, todo esto se producirá porque la humanidad habrá aprovechado la oportunidad de construir durante este periodo de transición el molde de la largamente esperada Era Dorada.

Así, el grupo de discípulos conscientes y servidores afronta un reto tremendo, porque sobre ellos recae la

Lección 20

tarea de despertar, guiar e inspirar a la humanidad hacia los hechos espirituales de la vida. El hecho de la existencia de un cruce de caminos, las elecciones que confrontan y el camino de la Luz tienen que ser enunciados y puestos ante la humanidad con tanta claridad que la conciencia de la masa pueda construir el nuevo mecanismo de respuesta que es necesario.

A diferencia de las condiciones que se dieron en el pasado, actualmente encontramos a la humanidad demostrando una fluidez que hace que la masa esté receptiva a casi cualquier nuevo patrón de pensamiento que se pueda grabar sobre ella. El cambio es una realidad constante, y la receptividad al cambio es la realidad presente. Este periodo de transición pasará rápidamente, y las formas creadas se convertirán en factores guía para las experiencias que vendrán. La conciencia fluida e inestable del niño pequeño (Nueva Era) habrá sido moldeada siguiendo un patrón, y su crecimiento y desarrollo habrán sido afectados por él.

El nuevo grupo de discípulos puede ser comparado con los padres de un niño que dictan el patrón del molde de acuerdo con su respuesta al entorno (en este caso, el mundo de los asuntos humanos), y a cómo tratan al niño dentro de dicho entorno.

Entonces, al discípulo no sólo le atañen los pares de opuestos tal como han sido construidos en la conciencia a través de las energías del pasado, sino también los pares de opuestos potenciales dentro de las nuevas energías que están impactando.

Durante la pasada era, la energía del sexto rayo trajo al ser al filósofo, al hombre de Dios. También trajo al ser al fanático, al devoto que está dispuesto a escapar de la forma, y por tanto de su obligación espiritual en nombre del yo separado.

Considere los pares de opuestos potenciales del séptimo rayo, que requiere atención a la forma.

El sexto rayo requiere prestar atención al Espíritu, mientras que el séptimo redirige la atención de vuelta al mundo de la materia.

El séptimo rayo es la energía del Espíritu, de la Voluntad, a medida que esta busca manifestarse a través de la curva que va del Espíritu a la materia.

El séptimo rayo es, en su aspecto superior, el reflejo del Espíritu en la materia.

Así, el correcto uso de esta energía lleva a la manifestación la Voluntad de Dios a través de la Ley y el Orden Divinos, y de la Magia Ceremonial. El resultado es la perfección de la forma.

El opuesto polar de esto, el mal uso del séptimo rayo, produce la manifestación a través de la magia ceremonial de la voluntad personal de la personalidad separada. El resultado es la manifestación de las formas deseadas sin pensar en cuál podría ser la intención de la Voluntad de Dios.

El descubrimiento por parte de la humanidad en rápido desarrollo de que la sustancia mental es la materia primaria, y de la Voluntad como la fuerza mágica que dirige dicha materia hacia una manifestación específica en la forma, pondrá el bifurcado camino de la decisión a la vista de todos.

Además de lo anterior, a esto le seguirá de manera inmediata el conocimiento de técnicas, es decir, del modo en que Espíritu y materia, o voluntad y mente, son manipulados por la conciencia para producir un efecto predeterminado en el mundo de los asuntos humanos. Por tanto, estamos entrando en una era de magia en la que todos los efectos se crearán conscientemente por medio de la magia blanca o negra.

Esto nos lleva a un momento de pausa y profunda consideración. Si actualmente la conciencia de la masa está viviendo en el terror de amenazas tales como la bomba, piensa en cuál sería su terror y su desesperanza si se presentara un reto parecido por la manipulación de la voluntad y de la mente. Esta será la naturaleza de la batalla de Armageddon, al final de esta Nueva Era, a menos que el equilibrio de poder pueda cambiar de las fuerzas oscuras de la ignorancia y el materialismo a las fuerzas luminosas de la Sabiduría y el Espiritualismo.

El séptimo rayo como atributo del Alma es simplemente la capacidad de la conciencia para precipitar su intención en la forma.

Esta energía, en su uso correcto, cuando está correctamente motivada, invoca la actividad de la Ley Divina para producir el Orden Divino en la manifestación.

El discípulo probacionista afronta unas de las grandes pruebas de la iniciación cuando esta energía empieza a impactar sobre él. Hablando ocultamente, los secretos de Dios se hacen conocidos para él, y las fuerzas de la creación se ponen a su disposición. ¿Qué uso les dará?

Este es el gran momento de la tentación, simbolizado por la historia de Jesús siendo tentado por Satán.

¿Quién y qué es este diablo que se atreve a tentar a Cristo? Él era el morador en el umbral, la suma total de

La Naturaleza del Alma

la conciencia identificada con la forma, que iba detrás de la naturaleza de dicha forma.

Este supuesto diablo surgió del interior de la personalidad de Jesús para batallar con el Cristo, y Jesús dijo: "Ponte detrás de mí, Satán", queriendo decir: Yo, el Hijo de Dios consciente, guiaré el camino y tú debes seguir.

Esta tentación se presenta cuando la totalidad de la conciencia, identificada espiritual y materialmente, afronta la toma de conciencia del Poder. Por más orientada que esté hacia el Plan Divino, o por más correctamente motivada, esta toma de conciencia despierta al morador durmiente (el yo separado) con su silenciosa voz tentadora.

El hombre se da cuenta de repente de que es un creador, y por la simple manipulación de la Voluntad y la Inteligencia, puede producir cualquier forma que desee.

Considera el efecto sobre la vida de deseos subconsciente, sobre las pasadas ambiciones y sueños que aún han de ser realizados, sobre la propia sensación del ego.

Resulta fácil renunciar a los deseos y ambiciones que tienen pocas posibilidades de realizarse en lo que atañe a la conciencia. Pero, ¿qué pasa en el momento en el que la conciencia se da cuenta de que es capaz de seguir cualquier curso de acción, cualquier ambición o deseo que pueda elegir, cuando el mundo se le ofrece como su juguete, su placer?

El influjo del séptimo rayo siempre traerá a la manifestación esta crisis, que es la crisis de oportunidad, porque ofrece la oportunidad de la iniciación a la Logia Blanca o Negra.

Lección 20

Todo probacionista afronta esta prueba, y la humanidad en masa la afronta en un nivel inferior de la espiral, a medida que el séptimo rayo viene a la encarnación como energía predominante de la Era.

Por lo tanto, consideramos que este periodo de la historia de la humanidad es de gran importancia, y que el patrón de experiencia que afecta al crecimiento y el desarrollo de la conciencia puede sufrir un cambio de lo negativo a lo positivo.

Si la humanidad puede elegir el camino de la mano derecha, que es el camino del discípulo, si se puede hacer que el mundo de los asuntos humanos refleje los valores espirituales, la humanidad ya no necesitará conocer la angustia y el dolor para crecer. El patrón de experiencia que produce crecimiento puede cambiar del odio al amor, de la guerra a la paz, de una era de conflicto a otra de armonía.

Las profundas brechas en la conciencia, los desajustes psicológicos, los aprisionamientos medioambientales de los individuos y grupos, todos ellos pueden ser curados, y una verdadera Era Dorada del Alma puede aparecer sobre la faz de la tierra.

Entre ahora y el final de este siglo, la humanidad invocará o rechazará la aparición de Cristo con su elección.

En realidad, la Jerarquía y su grupo de discípulos servidores conscientes no ven elección. Ellos ya han tomado la decisión, y el trabajo avanza. Pero, para el probacionista y la masa, la energía de la decisión aún ha de ser manejada y el trabajo ha de ser iniciado.

A medida que invoca la energía del séptimo rayo a su conciencia e instrumento a lo largo de la próxima semana, recuerde esta crisis de oportunidad.

El séptimo rayo de Ley y Orden Divinos es la precipitación del Espíritu (Voluntad) en la materia (mente). Así se cuenta la historia de esta notable energía.

Deje que su pensamiento simiente para la meditación sea *la receptividad a esa Voluntad que se precipita desde el nivel del Alma Espiritual Influyente hacia la conciencia, y después a otra nueva precipitación de la Voluntad Divina, a través de su mente, hacia las fuerzas sustanciales de sus cuerpos.*

Por favor, traiga a la próxima clase una copia escrita de sus comprensiones sobre el séptimo rayo.

LECCIÓN 21

El Séptimo Rayo y la Magia Ceremonial

La magia ceremonial que funciona en los tres mundos
inferiores como energía, fuerza y sustancia;
La apropiación de la energía y el direccionamiento de
la fuerza a medida que impacta en la sustancia;
Las enfermedades de los discípulos debidas al empleo
erróneo de este proceso;
El uso de la voluntad con relación a la construcción de
formas bajo la influencia del séptimo rayo;
El séptimo rayo a medida que impacta en el
instrumento.

A medida que el séptimo rayo empiece a predominar en
el mundo de los asuntos humanos, los discípulos se encontrarán recibiendo una energía tan potente y poderosa
que, a menos que tengan cuidado, su impacto producirá
una gran alteración dentro de su psique interna, de sus
cuerpos y del entorno. El discípulo debe aprender a dirigir esta energía, como potencial de poder, hacia una
fuerza que esté en perfecta armonía con el Plan al que
trata de servir.

Para entender esto mejor, hagamos momentáneamente
una aparente digresión para considerar la energía, la
fuerza y la sustancia.

La Naturaleza del Alma

Energía, fuerza y sustancia son términos usados para definir la misma esencia en distintas etapas de actividad. A falta de una terminología mejor, definiremos dicha esencia como Vida.

La Esencia de Vida, en su estado libre, se define como energía, es decir, poder potencial, actividad potencial, expresión potencial.

Se deriva de la Voluntad de Ser, y en cierto sentido se puede decir que es la Voluntad del Logos sonando dentro de su círculo infranqueable (no se pasa).

Por tanto, la energía, en su aspecto superior, es potencial de Vida o Voluntad de Ser.

Seguidamente se diferencia en siete expresiones potenciales, que se definen como los siete rayos. Estos siete rayos, en su forma energética, son siete potencias, o siete potenciales de poder para la expresión de la Vida o de la Voluntad de Ser en el Amor o la Razón.

Cuando esta misma Esencia de Vida es apropiada y dirigida a lo largo del camino de menor resistencia hacia la manifestación, es decir, aprisionada en la forma, se convierte en fuerza. La fuerza es ese potencial que ha sido excitado hacia la expresión.

Cuando esta misma Esencia de Vida se amalgama y se licua, tenemos la sustancia, que es energía y fuerza en su estado más denso en cualquier rango de frecuencia; así, los tres mundos del esfuerzo humano hacen su aparición en la sustancia mental, astral y en la denominada sustancia física.

Cualquier aparición en la forma está construida a partir de la energía, la fuerza y la sustancia que caracterizan

Lección 21

los rangos de frecuencia en los que dicha forma se encuentra. Entonces, dentro de cualquier forma hay:

1. Energía o potencial ....causa no iniciada.

2. Fuerza ....causa en expresión.

3. Sustancia.........................apariencia o efecto.

Las energías, en el sentido estricto de la palabra, son potenciales latentes, cuyos impulsos activan la conciencia hacia una conciencia mayor. Cuando un hombre, actuando bajo un impulso así, toma la energía disponible a fin de realizar alguna actividad, consciente o inconscientemente está:

1. Invocando una ley superior que dirige la energía libre hacia un patrón específico (ruta de menor resistencia) a través de sus propios vehículos.

    Esta energía, en cuanto entra en sus cuerpos siguiendo el camino de menor resistencia se convierte en fuerza.

2. Con el tercer ojo enfocado, él mantiene un flujo constante de fuerza hacia el patrón predeterminado por sus vehículos, produciendo de este modo en tiempo y espacio,

3. Un efecto en la sustancia, es decir, la manifestación de la energía y de la fuerza en una forma sustancial.

Aquí es interesante señalar que las enfermedades de los discípulos son el resultado de tres causas principales:

1. Energía erróneamente apropiada como resultado de

una motivación equivocada, lo que hace que se precipite fuerza hacia los vehículos que no puede ser manejada de manera segura.

2. Energía apropiada pero no correctamente dirigida, que crea un flujo de fuerza erróneo en el sistema, produciendo desequilibrio en el sistema central, las glándulas, y finalmente en las funciones orgánicas del cuerpo.

3. La incapacidad de que el flujo de fuerza complete la ruta de menor resistencia hacia la manifestación final (debido al subdesarrollo del tercer ojo), creándose así lo que se conocen erróneamente como bloqueos energéticos. En realidad son bloqueos de fuerza que impiden que esta fluya en uno u otro de los cuerpos, produciendo congestión en tiempo y espacio.

El séptimo rayo es un reflejo del Espíritu (La Voluntad Divina) en la sustancia. Como energía, es ese potencial que hace posible el acto creativo de la voluntad para producir formas específicas en tiempo y espacio. Así, el discípulo, y la humanidad que recibe el flujo entrante de la energía del séptimo rayo, se encuentran en posesión de una voluntad creativa. Este es su potencial de Poder.

Como fuerza, el séptimo rayo se ha convertido en una poderosa actividad que se mueve cíclicamente para producir la manifestación o aparición de todas las formas que encuentran su existencia dentro de la conciencia.

Recuerde, esta expresión, como atributo del Alma, es la capacidad de la conciencia de manifestar su intención en la forma. De ahí que el impacto de esta energía proporcione voluntad de poder, o intención, a todas las formas que la conciencia alberga, y que después se mueva como una fuerza poderosa dentro de los cuerpos para producir

Lección 21

su efecto en la sustancia.

Considere la conciencia del probacionista medio. Está llena de contradicciones y conflictos. Existen formas en su subconsciente que están en oposición directa con esas verdades que él mismo trata de encarnar. A ambas se da el poder de expresión potencial cuando el séptimo rayo realiza su impacto, y el resultado es una manifestación de ambas en conflicto en la vida y los asuntos externos.

El pobre y asombrado probacionista se ve asediado por todo tipo de manifestaciones que ha podido imaginar, y muchas de ellas ni siquiera es consciente de haberlas considerado. Cuanto más persistentemente trata de disciplinar su naturaleza forma, más violenta es la oposición de esta, al haber recibido el poder de manifestar sus respuestas. Cuanto más persistentemente trata de manifestar el Plan tal como lo ve, más oposición a dicho Plan pone en marcha sin darse cuenta de que lo está haciendo. Manifiesta la mayoría de los obstáculos al servicio exitoso a partir de su ignorancia de la Ley.

Esto continúa hasta esas ocasiones en las que su conciencia puede verse iluminada por el hecho de que, a medida que trata de servir al Plan, recibe las energías que precipitan el Plan, y a medida que dichas energías impactan en él, las dirige hacia sus vehículos como fuerza a través de todo lo que está formulado en su conciencia.

Un hombre piensa, y según su pensamiento, dirige esas energías y fuerzas que él ha de controlar hacia un patrón específico que llamamos forma-pensamiento.

Un hombre siente, y de acuerdo con lo que siente, libera en la forma que ha creado el poder de manifestar.

Un hombre habla, y de acuerdo con la palabra hablada,

La Naturaleza del Alma

la forma potenciada es dirigida en tiempo y espacio.

Cuando se entra conscientemente en esta triple actividad, con la intención de manifestar un efecto específico
en el mundo de los asuntos humanos, se le da el nombre
de magia ceremonial. Que sea magia blanca o negra depende del motivo del hombre, de la razón por la que crea.

La actividad del séptimo rayo es iniciada conscientemente a medida que el hombre se polariza en su mente,
a medida que toma conciencia de la polaridad positiva y
negativa de su constitución, y a media que evalúa el
propósito de su triple instrumento.

Su voluntad, que es análoga a, y una extensión de, el Espíritu, es positiva con respecto a su mente, que es análoga a,
y una extensión de, la materia primigenia. La voluntad en
la mente - o el Espíritu en la materia, es positivo con respecto a las fuerzas sustanciales del triple instrumento.

Así, la manipulación de la voluntad y de la mente producen la manifestación externa; esta es la clave del proceso creativo, y es la actividad en la que entran todas las
personas mentalmente polarizadas.

El propósito del triple instrumento se ve muy fácilmente
en cuanto se comprende su polaridad. Constituye el aspecto materia, y es negativo con respecto a la Voluntad
siguiendo el patrón siguiente:

Positivo	Negativo
Voluntad	Mente o cuerpo mental
Voluntad en la mente	Astral-emocional Etérico-físico Esfera de influencia externa

Lección 21

Entonces, la voluntad en la mente se convierte en:

Fuerza o Poder en el astral,

Vida; actividad; o el movimiento de fuerza en el etérico y la apariencia en la forma.

Así, vemos que el propósito del triple instrumento es el de ser los vehículos a través de los cuales pueda tener lugar el proceso creativo de la conciencia. Estos cuerpos permiten al Alma crear un efecto específico en la sustancia.

El discípulo probacionista aprende que sus cuerpos mental, astral y etérico tienen el propósito de manifestar el Plan de Dios sobre la tierra mediante el acto creativo de la encarnación.

A medida que el probacionista se hace consciente de la crisis del séptimo rayo, la alteración descrita anteriormente, se dispone a averiguar qué puede hacer al respecto, y muy rápidamente aprende que debe empezar a afirmar su maestría sobre su propia naturaleza-forma a través de un acto de la voluntad creativa.

En este periodo de su desarrollo se hace dolorosamente consciente de las fuerzas oscuras, y de su oposición activa al Plan al que trata de servir. Él es consciente de ser el recipiente de los denominados ataques, sin darse cuenta de que en muchos casos él mismo es la fuente de su propio ataque, y a veces el punto focal a través del cual actúan las fuerzas oscuras.

Este es un tema de gran importancia para él, un tema en el que hay mucha confusión, ilusión y malas interpretaciones. Tiene que someterse a una expansión de conciencia acelerada y muy marcada antes de que la luz pueda iluminar las áreas oscuras de su conciencia. Entre tanto, necesita desesperadamente técnicas con las que calmar las alteraciones y protegerse de los efectos de la magia negra, bien sea de su propia creación o procedente de otros.

Puede intentar entrar en la protección de su ashram visualizándose dentro de la radiación áurica de su luz, y, en tiempos de crisis, puede además invocar hacia sus cuerpos la pura luz blanca de los niveles jerárquicos a través del centro de la cabeza.

Esto le protegerá de los impactos externos, pero la técnica más importante para él durante este periodo es esa que protegerá a otros, así como el Plan al que él trata de servir, de cualquier error que podría estar cometiendo, y de los efectos dañinos de su propia naturaleza forma que aún no ha puesto bajo control.

Cuando el probacionista experimenta intensas reacciones emocionales, como resentimiento, críticas condenatorias, depresión, futilidad, etc., está siendo un punto focal a través del cual las fuerzas oscuras atacan a sus hermanos. Durante ese momento él forma parte de la oposición al mismo Plan al que trata de servir.

Como los probacionistas aún no han perfeccionado su conciencia ni sus cuerpos, deberán proceder con precaución para recibir y dar dirección a las energías entrantes.

A continuación se dan unas pocas técnicas protectoras que el probacionista puede usar eficazmente cuando se da cuenta de que las necesita.

1. Cuando experimente una reacción emocional que no puede controlar momentáneamente –

Lección 21

Inunde el aura de luz y amor que transmuten las fuerzas a medida que salen de su círculo no-se-pasa. Esto es extraordinariamente importante. Aunque es posible que no pueda trabajar directamente con ese patrón del mecanismo de respuesta que le está causando la dificultad, de esta manera puede eliminar sus efectos dañinos en los demás.

Al mismo tiempo, procure mantener un rostro animado hacia los demás, aunque la batalla ruja por dentro. Reconozca esa batalla y lidie con ella cuando y como pueda, pero haga todo lo posible por proteger a aquellos con los que tiene una relación subjetiva y objetiva.

Si fuera necesario, invoque la voluntad del Alma para manifestar la inofensividad en sus impactos vibratorios.

2. Cuando formula un plan de actividad específico –

Dese cuenta de que aún no está totalmente entrenado en la ciencia de la impresión y, por tanto, puede estar interpretando el Plan correctamente o no. Cualifique siempre cualquier meditación en la que pueda entrar con el propósito de manifestar un efecto en la sustancia (cualquier efecto en el mundo externo de los asuntos humanos) con la siguiente declaración mántrica:

"Si esto está de acuerdo con la Intención Divina, que se manifieste en Divina Ley y Orden".

3. Cuando esté emitiendo conceptos sobre la verdad en los niveles mentales –

Su comprensión puede ser correctamente interpretada o no. Por lo tanto, llénela de luz. Si es una verdad, permanecerá; si no lo es, se desintegrará y entonces no podrá equivocar a los demás.

Es sabio hacer esto con las opiniones que pueda haber formulado, como una práctica general.

4. Como práctica general que puede realizar antes o después de la meditación regular, puede *invocar la voluntad divina del Alma para que le guíe en el camino de la inofensividad y para proteger a sus asociados de cualquier influencia dañina que pudiera ejercer sin saberlo.*

El probacionista que es sincero en su aspiración consciente para ser de servicio practicará las técnicas anteriores de manera natural.

Más adelante se dará más información sobre este tema de la magia. Entre tanto, por favor continúe con el mismo pensamiento-simiente para la meditación.

LECCIÓN 22

El Servicio y su Relación con los Ashrams:

Especificaciones de las actividades de servicio en su
relación con los Ashrams de los Siete Rayos;
La capacidad potencial de servir en base a su posición
dentro de la vida grupal ashrámica;
Los puestos de la influencia áurica ashrámica y de la
manifestación periférica.

A medida que el discípulo probacionista se prepara
conscientemente para la iniciación, en este periodo tres
temas de gran importancia para él exigen su atención
casi simultáneamente. En principio, estos temas parecen no tener relación entre sí y ser casi incomprensibles
para su conciencia cerebral, y sin embargo están situados ante él como el siguiente campo de conocimiento que
debe explorar y dominar a fin de conseguir un nuevo
crecimiento. Son:

1. Su constitución de rayo peculiar, y por tanto su relación grupal con el Plan.

2. Su campo de servicio elegido.

3. El Arte y la Ciencia de la Magia, que le provee esas
   técnicas que posibilitan el servicio elegido.

Como cada uno de estos tres temas es un vasto campo de

conocimiento en sí mismo, los consideraremos consecutivamente en el orden de su importancia para el probacionista, cubriendo todo el material que sea posible en un trabajo tan breve.

En primer lugar debe descubrir en qué rayo está funcionando su Alma. Esto le clarificará sus potenciales con relación al Propósito, el Poder y la Voluntad.

Su propósito como Alma está vinculado con el rayo del grupo del que él es miembro, y revela, por tanto, ese aspecto del Plan con el que está relacionado de manera general.

Los grupos de rayo están relacionados con el Plan de la manera siguiente:

1. El primer rayo, a través del gobierno.

2. El segundo rayo, a través de la Educación, y más específicamente de la enseñanza de la Sabiduría.

3. El tercer rayo a través de la civilización, por medio de
   a. El genio creativo y la inventiva.
   b. La estructura económica.
   c. La organización a los niveles más elevados.

4. El cuarto rayo, a través del equilibrio de Poder por medio de:
   a. La cultura
   b. Las relaciones internacionales, incluyendo la paz y la guerra.
   c. Los hábitos y las costumbres sociales.

5. El quinto rayo, a través de la ciencia.

6. El sexto rayo, a través de la religión y la filosofía, o en la era venidera mediante la actitud y la ideación.

7. El séptimo rayo, a través de la civilización, por medio de la sabia manipulación de la forma en los campos de:
   a. La ley y el gobierno
   b. La educación
   c. La organización y la economía
   d. La sociología
   e. La ocultología
   f. La religión y la filosofía
   g. La parapsicología, la psiquiatría y la alquimia espiritual.

La capacidad potencial del discípulo se va liberando en función del lugar particular que ocupa dentro de su grupo de rayo, a medida que asume la responsabilidad de ese lugar y coopera con el grupo.

En otras palabras, su actividad de servicio depende de su posición dentro de la vida grupal ashrámica, y no de los gustos y aversiones de su personalidad. Su capacidad potencial de servir como discípulo consciente sólo se libera hacia él a medida que acepta esa posición particular y se dispone a servir en su cargo ashrámico.

Este es un concepto muy importante, que a menudo el futuro discípulo pasa por alto. Cada uno ha construido un glamour (ilusión) en torno al concepto de servicio en función de su evaluación emocional del mismo. El discípulo considera lo que él hará o no; y llega a aquello para lo que piensa que está particularmente preparado desde una polarización astral basada en sus gustos y aversiones. Se olvida de que su Alma ha evolucionado hasta un punto de desarrollo específico que puede ser aparente o no para la personalidad, y que su posición en la vida del grupo ashrámico se determina de acuerdo con dicho punto de desarrollo, es decir, el cargo de servicio del que él es responsable en relación con ese aspecto del Plan compartido con los demás miembros del grupo.

¿No es este un concepto nuevo y diferente del discipulado que el contemplado por la mayoría de ustedes? ¿Y no revela un vislumbre de un plan tan vasto, y al mismo tiempo tan perfecto, que cada tono y color individual de la Vida Una encuentra su expresión perfecta dentro de su campo de relaciones particular?

La vida grupal ashrámica existe en la conciencia de sus miembros, y sin embargo es una realidad. Cada miembro tiene un cargo particular con relación a todos los demás miembros y a la humanidad que todos sirven colectivamente. Cada uno avanza, a medida que evoluciona su punto de desarrollo, desde el aura del ashram hacia y a través de su periferia, desde su periferia y a través de su esfera hacia su centro, y a través de dicho centro hacia el interior de la Jerarquía misma. Entonces, cada miembro pasa de un cargo a otro asumiendo consecutivamente la responsabilidad de cada uno de ellos hasta que su deuda kármica con la humanidad haya sido absuelta, y él sea libre de elegir su camino de servicio al Cristo Cósmico.

¿Cuáles son algunos de estos puestos?

En estos momentos sólo nos conciernen los rasgos generales de dos de ellos. Y son:

1. El puesto de Influencia Áurica Ashrámica.

Este puesto es detentado por todos aquellos probacionistas, cada uno en su lugar específico, que constituyen el aura del ashram. En otras palabras, ellos han sido atraídos al campo magnético irradiante del ashram, y a medida que orbitan en la periferia de dicho campo, constituyen su influencia áurica en los tres mundos inferiores. Su principal tarea es ser portadores y transmisores de la cualidad tonal del ashram a su particular esfera de influencia. Y lo hacen a través de su correcta aspiración al servicio, su alineamiento establecido con el ashram y la aplicación de los principios ashrámicos en sus vidas diarias.

Los probacionistas que detentan este puesto se están preparando conscientemente para la tercera iniciación.

2. El puesto de manifestación periférica.

Este puesto es detentado por todos aquellos probacionistas que están en proceso de penetrar la periferia. Su tarea es transmitir, a través del aura, esas potencias superiores tanto en forma de energía como de concepto que están haciendo impacto en ellos, hacia el interior del entramado etérico de la humanidad. Están en proceso de tomar la tercera iniciación, y la completan a medida que inician con éxito la actividad de servicio elegida y entran dentro de la periferia como discípulos aceptados de la Jerarquía. A través de su servicio subjetivo y objetivo ellos deben manifestar desde la periferia algún pequeño aspecto del Plan en la vida y asuntos de la humanidad.

La voluntad creativa del discípulo, es decir, la Voluntad Divina de su Alma, le es liberada a medida que desarrolla esa fuerza invocadora que invoca dentro de su conciencia la relación del potencial del servicio grupal con un tiempo y lugar específicos.

Aquí volvemos a tener un concepto en cierta medida nuevo en lo que se refiere al servicio, y sin embargo se ha dicho frecuentemente que el discípulo responde a la necesidad de su tiempo.

No todo el potencial de servicio de un grupo ashrámico, o de un discípulo, puede hacerse manifiesto en un momento dado, excepto en periodos de extrema crisis humana, puesto que sería prematuro liberar buena parte de dicho potencial.

Así, el discípulo tiene que colaborar con el Plan activando ese potencial creativo relativo al punto de desarrollo alcanzado por la humanidad en su tiempo y lugar.

Esto es lo que el Maestro Jesús demostró tan bien en Su vida sobre la tierra como Jesús de Nazaret. Buena parte de su potencial creativo tuvo que ser mantenido bajo control hasta que la humanidad pudiera responder de manera segura y cooperar con él.

Veamos aquí un punto relacionado con la voluntad creativa. Este potencial se libera gradualmente a medida que el discípulo, en el cerebro, empieza a invocar hacia la expresión de su personalidad el punto de desarrollo alcanzado por el Alma en Su propia esfera.

A medida que recapitulamos lo anterior, nos damos cuenta que con el descubrimiento del rayo del Alma se libera, bajo la naturaleza de una iluminación menor, mucho del nuevo conocimiento hacia la conciencia cerebral.

Con ese conocimiento se revela el Propósito del Alma en su relación con el Propósito Grupal. El probacionista descubre el campo general de servicio para el que su Alma se ha estado preparando durante mucho tiempo, y dentro del cual trabajará encarnación tras encarnación hasta que finalmente alcance la maestría. Por fin sabe, y puede empezar a contemplar desde esa perspectiva que tiene, la visión de un campo de servicio desde su final hacia su principio, todo un ciclo de encarnaciones. Está planeando una contribución que tardará muchas vidas en completar. Está iniciando una contribución a la Vida Una que evolucionará con su propia conciencia, con la de su grupo, y con la de la humanidad.

Será iluminado con el conocimiento del punto de desarrollo de su Alma, y empezará a evocar ese desarrollo (la encarnación de su Alma Espiritual) en su personalidad. No sólo será consciente de su grupo ashrámico, sino de su lugar dentro de dicho grupo. Se dará cuenta de su relación con, y, por tanto, de su alineamiento con, la Jerarquía, y podrá empezar a cooperar con ella.

Su capacidad potencial para el servicio quedará liberada a medida que asuma la responsabilidad de su puesto particular. Entonces estará capacitado para manifestar definitivamente una influencia dentro del cuerpo de la humanidad.

La iluminación inundará su cerebro con relación a la necesidad de la humanidad en este tiempo y lugar, capacitándole, mediante un acto de la voluntad, para relacionar el Plan con dicha necesidad. Su voluntad se ha convertido en la Voluntad Divina porque está perfectamente alineada, y orientada hacia, la voluntad enfocada del Plan.

Esto nos lleva a tomar conciencia de que es necesaria una técnica que permita evaluar el rayo del Alma antes de que el probacionista pueda avanzar muy lejos hacia la manifestación de todo lo anterior. Comentaremos dicha técnica en la lección siguiente. Entre tanto, use el siguiente pensamiento-semilla en su meditación diaria.

La Naturaleza del Alma

"Construya un altar con forma de cruz en la cueva situada en el centro de la cabeza, y sitúe allí la personalidad, para indicar su voluntad de aceptar la Intención Divina de su Alma. En este trabajo preparatorio no trate de descubrir esa Intención, sino más bien medite sobre el acto de voluntad simbolizado en la ceremonia sacrificial anterior".

El sacrificio completo de las reservas conscientes es un prerrequisito para la iluminación descrita en el párrafo anterior.

Lección 23

Creación de Ashrams y Alineamiento:

La Aparición del Logos Planetario en Tiempo y
Espacio;
El "Nacimiento" (o individualización) de los Siete
Reinos;
El "Nacimiento" de los Ashrams;
El "Nacimiento" de la Humanidad y el Proceso de
Identificación Evolutivo;
El Papel y el Uso del Alineamiento a la hora de
determinar Su Rayo del Alma.

Hemos dicho en otra parte de este curso de instrucción
que el Padre de nuestra Biblia Cristiana es el Logos
Planetario; que la voluntad del hombre es una extensión
de la Voluntad de Dios; que su propósito está contenido
dentro del Propósito mayor; y que su poder es el poder
de la Intención Logóica.

Mediante la comprensión de este concepto, y como consecuencia del alineamiento con la Fuente del Alma Espiritual, al candidato a la iniciación se le permite alcanzar una conciencia de Esa Intención que le ha potencia-
do y traído al ser; el Propósito originado en los niveles
Logóicos para su aparición en tiempo y espacio.

El Logos Planetario, funcionando desde Su nivel de enfoque

La Naturaleza del Alma

identificado, diferencia el rayo de luz sobre el que Él está evolucionando en siete expresiones de energía a través de Su séptuple conciencia.

A fin de entender este concepto con claridad, el estudiante debe limpiar su mente de todas las ideas preconcebidas o limitantes que pueda tener con respecto al significado subyacente de términos tales como foco identificado, conciencia, Logos Planetario, etc. Tendemos a definir, y por tanto a limitar, los conceptos en esos términos que expresan una experiencia que nos es familiar dentro de nuestra pequeña esfera de conciencia.

El Logos Planetario, funcionando dentro Su propio nivel de enfoque identificado no es una persona (si puedo usar un término tan inadecuado), sino siete personas en una. A esto nos referimos cuando hablamos de su séptuple conciencia. E, incidentalmente, esta misma referencia es aplicable a "Los Siete Espíritus ante el Trono". Cualquier Conciencia Logóica, sea la de una vida Monádica, Planetaria o Solar, es de naturaleza séptuple. Estas siete Personas Divinas, Divinas porque Su Naturaleza incluye de algún modo la séptuple expresión de Dios (Aquel Sobre el Que Nada Puede Decirse), se definen como los siete Logos. La suma total de esta conciencia grupal es igual al Logos; Shamballa, el Centro Coronario.

A partir de Sí Mismos, cada uno de los Logos reproduce a los de su clase, y los siete grupos egóicos (Alma) nacen a la expresión dentro de la esfera búdica. Estos son los grupos de los siete rayos, representados por siete ashrams principales, mantenidos juntos y en la relación adecuada por los siete Señores de los rayos, que en su suma total son iguales al Cristo, la Jerarquía, el Centro Cardíaco.

Lección 23

A partir de sí mismos, cada uno de estos grupos egóicos reproduce a los de su clase, y así nacen a la expresión los siete tipos de personalidades (máscaras) en los tres planos del esfuerzo humano. Estos son los siete sub-tonos de cada uno de los grupos egóicos que dan, por tanto, cuarenta y nueve expresiones de energía diferenciadas, que en su suma total son igual a la Personalidad Mundial, la Humanidad, el Centro Laríngeo.

Así, la Intención Logóica es llevada a la frecuencia más baja del Plano Físico Cósmico por medio del proceso de reproducción espiritual, es decir, la reproducción del aspecto conciencia, o su involución en la forma humana. Así, la conciencia Logóica se involucra, a través de la reproducción, en las profundidades de Su propia forma sustancial, y desde ese punto evoluciona la totalidad de Sí Misma hacia un mayor grado de conciencia perfeccionada.

Ahora bien, todo esto le puede parecer algo abstracto y abstruso, y sin embargo contiene el misterio de todo el proceso de involución y evolución, y el Propósito de la humanidad en el esquema de las cosas.

¿A qué nos referimos cuando decimos que cada Ser —sea sub-humano, o lo que denominamos un Dios que está mucho más allá del estado humano— ha sido, es ahora o será un ser humano?

El Alma Espiritual individualizada e influyente no evolucionó a través de los reinos inferiores de la naturaleza para alcanzar finalmente la individualización en el reino humano, aunque esta es la interpretación que dan muchos.

En realidad, una chispa del fuego Logóico descendió a los reinos de la materia, se unió a las unidades de con-

La Naturaleza del Alma

ciencia allí aprisionadas, e individualizó la totalidad en el ser humano. Así, el humano es una composición de la vida Solar del mineral, del vegetal, del animal y de los reinos superiores de la naturaleza. La humanidad es el vehículo para sintetizar la conciencia de todos los reinos de la naturaleza, o de todas las conciencias del Logos Planetario. A través de la humanidad Él es capaz de integrar todas sus conciencias en una unidad que responde al Prototipo Divino.

Esto significa que usted, el yo pensante consciente, aunque pueda estar aprisionado en una forma animal, y exprese a veces una naturaleza animal, en realidad nunca ha sido tal cosa. Usted, el yo pensante consciente, capaz de creatividad, es un descendiente directo de Dios, en el sentido de que es la chispa de Fuego Logóico que descendió a la materia e individualizó la suma total de conciencia que ahora es.

La evolución de la conciencia total sólo es posible por el descenso y el entierro en la materia de esa chispa logóica. Su cualidad magnética es tal que integra en una totalidad las unidades de conciencia de los reinos mineral, vegetal y animal que orbitan dentro de su círculo infranqueable (círculo no se pasa). Así, todos los reinos de la naturaleza se encuentran y se funden dentro de la humanidad, y así el Logos Planetario eleva a un estado superior de conciencia perfeccionada las profundidades de su propia conciencia inferior. Esto, a su vez, eleva la frecuencia de la sustancia de su cuerpo cósmico hasta que, en el punto álgido de su perfección, no haya distorsiones o sub-planos de ella.

En realidad el proceso evolutivo es un proceso de identificación. Cuando la Chispa Logóica hizo Su descenso e individualizó la conciencia de grupo o Alma que la albergaba, por así decirlo, ella se identificó con el nivel más bajo de su individualización, es decir, como el hombre animal no evolucionado. Entonces manifestó la conciencia del hombre animal no evolucionado, y las experiencias necesarias para el crecimiento del foco identificado. Gradualmente tal experiencia, junto con la cualidad magnética de la chispa de fuego Logóico, integraron la conciencia mineral con la del hombre animal. El hombre y su cuerpo se hicieron uno.

En el punto álgido de su desarrollo, la chispa Logóica empezó a identificarse con sus emociones, y a manifestar las experiencias necesarias para el crecimiento del enfoque identificado dentro de la esfera astral. Gradualmente, tales experiencias, además de la cualidad magnética del fuego Logóico, integraron la conciencia vegetal con la del hombre animal. El hombre, su cuerpo, y su naturaleza de sentimientos se hicieron uno.

Así, la vida Solar de los reinos mineral y vegetal de la naturaleza, a las que la Chispa Logóica ha descendido, se integraron con el Alma animal, y el hombre se convirtió en lo que es actualmente, una personalidad emocionalmente polarizada.

El proceso de identificación continúa desde este punto: la Chispa Logóica se identifica con su vida de pensamiento, haciéndose de naturaleza más mental; elevando los aspectos mineral, vegetal y animal integrados de su naturaleza hacia un unidad enfocada de conciencia dentro de su mente, donde puede empezar a identificarse como Alma.

La individualización procede, entonces, desde el nivel del hombre animal hasta el nivel del Alma encarnante. El foco identificado, la conciencia del yo, empieza a ejercer su control sobre la naturaleza forma mediante su residencia en el cuerpo mental, dándose cuenta gradualmente de su

La Naturaleza del Alma

verdadera identidad y de su Herencia Divina.

Relacione esto con el cuerpo colectivo de la humanidad, y empezará a darse cuenta del proceso interno que se está manifestando dentro de la conciencia y la instrumentalidad del Logos Planetario a través de la humanidad, la vida celular de Su cerebro físico.

Cuando la Chispa Logóica, identificada como persona auto-consciente, de naturaleza medio emocional y medio mental, empieza a entender su verdadera identidad, cuando empieza a darse cuenta de que él es una conciencia que habita los cuerpos, que es de naturaleza Divina, entonces empieza a buscar hacia dentro y hacia arriba ese Prototipo Divino que le precipitó hacia la encarnación. Al principio éste es un acto medio instintivo y medio intuitivo, del que sólo es vagamente consciente, pero sirve para establecer un alineamiento tentativo con la comprensión del Alma Transcendente de lo que él es en realidad.

Mediante este alineamiento vertical interno, más y más de su Naturaleza Divina se imprime en su conciencia cerebral, hasta que finalmente el hecho de su vida grupal ashrámica le impacta, y empieza a conocer, vagamente al comienzo, sus relaciones Espirituales.

No conozco otras palabras con las que revestir este concepto para que lo puedan entender, y sin embargo sé, también, lo poco significativo que es para ustedes. Están tan atrapados en el entorno del tiempo y el espacio, tan inclinados a creer únicamente en aquello que es actualmente perceptible para los cinco sentidos físicos, y sin embargo esto no es más que una fracción mínima de la suma total de su vida y asuntos. Su vida en el Ashram es no sólo mucho más influyente para el desarrollo de la conciencia humana, e incluso Logóica, sino que es también de un "grado" mucho mayor, si se me permite usar este término.

Aquí, dentro de un campo magnético de relaciones Espirituales, tanto de naturaleza vertical como horizontal, usted vive, se mueve y tiene su ser. Aquí, en función del punto de desarrollo del Alma (Edad Espiritual), el Propósito de todo el ciclo de encarnación en los tres mundos es conocido. Y aquí, dentro de ese grupo egóico de hermanos, algunos más jóvenes y otros mayores que usted, está su seguridad Espiritual, su relación con el Padre.

Ahora está trabajando hacia la conciencia y la percepción de todo lo que se ha descrito anteriormente. ¿Cómo se alcanza tal conciencia? Parece una tarea enorme para el hombre cuyo enfoque de conciencia incluye tan poco actualmente. Sin embargo, hablando relativamente, no es ni tan enorme ni tan difícil como el crecimiento que ya ha realizado. Considere la vasta expansión que ha experimentado desde ese oscuro pasado en el que la Chispa Logóica estaba literalmente enterrada, hasta el presente, cuando arde con una llama que se expande constantemente.

Los conceptos contenidos en esta lección se ponen en actividad inteligente dentro de la conciencia a través de dos nuevas técnicas de meditación que se utilizan una por la mañana y otra por la noche. Buena parte de su éxito dependerá de:

1. Su grado de aspiración correctamente motivada.

2. Su perseverancia en las formas de meditación dadas anteriormente.

3. Y el grado de fuerza invocadora que ha desarrollado por medio de la aplicación pasada de la verdad tal

La Naturaleza del Alma

como la ha conocido.

Esta técnica de meditación es avanzada, y en ella empieza a ir más allá de los confines de la forma de meditación, y por tanto más allá de las limitaciones de su propia naturaleza forma.

A. Establezca el triple alineamiento inferior tan rápidamente como pueda sin usar palabras. Esto es importante. No formule la actividad en palabras, sino más bien ponga el concepto en acción.

1. Relájese físicamente y póngase cómodo sin decir ni pensar las palabras.

2. Cálmese y serénese emocionalmente sin decir ni pensar las palabras

3. Mantengase mentalmente alerta sin decir ni pensar las palabras.

B. Del mismo modo, establezca el foco de conciencia:

1. En primer lugar en el ajna, donde la triple personalidad se integra en una unidad que aspira hacia el Alma, sin decir ni pensar las palabras.

2. Seguidamente, a lo largo de una línea de luz, retire el enfoque del ajna hacia la cueva, aspirando en todo momento con Amor hacia el Alma, sin decir ni pensar las palabras.

C. Identifíquese con el Alma, de nuevo sin palabras, y después entre en contemplación meditativa.

Repase el camino involutivo y evolutivo que ha seguido como una Chispa del fuego Logóico. Use la imaginación creativa, siguiendo su descenso desde los niveles Logóicos hasta un grupo egóico, y desde allí a la encarnación, mediante la individualización de un Alma de Grupo consistente en unidades de conciencia de los reinos mineral, vegetal y animal, en el hombre animal, con usted como la Chispa Divina enterrada en el corazón mismo de la totalidad de la conciencia. Esfuérzese por sentir este acto de individualización, y después repase cuidadosamente la evolución de ese Alma de Grupo individualizada desde sus comienzos hasta su actual punto de desarrollo, siempre consigo mismo como la Chispa Divina de fuego Logóico residiendo en el corazón mismo de la conciencia total.

Después, a medida que alcanza el punto de desarrollo actual, y de nuevo usando la imaginación creativa, dese cuenta de que usted es la Chispa Logóica, el Hijo de uno de los siete Logos Planetarios, y que está residiendo dentro del corazón del Alma Espiritual. Entonces, a través de una línea de luz que se extiende hacia arriba atravesando el centro de la cabeza, realice su alineamiento con el centro coronario Planetario a través de:

1. Su grupo de rayo (ashram).

2. El Maestro de su ashram.

3. El Señor de su grupo de rayo.

4. El Logos Que es su Padre Divino.

Entonces aquiétese, manteniéndose asentado y alerta, totalmente receptivo a la Intención Divina de su Ser.

La Naturaleza del Alma

D. Realice su descenso haciendo sonar el OM, visualizándose como la Chispa Divina, formando lentamente un pequeño sol dorado en el centro de la cabeza
   que suavemente, y sin embargo con fuerza, irradia su
   Luz hacia la mente y el cerebro.

   Haga sonar el Om a través del centro ajna, vertiendo
   Luz externamente sobre su mundo.

LECCIÓN 23 B

Lo que sigue es un ejercicio que ha de ser usado cada noche al retirarse. Se sugiere que cada estudiante que esté esforzándose seriamente por dedicarse al servicio al Plan para la humanidad, y que haya sido seriamente atraído a esta presentación de la forma-pensamiento, no deje de usar este ejercicio.

Cada uno de ustedes tiene alguna comprensión del hecho de que la conciencia está muy viva y funcionando en otra parte cuando el cuerpo y el cerebro están durmiendo. A veces el conocimiento de esto se imprime en el cerebro a través de los sueños, que suelen ser vagas distorsiones de la realidad.

A medida que el probacionista empieza a hacerse apto para el servicio, y a prepararse para la iniciación, su conciencia establece una relación más íntima con su ashram durante el sueño. Aquí se le imprime la Sabiduría particular de su ashram, sus planes y propósitos, etc.

En cierto momento de su desarrollo, a través de algún discípulo más experimentado, se le instruye a entrar en esta relación conscientemente al ir a dormir, y a esforzarse en imprimir en su cerebro esa Sabiduría de la que participa a través de la relación mientras está fuera del cuerpo. Esto acelera, en cierta medida, su desarrollo, expandiendo su conciencia y permitiendo una absorción subconsciente más profunda de la verdad que cuando la conciencia está enfocada en el cerebro que actúa como censor.

Teniendo esto en cuenta, puede hacer lo siguiente:

La Naturaleza del Alma

Al ir a dormir, lentamente y con facilidad, sin crear ningún gran punto de tensión, retire la conciencia del centro ajna siguiendo una línea de luz hacia la cueva en el centro de la cabeza. Mire hacia fuera por un momento hacia el ajna, comprobando que la línea de luz permanece intacta, y después dirija su atención hacia la línea de luz que se extiende hacia arriba a través del centro de la cabeza para aflojarse dentro de una esfera de luz que es la relación con su ashram. Dese cuenta de que esa luz influyente ha sido puesta ahí para usted por el ashram, y lleve su conciencia a ella al ir a dormir. Esfuércese por permanecer allí, sin otro pensamiento en mente que su relación (como Alma encarnante) con el ashram, hasta que se quede dormido.

Tenga a mano papel y lápiz y, al despertar, escriba el pensamiento más evidente que tenga en mente y cualquier otra impresión de la Sabiduría o de la Verdad que haya sido capaz de impresionar en el cerebro. Posteriormente se le dará una técnica más avanzada para usarla con este fin.

LECCIÓN 24

La Relación Entre el Rayo del Alma y el de la
Personalidad:

El Alma Transcendente e Influyente y la redefinición
de la persona;
El proceso de infundir el Alma;
El uso del séptimo rayo para ayudar a este proceso;
El papel del rayo de la personalidad en la actividad de
servicio, con un ejemplo de los rayos dos y cuatro.

En la lección 22 de esta serie de instrucciones se afirma:

"A medida que el discípulo probacionista se prepara
conscientemente para la iniciación, tres temas son de
gran importancia para él en este punto y exigen su
atención de manera casi simultánea. Y son:

1. La constitución peculiar de sus rayos, y por tanto
su relación grupal con el Plan.

2. El campo de servicio elegido.

3. El Arte y la Ciencia de la Magia, que le ofrecen
las técnicas que posibilitan el servicio que ha elegido.

La Naturaleza del Alma

Como cada uno de estos temas es un vasto campo de conocimiento en sí mismo, los consideraremos consecutivamente según el orden de su importancia para el probacionista, cubriendo todo lo posible dentro de un trabajo tan corto".

En nuestras últimas dos lecciones hemos venido considerando el rayo del Alma, y ahora estamos preparados para continuar con los rayos de la personalidad y su triple vehículo de manifestación. Esto también nos lleva al campo de servicio elegido que inicia el probacionista.

Aún hay mucha confusión en las mentes de la mayoría de ustedes con respecto a la diferenciación entre el Alma Transcendente e Influyente y la personalidad. Hemos comentado esto de muchas maneras, usando diversas terminologías y definiciones para su clarificación. Una vez más, en esta serie dirigiremos nuestra atención específicamente a este tema, porque su comprensión es un prerrequisito vital para la iniciación. Les sugeriría que después de esta lección repasen la serie, buscando y copiando en un cuaderno especial cada referencia a esta distinción. Estudien lo que encuentren usando la técnica de la contemplación meditativa y registrando cada toma de conciencia que realice en su cuaderno. Cuando hayan completado la serie, entreguen el cuaderno a su profesor. Su grado final, y se les dará uno, se basará en gran medida en esta tarea particular, y en los registros de su meditación, que se les pedirá en el mismo momento. El grado final será importante para ustedes en caso de que posteriormente elijan tomar un curso de instrucción más avanzado con cualquier profesor o escuela que esté al servicio de esta forma-pensamiento de presentación de la Sabiduría.

Hemos definido el Alma como el aspecto conciencia, y en lo tocante a la humanidad le hemos dado tres clasificaciones, a saber:

1. Sub-humana: que incluye la mineral, vegetal y animal.

2. Humana: la personalidad;

3. Super-humana o espiritual: ésta es el Alma Transcendente.

Entonces, tanto el Alma Espiritual Transcendente como la personalidad son conciencia. Una, la personalidad, es una extensión de la otra, el Alma Transcendente. Solo están separadas por el tiempo y el espacio, o la forma. La personalidad, una parte del Alma, está encarnada y aprisionada dentro de la naturaleza-forma. El Alma Espiritual Transcendente e influyente es ese aspecto de la conciencia que se ha mantenido a sí mismo en la identidad, por encima de la frecuencia de la forma, y por tanto libre de sus limitaciones.

Eso que influye está conectado (si puedo usar un término tan pobre) con la personalidad por un hilo de conciencia, que entra en la naturaleza forma a través del centro de la cabeza y del entramado etérico, y que se ancla a la forma en la región de la glándula pineal. El Alma Espiritual se refleja en la cueva situada en el centro de la cabeza a través de este hilo de conciencia a medida que la personalidad dirige su atención hacia él. En otras palabras, cuando la conciencia encarnante, también conocida como personalidad, el yo pensante y consciente, empieza a aspirar al Alma Espiritual (su propia identificación con el Espíritu), y a dirigir su atención hacia arriba a través de un alineamiento que hace uso del hilo de conciencia, el intercambio de energía entre eso que influye en la forma y eso que la habita internamente genera un campo magnético de luz en la cueva situada en el centro de la cabeza. Entonces la personalidad intenta situarse, enfocar su conciencia dentro de esa luz; y, al hacerlo, el Alma Espiritual se refleja hacia abajo en dicha luz, donde ambas, Alma y personalidad, se funden en la conciencia. Al principio esta fusión se produce únicamente de manera momentánea, durante los momentos de meditación, hasta que finalmente se establece una polaridad (un brillante foco de luz) que fija la fusión, por así decirlo; y el hombre en el cerebro (ahora en realidad el hombre en el corazón, porque este centro es el corazón de su ser) se convierte en el Alma consciente encarnada.

La personalidad se ha librado a sí misma de la forma, ya no está identificada con ella, y el Alma Espiritual no se mantiene en un estado transcendente e influye. Ella se ha encarnado en la forma, que ya no es una prisión, sino que se ha convertido en un instrumento de servicio, un vehículo a través del cual el Alma Espiritual hace su aparición a la luz del día, tal como la conocemos en la tierra.

Es interesante indicar aquí que esta información ha de ser difundida, con claridad siempre creciente, por la ciencia así como por la religión y la filosofía durante esta Nueva Era en la que va a predominar el séptimo rayo de magia, de Ley Divina y Orden.

El séptimo rayo es, recordemos, el reflejo del Espíritu en la materia. Por lo tanto, aquí está el gran ciclo de oportunidad que no sólo hace que lo anterior pueda ser conseguido por todos los que están preparados, sino que también lo vuelve cognoscible como conocimiento concreto a toda la humanidad. Esto llegará a ser conocido como parte del desarrollo evolutivo hacia el que avanza la humanidad. Será demostrado, por aquellos que ahora están tomando la iniciación, como un hecho establecido de la naturaleza hacia finales de este siglo, y se conver-

Lección 24

tirá en un objetivo o ideal fijado en las mentes de todos los hombres.

Les pido que consideren las vastas consecuencias de este hecho. ¿Cuál ha sido el objetivo Espiritual para la humanidad durante la época pasada? Un vago concepto de un cielo indefinible, sólo alcanzable a través de Jesucristo como persona que había de ser adorada, más que a través de su enseñanza, con un eterno infierno de fuego como única alternativa.

¡Qué tremendo cambio contiene este nuevo concepto (nuevo con respecto a la conciencia de la humanidad de nuestros días) para la humanidad! Contemple ese cambio y absorba su significado, porque este es el Plan Divino con el que trata de relacionarse. Esta es la Verdad que liberará a los hombres, la causa a la que está dedicado, y el trabajo de esta maravillosa nueva energía (nueva en lo que atañe a su impacto actual), que denominamos el séptimo rayo. Esta es su magia, el efecto que creará en la sustancia a través de la conciencia que se apropie de su significado y le dé buen uso. Comprenda el significado implantado en estas palabras y se revelará mucho de lo que hasta ahora ha permanecido oculto. ¿Se da cuenta de la gloria de eso a lo que ha alineado su aspiración y a cuyo servicio se dedica?

El rayo integrador de la personalidad es ese subtono del rayo del Alma con el que se ha identificado la conciencia encarnante. Es un subrayo del Alma Transcendente y como es el rayo con el que funciona la conciencia en los tres mundos, es el más importante de los sub-rayos.

Este rayo indica el campo de servicio específico para el que la persona está "mejor equipada" por su largo ciclo de encarnaciones.

La Naturaleza del Alma

Por ejemplo, consideremos el caso hipotético de un alma de segundo rayo con una personalidad de cuarto rayo, cuyo estatus evolutivo es el de discípulo probacionista.

El alma de segundo rayo relaciona este discípulo generalmente con el campo de la educación.

La personalidad de cuarto rayo le lleva a servir específicamente en uno de estos tres campos, a saber:

1. Cultura

2. Relaciones internacionales, incluyendo paz y guerra

3. Estándares y costumbres sociales.

Digamos que ha elegido el campo de la cultura debido a su entrenamiento anterior. Él es, en primer lugar, un profesor de la Sabiduría. Entonces se esforzará por llevar a la cultura de la actual civilización esas nuevas ideas e ideales que la conviertan en un instrumento por medio del cual pueda manifestarse el Plan Divino.

Sin duda él entrará en el campo de la enseñanza, convirtiéndose gradualmente en un experto profesor de arte inspirado. Puede confinar su actividad al actual sistema educativo, tratando de adaptarlo al Plan desde dentro; o puede servir en una de las escuelas ocultas, o funcionar independientemente en un intento de establecer su profesión "como tal" en el mundo de los asuntos humanos.

En cualquiera de estos casos, él tratará de equilibrar, en el campo de la cultura, el poder del materialismo con el Poder de la Luz. Así, él rebaja el rayo de su Alma a la frecuencia de la Armonía a fin de equilibrar los pares de opuestos dentro del campo del servicio elegido.

Lección 24

Independientemente de su situación en la vida, de su rutina diaria o de sus aparentes necesidades kármicas, él no se encontrará a sí mismo, ni tomará la iniciación, hasta que, a través de una actividad planeada, inicie ese servicio para el que está mejor equipado, y ha sido largamente entrenado por su Alma Transcendente.

Hay una interpretación errónea que es común en las mentes de muchos aspirantes y jóvenes probacionistas con relación a la iniciación de una actividad de servicio.

Demasiados tienden a creer que su karma de servicio reside en cualquier campo en el que se encuentren. Ojalá fuera así.

No olviden que iniciar una actividad planeada que "precipitará" (y uso esta palabra sensatamente) su karma de servicio forma parte de la iniciación mayor que el probacionista está tomando.

No olvide también que, en el mundo actual, la mayoría de probacionistas se encuentran en trabajos que no les gustan en absoluto (y dichos trabajos no evocan ni activan sus mayores potenciales), simplemente por la necesidad de cuidar de sí mismos y de sus familias.

Esta es una necesidad kármica relacionada con la naturaleza de la personalidad, y debe ser afrontada. No obstante, no sólo debe ser afrontada por el probacionista, sino que debe ser resuelta para que no entre en conflicto con su karma de servicio.

Si esto parece contradictorio con otras enseñanzas que le han sido proyectadas, por favor reserve su juicio hasta que se le haya clarificado debidamente, ya que entraremos en ello más específicamente en la lección siguiente.

La Naturaleza del Alma

Entre tanto, baste decir que este problema, que forma parte del problema mundial, también es parte de las pruebas iniciáticas, y a medida que el probacionista vaya resolviéndolo en este día y era, quedará resuelto para toda la humanidad.

El probacionista de cualquier edad afronta un problema mundial, y, a medida que llega a su solución y la manifiesta, eleva la totalidad de la humanidad a un nivel de vida más alto, proveyendo así al grupo mundial de probacionistas de un karma de servicio grupal. Ellos sirven, no sólo cada uno en su propio campo, sino como grupo, mediante el acto mismo de tomar la iniciación en un tiempo y lugar específicos.

LECCIÓN 25

Obstáculos a la Manifestación de la Propia Actividad de Servicio:

El problema del desapego de las formas de vidas pasadas;
La correcta gestión del karma personal a través de la asunción del karma de servicio;
Los problemas de la auto-importancia, del miedo y del equilibrio en las obligaciones personales y de servicio cuando se inicia una actividad de servicio;
La correcta orientación hacia el servicio por medio de la afiliación con un Grupo de Servicio, a través del sacrificio de la ambición personal al Bien del Plan Divino, y por la eliminación de la auto-importancia.

Cualquier iniciación es un nuevo comienzo. Requiere la expansión de la conciencia para llegar a un campo de conocimiento Espiritual que nos era desconocido; una reorientación de toda la personalidad hacia eso de lo que acabamos de tomar conciencia; y una precipitación de la verdad en la vida y asuntos de cada día.

¡Cuántas veces se ha dicho esto y, sin embargo, qué poco de su significado impacta en el cerebro! Una iniciación es, literalmente, un nuevo nacimiento, e involucra la renovación de la vida dentro de la forma. Es un nuevo nacimiento que el Alma emprende conscientemente, sin el beneficio de la desencarnación, a fin de romper los patrones kármicos ya establecidos en la personalidad.

Habitualmente, cuando una vida corporal ya ha servido a su propósito, es decir, cuando ha resuelto una cantidad de karma suficiente y ha realizado un crecimiento predeterminado, el Alma abstrae a la personalidad de su cuerpo físico, y seguidamente se produce esa transición que llamamos muerte. La conciencia es separada de las limitaciones kármicas de su entorno físico a fin de sufrir otras nuevas.

Considere lo que ocurre en la vida y asuntos de la personalidad en el momento de la transición. Ella es separada de su familia, de sus amigos, de su hogar y de su lugar de trabajo, y de su lugar particular en la vida.

Entonces, después del fallecimiento, la persona se ve sometida a un periodo de reorientación en el que se desapega de las formas que ha tomado su vida pasada. Sus relaciones kármicas como padre, madre, compañero de vida, hijo, etc. son retiradas gradualmente de su conciencia como tal, de modo que su anterior madre o hijo ya no son madre o hijo, sino más bien Almas hermanas.

Durante todo el tiempo en el que él está involucrado en esta reorientación, extrae la sabiduría adquirida de sus experiencias por medio de una revisión de su vida pasada. La ve en retrospectiva, adquiriendo una nueva comprensión de sus lecciones por medio de la observación, y gradualmente se le permite desapegarse de las formas que tomó esa vida.

La duración de este periodo viene determinada por la edad del Alma y el desarrollo relativo del Alma dentro de la personalidad, de modo que algunos pasan el equivalente a siglos en esta experiencia devachánica, y algunos el equivalente a unos pocos años, o incluso unos pocos momentos, después de lo cual pasan a formas más elevadas de aprendizaje y a otras vías de experiencia mientras están desencarnadas, y aún hay otras que son tan incapaces de desapegarse, están tan vinculadas a la tierra, que tratan de encarnarse prematuramente en una condición medioambiental parecida.

El desapego de las formas que tomó la vida pasada hace posible el renacimiento de la personalidad en un entorno nuevo y diferente, en un conjunto de coordenadas nuevo y diferente que proveerá las limitaciones kármicas que tomará la vida siguiente, y hará posible otra expansión o crecimiento de la conciencia, y el equilibramiento de otro aspecto del karma total.

Considere cuán necesario es esto para el procesos evolutivo. ¿Qué ocurriría si un hombre llevara de una vida a la siguiente sus antiguos amores, sus viejos enemigos, sus antiguos gustos y aversiones, que fueron creados en gran medida por el entorno de su infancia, más que por sus elecciones inteligentes o su anterior estatus en la vida?

Incluso sus talentos deben cambiar, porque de otro modo el pintor siempre será pintor, el estadista siempre estadista, el ladrón ladrón, etc.; y el Alma nunca alcanzaría un desarrollo equilibrado.

Sin embargo, cuando se sugiere al probacionista que debe iniciar su propia actividad de servicio, se queda anonadado, chocado y atemorizado a medida que empieza a entender el significado de esta afirmación.

De modo que examinemos de nuevo el camino iniciático.

La Naturaleza del Alma

¿Qué significa? ¿Cuáles son sus características?

El camino de la iniciación es un proceso que capacita al Alma para dominar su propia naturaleza-forma y liberarse de la rueda del renacimiento. ¿Qué conlleva este proceso?

Cada iniciación conlleva la expansión de la conciencia de la personalidad para incluir cierto grado de la Sabiduría del Alma, y, en esa medida, por medio de la reorientación de toda la personalidad, desapegarse de las ilusiones de la forma sin tener que morir.

Como lo que nos ocupa es la tercera iniciación, que es la iluminación de la conciencia total y la transfiguración de la forma, consideraremos algunos de los desapegos generales que se producen en el momento de esta iniciación particular.

Obligación Kármica de Naturaleza Personal

Este es uno de los conceptos más difíciles de impresionar en la conciencia del probacionista, y pueden hacer falta varias vidas antes de que el Alma Espiritual Transcendente pueda imprimirlo suficientemente sobre la personalidad como para hacer que la iniciación sea alcanzable en una encarnación dada.

El karma personal queda resuelto en, y es equilibrado por, la aceptación consciente del karma de servicio. Esto no significa de ningún modo que el karma personal del probacionista pueda ser eliminado como un guante viejo. No significa que el hombre quede justificado para retirarse de sus actuales responsabilidades y no cumplir con ellas. Simplemente significa que esas responsabilidades se afrontan mediante la aceptación de una mayor carga de karma.

Lección 25

¿No parece esto paradójico? Sin embargo, toda verdad es una paradoja. La incapacidad o la negativa a ver la paradoja indica que el pensamiento del hombre es una opinión más que una verdad.

Una falta de comprensión general de este concepto, además de cierta apatía de la conciencia con relación al servicio, impiden actualmente a muchos atravesar la puerta de la iniciación. Es una situación deplorable observar un mundo en el que la necesidad de la humanidad grita pidiendo la actividad de servicio de miles de probacionistas que están a las puertas mismas de la iluminación, pero que no ven el camino abierto.

A menudo es una ilusión indebida de auto-importancia la que hace que el discípulo potencial no esté kármicamente libre para servir al Plan de acuerdo a su relación con él.

Hablo ahora a muchos de ustedes que, en su actual trabajo o empleo, desperdician sus talentos y sus energías con respecto a una condición mundial que sólo ustedes podrían resolver.

¿Cuántos de ustedes están completamente satisfechos con su manera de ganar el pan para sus familias? ¿Cuántos de ustedes aman su trabajo y no lo cambiarían si se presentara la oportunidad de hacerlo? ¿Y cuántos de ustedes consideran que su rutina diaria es el servicio al Plan para el que están mejor preparados?

En caso de que respondan con una afirmación, esto no está escrito para ustedes, excepto como una verdad general que les ofrecerá una comprensión de sus hermanos.

En caso de que repondan negativamente, esto está escrito directamente para ustedes, y su número en el mundo actual es muy grande.

Hay una nueva profesión que se está estableciendo en la civilización actual. Muchos de ustedes han encarnado con el propósito expreso de ayudar a establecerla, mientras que muchos otros han encarnado por la oportunidad que presenta con respecto a su propio crecimiento, si pueden aprovechar y aprovechan la oportunidad.

La nueva profesión es la Práctica de la Sabiduría en los diversos campos del esfuerzo humano. Hace su entrada con más facilidad en el cuerpo de la humanidad a través de los campos de la enseñanza, la curación, las artes creativas, los negocios y la guía vocacional, de modo que encontramos a la mayoría de discípulos que están directamente relacionados con este aspecto del Plan particularmente aptos para servir en uno u otro de estos campos.

Los probacionistas, incluso después de darse cuenta de su relación específica con el Plan, y después de haber formulado en meditación una actividad de servicio planeada, temen iniciar dicha actividad por si les aleja de los medios con los que se han ganado la vida anteriormente. El probacionista se siente confuso, y pasa por un periodo de conflicto muy incómodo en el que se siente presionado entre dos obligaciones, su obligación hacia el Plan y su obligación hacia quienes dependen de él. Si su rutina cotidiana exige la violación constante de los conceptos básicos de la verdad que él ha aceptado como su Camino, su conflicto aumenta, y a menudo sufre enfermedades físicas o psicológicas como resultado del mismo.

Este es un problema muy difícil y su resolución exige el desarrollo de la facultad discriminativa, además de un esfuerzo subjetivo para manifestar el Divino Ajuste al Plan Divino.

Lección 25

No está justificado que el probacionista deje de proveer para los que kármicamente dependen de él; por lo tanto, no puede, con sabiduría, trasladarse prematuramente de una actividad que le ofrece cierta medida de seguridad material hacia otra que no lo hace. Sólo puede hacer el movimiento después de haberlo elaborado detenidamente de acuerdo con el Plan, y después de hacer un ajuste kármico que provea para sus obligaciones personales.

Independientemente de lo imposible que parezca la situación, dicho ajuste puede hacerse si el probacionista está correctamente orientado hacia el Plan. La correcta orientación entraña lo siguiente:

1. Su afiliación con un grupo de servicio cuyos miembros estén unidos en un propósito y objetivo común. Es posible que esto le sorprenda. Ningún probacionista inicia una actividad de servicio en este periodo cíclico de oportunidad solo y sin ayuda. El actual esfuerzo jerárquico se dirige al cuerpo de la humanidad por medio de un movimiento grupal más que a través de una serie de individuos seleccionados que trabajan en solitario con algún aspecto del Plan. Así, si el probacionista está correctamente orientado, encontrará su lugar dentro de un grupo de servicio, y su relación con el Plan se hará desde el seno del mismo. Este tema concreto se ampliará en series posteriores.

2. Su completa dedicación al Plan Divino para la humanidad. Este Plan, la evolución del Alma, ha tomado el lugar más importante en su vida. Es, de hecho, su vida, la causa por la que está en los tres mundos; y está dispuesto a sacrificarse completamente por él, a sacrificar toda ambición y deseo personal en aras del despliegue del Plan.

La Naturaleza del Alma

Así, él está capacitado, al emprender su actividad subjetiva, para establecer el ajuste Divino en su vida y asuntos, para no pedir nada para el yo personal. Esto, por supuesto, constituye la prueba suprema para el probacionista, porque, al principio, ¿quién no entra en el grupo de servicio con motivaciones personales conscientes o inconscientes? Todos lo hacen, porque ahí es donde están en el proceso evolutivo, y si hubieran purificado sus motivos, ya habrían tomado la iniciación hace mucho tiempo.

El probacionista, entonces, debe aceptarse tal como es. Debe ser capaz de mirar dentro de su propia mente y emociones, viendo aquí una ambición personal, allí un deseo personal, y ponerlos en el altar con un divino sentido del humor.

El hombre que se engaña con respecto a este punto y se dice a sí mismo que no tiene motivaciones personales suspende el examen, y debe continuar preparándose para la iniciación.

3. Su esfuerzo consciente por eliminar su ilusión de auto-importancia. Esto tal vez sea lo más difícil de todo, porque exige un desapego de la forma kármica de todas las relaciones y el establecimiento de correctas relaciones, que son esencialmente de hermandad con todos sus asociados.

Consideremos, por ejemplo, al probacionista que es marido y padre. Su tarea es desapegarse, sin el beneficio de la transición que denominamos muerte, de su sentido de ser marido y de su paternidad, que son en la mayoría de los casos una dictadura o adueñamiento inconscientes, y re-vincularse como un hermano cuyas relaciones están dentro de la Vida Una. Los efectos son de una naturaleza tan sutil que, a menos que uno sea muy cuidadoso,

Lección 25

aquí puede surgir un glamour que sirva como escollo o desvío durante varias encarnaciones.

El probacionista no abandona sus obligaciones. No abandona a sus seres queridos ni a los que dependen de él, pero se da cuenta de que su sensación de importancia con respecto a ellos es falsa. El verdadero Padre es Dios, y Él es la única verdadera seguridad en la que la humanidad puede confiar.

Entones el probacionista va todavía más allá y considera cuán importante es él para su familia. ¿Qué les pasaría si desencarnara repentinamente? Esto le permite mirar a estas relaciones desde una perspectiva nueva, dentro de la Vida Una; y mientras continúa manifestándose externamente como marido y padre, internamente se va desprendiendo de la sensación de auto-importancia. Así, pone su propia seguridad y la de su familia en el Plan. Se da cuenta de que su dedicación es al mayor bien para el mayor número, y esto incluye a toda la humanidad. Así, el probacionista traslada su sensación de responsabilidad de la familia a la humanidad, que incluye a la familia, y manifiesta el Plan para todos.

El probacionista resuelve su karma personal aceptando su karma de servicio y dándose cuenta al hacerlo de que el Plan incluye a todos los miembros de la humanidad. Sus obligaciones son hacia la totalidad.

Seguiremos con este tema en la lección siguiente. Entre tanto, por favor escriba como tarea su comprensión del concepto anterior.

La Naturaleza del Alma

LECCIÓN 26

Crear un Cuerpo Receptivo Para su Actividad de Servicio:

Decidir si su actividad de servicio será una afición o
una vocación, basándose en el karma y en el cuerpo
receptivo;
El cuerpo receptivo en su relación con la Profesión de
la Sabiduría;
Ajustar el karma personal para permitirle realizar su
actividad de servicio a tiempo completo.

A medida que el probacionista llega a ese punto en tiempo y espacio en el que pone en marcha una actividad de servicio planeada, confronta una serie de elecciones.

Primero, debe decidir si iniciará la actividad como una afición o como una vocación, y esto dependerá de dos factores principales:

1. La relación de su situación kármica con el campo de servicio elegido. En otras palabras, ¿permitirán sus obligaciones kármicas actuales su participación en ese campo a tiempo completo?

2. El punto de desarrollo evolutivo alcanzado por la humanidad como totalidad en relación con ese aspecto del Plan al que trata de servir. En otras palabras, ¿se ha construido en el cuerpo de la humanidad un campo de receptividad magnética suficiente

a ese aspecto del Plan como para permitir su ocupación objetiva allí a tiempo completo?

En respuesta a estas dos preguntas, si el probacionista es un hombre o mujer joven que encuentra su servicio dentro de los actuales campos de la psicología o de la educación, entre muchos otros, y posee los medios de conseguir una educación adecuada, no hallará dificultad en entrar en el campo elegido con una dedicación a tiempo completo.

No obstante, si su campo elegido debe ser el de enseñar la Sabiduría o la Sanación Espiritual, o las Rectas Relaciones Humanas, etc., podría parecerle necesario iniciar la actividad como una afición hasta el momento en el que él, y el grupo al que pertenece, despierten, estimulen y activen el "cuerpo receptivo" a su campo dentro del cuerpo de la humanidad. Este es un concepto muy importante, y se le debe dar mucha consideración.

Dentro del cuerpo de la humanidad hay un estado de conciencia compuesto por muchas personas distribuidas por todo el mundo que está específicamente relacionado con ese aspecto del Plan al que trata de servir. A este estado de conciencia, o grupo mundial de personalidades, le damos el nombre de "cuerpo receptivo". Dichas personas son kármicamente receptivas, bien potencial o activamente, a un aspecto particular del Plan, y a través de ellas el discípulo precipita su parte del Plan en el mundo de los asuntos humanos. Ellas constituyen su alineamiento inferior con la humanidad, tal como su ashram constituye su alineamiento superior con la Jerarquía.

Por ejemplo, el "cuerpo receptivo" a la psicología está suficientemente activo como para permitir a los discípulos de ese campo funcionar sobre una base profesional, mientras que el "cuerpo receptivo" a la Sabiduría aún no ha permitido a los discípulos funcionar allí sobre una base profesional.

Esos discípulos que están específicamente relacionados con la forma-pensamiento de la nueva presentación de la Sabiduría no sólo afrontan la tarea de iniciar una nueva actividad de servicio planeada, sino también la de ser pioneros de una nueva profesión dentro del cuerpo de la humanidad. No sólo tienen que enseñar a aquellos que sean suficientemente receptivos, también tienen que despertar, estimular y activar a aquellos que están subjetivamente preparados para la enseñanza, pero aún no son magnéticamente receptivos a ella.

Observe el trabajo pionero que se está realizando en el campo de la parapsicología para una mayor comprensión de lo que aún ha de ser iniciado en el campo de La Sabiduría.

Me gustaría decir unas pocas palabras aquí con respecto a La Sabiduría como profesión, porque la mayoría de los que responden a esta serie de instrucciones están relacionados con ella de alguna manera específica.

La Sabiduría no es religión, aunque es aplicable a ella; no es educación, ni ciencia, ni psicología, ni curación, ni gobierno, etc., aunque es aplicable a, y dentro de, todos los anteriores. Es, pues, una profesión en sí misma que se expresará, cuando esté adecuadamente desarrollada, en muchos aspectos especializados.

Su propósito será sintetizar, a través de la cualidad magnética de su Luz, la conciencia de los muchos en Uno, es decir, atraer, relacionar e integrar las conciencias separadas de los seres humanos en la totalidad viviente de la Humanidad Una.

La Naturaleza del Alma

Su objetivo inmediato es despertar el "cuerpo receptivo" a ella, de modo que pueda nacer dentro del mundo de los asuntos humanos como una profesión reconocida. Este periodo de tiempo es la oportunidad para su ciclo de emergencia. Dentro del ciclo de su emerger mayor están contenidos los tres puntos álgidos, si puedo llamarlos así, que son particularmente propicios para la precipitación de La Sabiduría en el mundo de los asuntos humanos. Dos de estos tres puntos se manifestaron desde el año 1960 hasta 1963 o 1964, y en o en torno a 1975. El tercer punto se manifestará hacia el final de siglo.

A los discípulos y probacionistas se les apremia a aprovechar estos puntos álgidos de oportunidad y, en particular a prepararse para el venidero.

Podría muy bien preguntar: ¿Cómo puedo prepararme para ser de servicio en este sentido?

La Sabiduría hace su entrada como profesión en primer lugar en el campo especializado de la enseñanza. Muchos probacionistas que inician sus actividades de servicio planeadas en esta época están relacionados específicamente con este aspecto del Plan.

[Aquí se puede insertar una nota al margen: en 1975 La Sabiduría, ya establecida en alguna medida como profesión, entró en el campo especializado de la curación, uniendo, al hacerlo, numerosas y diferentes organizaciones dedicadas al mejoramiento de la salud humana en un esfuerzo integrado por lograr el bienestar Espiritual, mental, emocional y físico.]

Actualmente, la mayoría de los probacionistas establecerán centros de enseñanza por todo el mundo donde La Sabiduría, como tal, será puesta a disposición de la humanidad.

240

Lección 26

Esto debe comenzar a pequeña escala, por supuesto, pero si se establece adecuadamente, se expandirá con rapidez y se anclará dentro del cuerpo de la humanidad como la satisfacción reconocida de una necesidad específica.

Esto pide una inmediata expansión de conciencia por parte del probacionista. Recuerde, La Sabiduría no es una Religión. La mayoría de los probacionistas tienden a pensar en ella en esos términos, y este es un error clave, y un gran obstáculo para su precipitación. Es aplicable a y dentro de la religión, pero no debe quedar confinada o limitada allí. No debe establecerse como Religión.

La Sabiduría es aplicable a todos los departamentos del vivir humano, y los probacionistas harían bien en meditar sobre este concepto.

A medida que un profesor joven inicia su actividad, es decir, a medida que empieza a enseñar La Sabiduría a sus primeros alumnos, tiene que tener mucho cuidado de hacer tan solo eso. Él no ha de sacarles de su afiliación religiosa actual, sino que les apremia a buscar, encontrar y enunciar, así como a practicar, la verdad presente dentro de sus iglesias respectivas.

Él dispondrá sus clases para que no interfieran con, ni exijan elegir entre, su afiliación actual y su nuevo estudio. Debe tener mucho, mucho cuidado a este respecto, porque si no establece rectas relaciones con cada religión, y particularmente con el cristianismo ortodoxo, no conseguirá el Propósito de su actividad de servicio.

El joven profesor no llama a La Sabiduría psicología o parapsicología, ni siquiera ocultismo, porque no es nada de los anteriores, aunque es aplicable a ellos y dentro de ellos. Él la llama La Sabiduría, y anima a sus alumnos a practicarla en su vida y asuntos cotidianos.

No puede resaltar excesivamente este punto porque preocupa mucho a la Jerarquía en esta época. Muchos probacionistas del mundo actual están confundidos con respecto a qué es La Sabiduría y, en sus esfuerzos por hacer de ella algo que no es, están desbaratando el esfuerzo jerárquico en lugar de favorecerlo.

Si se esfuerza por enseñar La Sabiduría, o por practicarla, entonces, llámela así. El concepto de Sabiduría debería impactar con mucha fuerza en la humanidad actual, y sin embargo esa fuerza se ha difuminado y fragmentado por los esfuerzos equivocados de muchos.

Aprenda a hablar de La Sabiduría con frecuencia, refiérase a ella en su conversación, y si le piden una explicación de ella, ofrézcala, porque tiene la oportunidad de despertar, estimular y activar el "cuerpo receptivo" a ella.

El probacionista que está relacionado con esta actividad específica generalmente iniciará su actividad de servicio con una dedicación a tiempo parcial, enseñando una o dos clases a la semana hasta el momento en el que haya activado su parte del "cuerpo receptivo". A medida que inicie las medidas objetivas que formule para activar el "cuerpo receptivo", también iniciará un intenso esfuerzo subjetivo hacia el mismo fin. Esto será como sigue:

Él se convierte en un foco de conciencia mediante el establecimiento de un estado mental meditativo a través del cual las energías y conceptos, a nivel subjetivo, pueden pasar desde los niveles jerárquicos, a través de su ashram, hacia el entramado etérico de la humanidad por medio del "cuerpo receptivo". Presta particular atención al "cuerpo receptivo", esforzándose por despertar una respuesta dentro del mismo a La Sabiduría con la que él está relacionado específicamente.

Finalmente, en una encarnación u otra, el probacionista inicia su actividad de servicio con dedicación a tiempo completo y completa la tercera iniciación. Para hacer esto, él debe aportar el Ajuste Divino al Plan Divino en su vida y asuntos, resolviendo todo karma de naturaleza personal que se alza entre él mismo y su servicio.

Esto le lleva a otra elección muy difícil. ¿Cuando y dónde ocurrirá esto en tiempo y espacio, y hasta qué punto precipitará el resto de su karma personal sobresaliente para que pueda ser ajustado?

Esto nos lleva a un lugar en el proceso iniciático que es casi desgarrador, y a menudo aterroriza al probacionista por sus connotaciones.

¿Qué hombre, en este punto del camino, conoce el karma que ha engendrado en el pasado y que aún debe ser resuelto o equilibrado antes de poder entregarse al Plan? Él no sabe si le producirá placer o dolor aparentes, ni si resolverlo le llevará un tiempo relativamente corto o largo. Sólo sabe que está allí, y que debe ser precipitado conscientemente para ser resuelto.

Este, una vez más, es uno de los sacrificios y de las pruebas de la iniciación. En la tercera iniciación el hombre deliberadamente, y con plena conciencia, precipita el resto de su karma personal que se alza entre él y el campo de servicio que ha elegido.

¿Qué puede decirse sobre este tema que aporte claridad y al mismo tiempo ofrezca la seguridad y el coraje que son tan necesarios para realizar dicho acto?

La Naturaleza del Alma

Forma parte de esta iniciación específica. Cada individuo que llega a este punto pasa por esta experiencia y crece a partir de ella. Es el sacrificio del yo separado al Plan.

Estas declaraciones tienen muy poco significado para el hombre que aún no ha hecho de ellas una parte de su conciencia a través de la experiencia, y sin embargo, la Verdad que contienen, y la respuesta del hombre a dicha verdad, le dan el coraje y la percepción para completar la iniciación.

El probacionista que afronta esta necesidad debe poner su fe y su confianza en Dios, y en todas esas relaciones Espirituales superiores que a través de su propio sacrificio se han alineado con él y le han ayudado a lo largo de este periodo.

Él debe darse cuenta que ningún Alma está cargada con más de lo que puede soportar y resolver a través de su personalidad según la Ley Divina. Entonces él sacrifica el yo separado de la manera siguiente. Después de haber establecido su propio enfoque meditativo y el alineamiento con el Plan a través de su ashram, él evoca dentro de sí mismo el Amor a dicho Plan.

Cuando el Amor alcanza su punto álgido dentro de él, lo vierte sobre la humanidad, y medita sobre la invocación siguiente:

"Estoy dispuesto a servir al Plan Divino. Hazme una conciencia total y un instrumento total para que la Luz pueda verterse a través de mí a fin de iluminar el camino de los hombres. Cualquier karma que yo pueda haber engendrado en el pasado, y que se alce entre mí y mi potencial de servicio actual, precipítalo en ese orden que, bajo la Acomoda-

*ción Divina, abrirá mi ojo al camino del Discípulo.
Guíame para que pueda ajustar cualquier karma
que sea precipitado en función del mayor bien del
mayor número. Dame conocimiento de la Ley del
Amor. Estoy dispuesto a servir al Plan Divino".*

La Naturaleza del Alma

LECCIÓN 27

La Ideación del Alma de un Plan de Acción:

La relación del Alma como mediadora entre la Mónada
y la personalidad;
El Cristo como acción perfecta dentro de la Vida Una;
El Plan de acción para hacerse como Cristo por medio
de la identificación como Alma que aspira a ser El
Cristo, y expresando esto a través de la personalidad;
La relación kármica del estado de su equipamiento
cuando se expresa a sí mismo negativamente;
La Ley de la Gracia.

La Naturaleza del Alma es manifestarse en la forma, es
decir, reflejar su "condición" o "estado" sobre la sustancia del plano vibratorio en el que se enfoca, de tal modo
que ordena dicha sustancia produciendo la aparición de
una forma organizada. Así, la conciencia habita dentro
de un cuerpo, y a través del cuerpo produce un entorno
con una serie de experiencias resultantes.

La experiencia revela el Alma a sí misma. Retrata externamente la conciencia en la sustancia, que refleja de
vuelta hacia el centro de percepción su propio estado de
ser. Como el Alma es potencialmente la expresión de la
Sabiduría, evoluciona o despliega esa Sabiduría por medio de su capacidad de percibir su propia apariencia en

la forma, y de conocer el significado de esa forma. En otras palabras, a medida que el Alma contempla el reflejo de sí misma en el espejo de la experiencia, que en realidad es una imagen en movimiento de su estado de desarrollo, intuye sus propios errores y crece en Sabiduría.

La Sobre-Alma de la Humanidad, enfocada en los tres mundos del esfuerzo humano, refleja su "estado de ser" sobre la sustancia del triple vehículo de apariencia. A esta forma organizada la denominamos el cuerpo de la humanidad. La Sobre-Alma entonces habita ese cuerpo a través de sus múltiples miembros y produce un entorno al que le damos el nombre del mundo de los asuntos humanos. Su experiencia en ese mundo de los asuntos humanos refleja hacia su propio centro de percepción, a través de sus numerosos miembros, su estado de ser, y entonces la Sobre-Alma despliega la Sabiduría necesaria para producir una evolución de sí misma.

El despliegue de la Sabiduría dentro de la propia Alma tiene lugar a medida que el Alma idea un Plan de Acción Divino.

Esta ideación de un Plan Divino se produce cuando el Alma compara, o refleja para su comparación, su estado actual con ese impulso monádico que la ha llevado a ser.

La Mónada, que es el arquetipo del Alma, asume la estatura de Cristo; el Hijo Divino; la conciencia de la Vida Una, y la acción sacrificial dentro de ella.

Recuerde que la personalidad es esa parte del Alma que está aprisionada a través de su reflejo en la forma, aspira al Alma Transcendente que es una expresión creciente de Sabiduría. El Alma Transcendente aspira a la Mónada, es decir, El Cristo, que de momento puede definirse como la acción perfecta dentro de la Vida Una.

Lección 27

La personalidad aspira a través de la disciplina.

El Alma aspira a través de la ideación.

En el tiempo de la tercera iniciación, a medida que se revelan los secretos de la iniciación, estos constituyen la expansión de conciencia que caracteriza la iniciación misma. La personalidad funde su conciencia con la del Alma Transcendente a través de la identificación; y la sensación de dualidad entre ambas desaparece. La influencia ya no es una influencia, sino que entra dentro del cerebro porque la conciencia que está allí dentro está identificada con el Alma Espiritual.

Esto es un acto de magia en sí mismo, ejecutado por la Voluntad creativa. Produce una cambio de conciencia específico. El hombre adquiere conciencia de sí mismo como Alma, y ya no hay división entre el Alma y la personalidad. Esta división queda sanada, la aparente brecha de conciencia se cierra, y la personalidad asume el lugar que le corresponde: es la máscara reveladora o apariencia del Alma en los tres mundos.

El hombre que ahora es el Alma encarnante cambia su nivel de aspiración hacia una vuelta superior de la Espiral, y a través de la ideación aspira al Cristo. Esto toma la forma, en apariencia o experiencia, de servicio al Plan. Ahora, interiormente, el Alma idea el Plan Divino, y externamente sirve a dicho Plan en un esfuerzo por manifestar la acción perfecta dentro de la Vida Una.

¿Qué significa esto para usted?

1. Significa que ha alcanzado el punto de desarrollo en el que, a través de la identificación, va a convertirse, en conciencia, en el Alma encarnante. Como personalidad ya no va a seguir aspirando a un Alma

La Naturaleza del Alma

Transcendente. Identifíquese como el Alma dentro de la cueva en el centro de la cabeza, y esfuércese por permanecer allí las veinticuatro horas del día. Cada vez que piense o diga "yo", hágalo desde ese centro, conociendo el significado de "yo" como Alma.

A medida que contempla su mundo, mira a través del centro ajna, desde su residencia en la cueva como el Alma, y no permita que le saquen fuera ni de esa posición ni de esa identificación.

"Yo soy el Alma aquí y ahora".

2. Significa que ha alcanzado ese punto de su desarrollo en el que su aspiración se dirige hacia El Cristo. A partir de ahora, identifíquese como Alma y aspire al Cristo.

Como el Alma en el centro de la cabeza, idee el Plan Divino mientras El Cristo lo mantiene enfocado para usted.

Para hacer esto ha de estar tan perfectamente alienado con El Cristo que sólo sea receptivo a su impacto en este centro.

No se alinee negativamente con formas pensamiento en los niveles mentales, ni con sentimientos en los niveles astrales, ni con las situaciones y circunstancias de los niveles físicos. Es decir, no se permita ser atraído, y por lo tanto influido, por ellos. Manténgase positivo a todos los efectos horizontales, y positivamente negativo, alerta a y atraído por El Cristo a través de su alineamiento vertical.

"Yo soy ese Yo soy".

Así, se capacita para idear (dar forma dentro de su conciencia) al Plan Divino.

3. Significa que está preparado para poner el Plan Divino en acción dentro de y a través de la sustancia de sus propios vehículos.

Toda sustancia en los tres mundos ha recibido la impresión, es decir, está coloreada o condicionada, por uno u otro de los siete rayos. Así es como el Espíritu da su Intención Divina a la sustancia.

Esa sustancia que se ha amalgamado para producir sus cuerpos mental, astral y etérico-físico ya ha sido impresionada, por tanto, por una Intención Divina, de acuerdo con la energía predominante de su rayo.

Usted, el Alma, ha elegido el tipo de rayo de la sustancia con la cual creará una apariencia en los tres mundos, y condicionará aún más esa sustancia, a través del reflejo, con su intención kármica.

Su equipo: sus cuerpos mental, astral y etérico-físico revelan la necesidad kármica que le trajo a la encarnación. Este es su karma, y sus efectos se manifiestan como patrones de experiencia en su vida y asuntos.

Su manera de pensar, sentir y actuar son efectos de la necesidad kármica incorporada a la sustancia de sus cuerpos.

Una necesidad kármica se manifiesta siempre como una elección, de modo que el efecto en la experiencia puede ser el ajuste del karma, o la acumulación de nuevo karma que será resuelto en otra vida. Como hay pocos que han llegado a la posibilidad del acto perfecto, que es el equilibramiento del karma sin seguir generándolo, la mayoría de las personas equilibran el viejo generando otro nuevo, en su caso, karma de servicio; o fracasan en el intento de hacer el reajuste, lo que requiere volver a una experiencia parecida; o ponen una carga adicional de karma sobre el que ya han generado.

Si el probacionista es tendente a la crítica, esto indica la necesidad kármica de construir en la sustancia del cuerpo mental una comprensión que supere esa tendencia. En otras palabras, el Alma que observa este reflejo de su conciencia en la experiencia de la persona, a medida que ese reflejo sea reenviado a su propio centro de percepción, lo contemplará en comparación con el Impulso Monádico que es su motivación para Ser.

El Alma idea el Plan Divino tal como lo enfoca El Cristo, que en este caso toma la forma de una comprensión amorosa. A medida que esa comprensión amorosa crece o se despliega dentro del Alma, esta se esfuerza por reflejarla, a través de la mente, hacia la conciencia cerebral del hombre, y el hombre desarrolla gradualmente la cualidad de la compasión.

Este es un concepto de karma algo nuevo, y puede relacionarse fácilmente con la Evolución como una de sus grandes leyes.

Vemos la ley operando en el mundo de la personalidad como el cosechar en la experiencia de aquello que la persona siembra en la experiencia. También vemos el significado interno del karma en su relación con el Alma y su crecimiento.

Cuando el hombre empieza a pensar como Alma, se le permite ajustar las causas y efectos kármicos dentro de sí mismo sin tener que atravesar el largo y lento proceso de acción y reacción. Él ajusta la necesidad kármica dentro de sí mismo al Plan Divino a medida que idea dicho Plan, e invoca la Ley de la Gracia o Misericordia.

Este siempre ha sido un tema de interés para los probacionistas, porque en cuanto el hombre toma conciencia de la ley del karma, resulta difícil ver cómo algo que ha sido puesto en movimiento pueda ser contrarrestado o sobreseído. Sin embargo, la Ley del Amor enseña una Ley de la Gracia o Misericordia, y ésta es la manera.

Examinemos el caso de un probacionista que tiene esta tendencia a criticar, junto con varias otras cualidades de naturaleza negativa. Evidentemente, a medida que ha ido expresando esas cualidades en el pasado ha engendrado un revestimiento importante de karma personal. Sin embargo, ahora él solicita la iniciación, trata de servir al Plan, y va superando gradualmente la negatividad en sí mismo. ¿Debe pasar años, e incluso encarnaciones, cosechando los efectos de semillas sembradas en el pasado antes de liberarse para poder servir?

No, eso no es necesario, porque una vez que supera la causa kármica de estos efectos dentro de sí, empieza a operar la Ley de la Gracia. El revestimiento de karma personal creado en el pasado por esas causas kármicas es transmutado a medida que emprende su servicio en los tres mundos.

Por favor, nótese: esto sólo es posible cuando el hombre supera la causa dentro de sí mismo, y no antes.

Incluso entonces hay un breve ciclo de manifestación de la negatividad, a medida que la ley que ya ha sido puesta en movimiento se cumple, pero si el probacionista mantiene su equilibrio (manifiesta compasión ante una experiencia que en el pasado le habría evocado una expresión de crítica) durante la compleción del ciclo, su

La Naturaleza del Alma

karma no reaparecerá como otro obstáculo al servicio.

Llegados a este punto, es sabio que el probacionista considere las necesidades kármicas que han sido incorporadas a su instrumento.

Allí donde su expresión manifiesta una condición de negatividad se le indica la necesidad de expandir su conciencia por medio de la ideación a fin de comprender su opuesto polar, y por medio de ese entendimiento reacondicionar la sustancia de sus cuerpos para manifestar dicho opuesto. Así es como los efectos kármicos creados en el pasado se contrarrestan y transmutan, y el hombre se libera gradualmente de la prisión de la forma.

¿Qué es la prisión de la forma sino esas formas que construimos para nosotros mismos, que nos llaman a volver a la encarnación una y otra vez?

LECCIÓN 28

El Papel de la Forma en el uso que el Alma Hace de la Magia:

El cerebro es necesario para la construcción de las formas;

La meditación como proceso alquímico de alterar la construcción celular del cerebro;

La función del cerebro en la construcción de formas y en la práctica de la proyección;

La ciencia de la impresión tal como es usada por el Alma para entrenar el mecanismo de respuesta del cerebro.

El arte y la ciencia de la magia, que también podríamos definir con precisión como el arte y la ciencia del servicio, opera de acuerdo con unas leyes fijas que el probacionista aprende a manipular. Dichas leyes controlan el movimiento de energía, fuerza y sustancia siguiendo patrones predeterminados, que llamamos formas.

A medida que el Alma comprende la Ley, y la manipula en cooperación con el Propósito y el Plan Divinos, Ella domina la naturaleza forma, y no sólo se libera de su prisión, sino que la usa al servicio del Cristo.

Llegados a este punto sería bueno considerar la naturaleza forma para llegar a una mayor clarificación. Una forma es una disposición de energía, fuerza y sustancia que es perceptible por la conciencia. Por ejemplo, un pensamiento que puede ser percibido y conocido por la conciencia como pensamiento es una forma-pensamiento. Si dicho pensamiento establece una vibración dentro del cuerpo astral, y es percibido desde una polarización emocional, se ha vestido a sí mismo de sustancia astral y es una forma astral. Si este mismo pensamiento es llevado a aparecer a la Luz del Día, es decir, es manifiesto a los cinco sentidos físicos, se ha convertido en una forma física.

Una forma no es sino una apariencia de realidad, no es la realidad en sí misma. Este es un concepto que da lugar a algunos problemas en su comprensión, porque la conciencia del probacionista sigue estando aprisionada dentro del cerebro, que no sólo es una forma, sino el instrumento hacedor de formas en lo tocante a los tres mundos inferiores.

Si hemos de entender que el hombre es un Alma y que tiene supremacía sobre el mundo de las apariencias, debemos entender el cerebro y su función oculta. Este es el instrumento que produce el fenómeno de la magia, o construcción de formas, en los tres mundos. Sus secretos finales sólo llegan a conocerse cuando se completa la tercera iniciación, pero ahora podemos hacer una aproximación a dicha revelación.

En realidad el cerebro es el lugar de enfoque de la conciencia encarnante en la sustancia. Decimos: "el hombre en el cerebro". A lo que nos referimos es: "el punto focal del Alma en la sustancia, el hombre en su casa". El cerebro es una condensación de materia mental, astral y etérica, creado por un enfoque de estas tres frecuencias de la materia a través de la cueva en el centro de la ca-

Lección 28

beza. Las glándulas pineal y pituitaria son las polaridades positiva y negativa, que establecen el intercambio de fuerza que da como resultado el nacimiento de la conciencia interna, o su reflejo sobre esta materia condensada que llamamos el cerebro.

La cueva en el centro de la cabeza se define ocultamente como el lugar donde tierra, aire y agua se encuentran, porque este es el centro donde las sustancias etérica, mental y astral se enfocan (en este orden) para su condensación en la forma. Al cerebro se le podría llamar la forma-maestra, el instrumento a través del cual la sustancia enfocada es condensada para su aparición inteligible en los mundos inferiores mental, astral y etéricofísico.

La conciencia aprisionada dentro del cerebro ve el mundo externo según las formas impresas (o condensadas) allí. En otras palabras, la conciencia ve una apariencia externa a través de su forma o de las fórmulas dentro de su propio cerebro, y la interpreta consecuentemente. Así, la conciencia está limitada por su propio instrumento constructor de formas.

Un muy buen ejemplo de esto es el estudiante que percibe por primera vez el fenómeno de la luz oculta. En medio de su meditación, de repente se encuentra (en su imaginación) abriendo la puerta de su frigorífico. La luz resplandece cuando abre la puerta e inunda con su resplandor el interior de su cabeza.

Cuando este mismo estudiante se da cuenta de que ha percibido este fenómeno a través de una forma aceptable para su propio cerebro, y que la percepción de la "luz en la cabeza" no es de ninguna manera inusual, ya no necesita el frigorífico para percibir la luz.

La Naturaleza del Alma

A medida que el probacionista practica su meditación diaria, eleva la frecuencia de su cerebro, cambiando la construcción celular del mismo de tal manera que altera las formas que ya están impresas en él. Esto es posible porque sus meditaciones actúan sobre la sustancia etérica, mental y astral que está siendo enfocada dentro y a través de la cueva. Él puede alterar su propio cerebro porque está trabajando desde ese centro que es su causa. La sustancia de los vehículos es condicionada a través del cerebro mismo desde el centro (la cueva), que pone (a dicha sustancia) en el primer plano de atención. Así, la cueva (una parte del centro de la cabeza) es el corazón del ser del hombre. Es el centro mismo de sus tres vehículos, y está construida de sustancia luz etérica en las tres frecuencias de los mundos inferiores. En otras palabras, aquí es donde se encuentran la tierra, el aire y el agua, y justo en este orden.

En esta instrucción se indican varios puntos de extrema importancia oculta:

1. Que el cerebro es necesario para la construcción de las formas en los planos mental inferior y astral, así como en el físico. Esto había quedado velado hasta ahora para salvaguardar a la humanidad de los trabajos de los magos prematuros, pero tal salvaguarda ya no es posible con el séptimo rayo entrante. Los grandes secretos ocultos relacionados con la magia, y con el cerebro como su instrumento, son revelados a medida que el séptimo rayo deja sentir su influencia.

2. Que una vez que el hombre se ha liberado de las limitaciones de su propia forma (el cerebro) y se alza dentro de la cueva en el centro de la cabeza, está en la posición del maestro, es decir, puede controlar la sustancia.

Lección 28

3. Que la manera de llegar a ser mago está claramente definida como:

a. meditación.

b. práctica en la construcción de formas.

c. práctica en la proyección.

Es inusualmente simple. El hombre se libera de los confines de la forma a través de su atención a la meditación. En meditación, él se coloca gradualmente a sí mismo, su propio foco de conciencia, en la cueva situada en el centro de la cabeza, donde se convierte en el manipulador. Entonces practica la construcción de formas, moldeando la sustancia en las formas que él desea manifestar. A lo largo de un extenso periodo de tiempo él hace evolucionar su conciencia hacia una identificación con el Alma, y como Alma, con la Vida Una, hasta que le son conocidos los secretos últimos de la proyección. Estos se relacionan con el enfoque del tercer ojo, el cerebro y los centro ajna y laríngeo.

La conciencia dentro de la cueva se apropia de la sustancia mental, etérica y astral necesaria para la construcción de una forma deseada (intencional). Esto es importante; el mago no se apropia desde una polarización astral a través de la energía del deseo. Él se apropia de la sustancia necesaria desde una polarización del Alma en la cueva por medio de la energía de la Intención Divina.

Seguidamente él lleva dicha sustancia al enfoque adecuado a través del enfoque del tercer ojo, y la moldea dándole un contorno, e imprimiendo dicho contorno sobre el cerebro físico para su condensación en la forma. Entonces la forma condensada es proyectada desde el cerebro hacia el tiempo y el espacio a través de los centros ajna y laríngeo.

Consideremos la aplicación práctica de esto en lo que atañe al probacionista.

El probacionista está intentando vivir en el mundo como Alma. Este es el propósito que está detrás de todas sus acciones disciplinadas. Él se esfuerza por elevarse del enfoque en la personalidad separada hacia el enfoque en el Alma, desde donde se conocerá a sí mismo, y desde el que funcionará en su vida y asuntos de cada día, como parte de la Humanidad Una.

A medida que evalúa los secretos de la magia, los emplea para este fin. Todas las formas que construye se relacionarán con este objetivo hasta que haya llegado a ser una realidad manifestada en los tres mundos.

En primer lugar, él alcanza un ciclo momentáneo de polarización a través de la repetición de los ejercicios de meditación en los que enfoca su conciencia en la cueva situada en el centro de la cabeza, y se identifica con el Alma.

Posteriormente estabiliza la polarización cíclica en una polarización permanente, a través de una identificación mantenida y constante con el Alma en este centro. Él empieza a residir aquí.

En este momento él está tan identificado con el Alma que ve los vehículos desde una perspectiva completamente diferente. Estos tres vehículos se han convertido en su triple instrumento de contacto con los tres mundos del esfuerzo humano. Los considera un instrumento necesario de servicio a la Vida Una. Entonces, como Alma, él se esfuerza por apropiarse de ellos y controlarlos, es decir, por afirmar su maestría sobre esta naturaleza forma.

Debe diferenciar claramente entre la naturaleza forma y su propia intención. En esta etapa estudia seriamente esa naturaleza forma, aprendiendo en particular que la sensación es una característica de la forma, y no de la conciencia. La conciencia que está identificada con la naturaleza forma y limitada dentro de ella percibe a través de, evalúa de acuerdo con, y basa sus decisiones en esta respuesta sensacional de la forma al estímulo.

Un muy buen ejemplo de esta distinción entre forma y conciencia es la actitud del Alma hacia la comida. El Alma permitirá que el cuerpo sólo tome los alimentos que son necesarios para su salud. No es la conciencia la que tiene hambre. No es a la conciencia a la que le gusta o no le gusta una comida particular. La respuesta de la naturaleza forma al acto de comer está basada en la sensación.

El probacionista, recientemente identificado con el Alma, afirma su maestría sobre la naturaleza forma a través de estas distinciones y del entrenamiento de los vehículos para que adquieran gustos nuevos y más efectivos. En otras palabras, sabiendo que la naturaleza de la forma es responder por medio de la sensación, él la entrena para que le guste aquello que él quiere para ella. Refina su respuesta de sensación a los estímulos.

Asimismo, el probacionista entrena los vehículos para permitir, o para llevar a la manifestación, sus expresiones intencionales de Amor, Compasión, Armonía, Belleza, etc. Refina la naturaleza forma a través de la alteración de su respuesta sensacional. Él la entrena para que disfrute, por medio de la experiencia sensorial, de esas cualidades superiores de las que él mismo disfruta des-

La Naturaleza del Alma

de una correspondencia superior de la sensación. Esa correspondencia superior podría definirse como conocimiento interno, Sabiduría, o razón pura, la naturaleza misma de la conciencia.

En otras palabras, la conciencia sabe, conoce la razón pura, mientras que la forma siente.

A estas alturas es importante apuntar que la naturaleza de la forma es responder por medio de la sensación. El Alma no trata de matar o de abolir esta naturaleza, sino de entrenar su respuesta sensacional para responder positivamente a las cualidades superiores. Así, imprime en la sustancia misma una nueva condición, una nueva respuesta natural.

Desde su polarización en la cueva, determina la nueva respuesta que ha de quedar impresa; construye su forma (hábito); enfoca esa forma en el cerebro para su condensación; y desde allí la proyecta en tiempo y espacio (ahora en los cuerpos, como parte del mecanismo de respuesta incorporado) a través de los centros ajna y laríngeo. A medida que la forma visualizada (en esta caso la nueva respuesta) es proyectada a través del ajna, su nota o vibración suena en el centro garganta. El OM, que es la palabra mágica del Alma, es hecho sonar con esa nota que es la frecuencia vibratoria de la forma construida. Dicha nota es intuida por el Alma

Cuando este trabajo se ha completado en la meditación formal, el Alma mantiene su atención en él, a través del tercer ojo enfocado, hasta mucho después de que los vehículos respondan automáticamente a través de la nueva impresión.

En otras palabras, el discípulo mantiene la visión en el ajna y continua haciendo sonar la nota en el centro laríngeo, a través de la cualidad tonal de su voz, mientras continúa con las tareas de su vida diaria.

Si esto se realiza adecuadamente, todo el trabajo puede completarse en un ciclo de siete días. Durante seis días la atención se mantiene en el esfuerzo. El séptimo día la conciencia relaja su atención sabiendo que el trabajo se ha completado y que su efecto en la sustancia es bueno.

Las connotaciones de esta lección no pueden entenderse en una lectura, ni siquiera en una discusión de clase. Exigen una profunda contemplación. Aquellos cuya sinceridad de motivación es tal que tienen activa la facultad intuitiva pueden obtener verdadera iluminación de lo anterior.

La Naturaleza del Alma

LECCIÓN 29

El Papel del Alma Como Mago, y la Rotura y
Reconstrucción del Antakharana:

La Naturaleza del Alma para crear formas;
Los secretos de la Creatividad Consciente quedaron
velados debido al episodio atlante;
La violación atlante del Plan;
La Gran Invocación;
La leyes del proceso creativo;
El uso de la luz esotérica, el sonido, el color y la
vibración.

La aparición de una forma en cualquier plano de la existencia presupone que su creador ha cooperado consciente o inconscientemente con la ley, y que trabajando bajo esa ley y con ella, ha seguido cierto proceso que llamamos mágico. El proceso da como resultado la aparición de la forma donde antes no la había. Moldea la sustancia (y ahora me refiero a la materia prima) hasta hacer un vehículo para el Espíritu y/o la conciencia, según el caso; y después de la condensación de esa materia prima en su frecuencia deseada, mantiene la sustancia en una totalidad coherente dentro del círculo infranqueable (anillo no se pasa). Esto es cierto tanto si la forma es un pensamiento como si es un cuerpo físico.

La Naturaleza del Alma

Como este tema está necesariamente velado desde el periodo atlante, descubrimos que es malinterpretado por casi todos los estudiantes y discípulos probacionistas en el mundo actual.

Es necesaria una clara enunciación de la Verdad a medida que el nuevo ciclo de oportunidad viene a ser. Y este tratado aborda dicha enunciación, principalmente relacionada con este tema. Entonces, ¿por qué este curso de instrucciones se titula "La Naturaleza del Alma"? Porque la naturaleza del Alma es crear forma. Porque el Alma es la mediadora entre el Espíritu y la materia. Porque el Alma es el mago.

Antes de que sea sabio proceder con el desvelamiento de la verdad del proceso creativo, es vitalmente necesaria cierta consideración sobre la causa de su condición actual.

Hubo un tiempo en la historia de la humanidad en el que este tema no estaba envuelto en el misterio, un tiempo en el que a todos los niños se les enseñaban los pasos del proceso creativo tan natural y sistemáticamente como ahora se les enseñan los fundamentos de la aritmética.

¿Y por qué no? Esta es la herencia divina del hombre. Es la razón de su ser, el Propósito Logóico que subyace al lugar de la humanidad en el esquema de las cosas. El hombre nació para crear, para construir las formas en las que la conciencia de Dios se pudiera manifestar.

Durante el extenso transcurrir del tiempo y la historia, ¿qué podría haber ocurrido para hacer que la humanidad perdiera su Derecho Divino? ¿Cómo se le pudo negar su lugar en la vida y asuntos del Logos, del que es parte inseparable? Debe haber cometido un delito casi imperdonable contra esa Vida, y eso es lo que hizo.

Lección 29

Actualmente vemos las consecuencias kármicas de tal acto por doquier a nuestro alrededor. Vemos una humanidad totalmente perdida para el conocimiento de su identidad, de su Propósito Divino, y de su creatividad natural más interna. Vemos a una humanidad temerosa del monstruo que ha creado a partir de la sustancia, una humanidad solitaria y sufriente a merced de ese monstruo, a la que se ha negado la llave dorada de la Sabiduría que es su única esperanza de libertad.

Sólo se nos permiten unas pocas palabras en lo que atañe al episodio atlante, pero serán suficientes.

Cuando un hombre crea una forma a partir de la sustancia, está usando la economía de la Vida en la que vive. Él no altera su composición, pero sí altera las relaciones entre Espíritu, materia y conciencia. Cuando hace esto violando el Plan de la Vida Una, establece naturalmente una alteración dentro de toda la esfera (Planetaria e incluso Solar), que le pone fuera de tono (por así decirlo) con la Vida en la que vive. Así, su propia relatividad queda alterada, su propósito frustrado, y su crecimiento se retrasa momentáneamente. ¿Es esto el Karma Planetario? Debe serlo, y sin embargo debemos mirar al papel que la humanidad ha desempeñado en esta precipitación kármica a fin de llevarla al equilibrio.

Volvamos a examinar el lugar de la humanidad en el esquema de las cosas a fin de evaluar con claridad su Propósito y la violación del mismo. La humanidad, como hemos dicho muchas veces, es el centro laríngeo Planetario, el centro a través del cual suena la Palabra Logóica. Esa palabra (el Alma y posteriormente la Mónada en su propio plano) es creativa. Crea las formas dentro de las cuales aparecerá nuestro Dios.

Mirándolo desde otra perspectiva, vemos a la humanidad

como el cerebro del Logos. Cada ser humano es, entonces, una célula cerebral dentro de la Vida Una. El Logos, o voluntad dirigente, transfiere Su Propósito y Plan, a través del corazón de Su Ser, la Jerarquía, a su cerebro para que lo condense en la forma. Entonces la Humanidad asume como propio ese Propósito y Plan, lo recrea en la forma y le da apariencia a la Luz del Día.

Durante el periodo atlante, cuando los seres humanos eran *magos conscientes de acuerdo con el Plan*, la humanidad, por una razón inexplicable (excepto que sea kármica), negó el Plan Logóico por otro plan creado por ella misma. Es decir, los hombres concibieron y crearon de acuerdo con sus propios propósitos separativos. Al hacerlo, la economía de la Vida Planetaria fue malempleada, la relación entre Espíritu, materia y conciencia alterada, y el antakharana entre el hombre y su Alma quedó roto. A medida que la palabra sonaba en tiempo y espacio, tomó un tono destructivo, porque su sonido violaba la Vida Una.

La ruptura del antakharana produjo una alteración dentro de la conciencia de la Vida Planetaria, y el hombre se separó del Propósito Logóico que le había traído al ser; es decir, rompió su propia relación con Dios.

No fue un Dios vengativo el que negó al hombre su herencia Divina. Fue el propio hombre el que destruyó su conciencia de sí mismo como Alma, y consecuentemente cerró la puerta a su genio creativo.

Los resultados externos de este acto tomaron la forma de un cataclismo que barrió del mapa la civilización atlante. El cambio violento de las superficies de la tierra, la inundación de áreas muy pobladas y el declinar gradual del conocimiento que tenía el hombre del proceso creativo no fueron sino reflejos externos de la terrible agitación que

Lección 29

tuvo lugar en la conciencia del Planeta mismo.

Desde aquel tiempo, la humanidad se ha ido llevando gradualmente a sí misma a la reaparición de su ciclo de oportunidad. El antakharana, no sólo entre el hombre y su Alma, sino entre la Jerarquía y la humanidad, está siendo reconstruido por aquellos discípulos que sirven conscientemente al Plan en el mundo. Dicho Plan, que guarda relación con el hombre como creador, está volviendo a ser enfocado hacia abajo, y la redención tanto de la conciencia como de la sustancia para el Propósito Logóico se vuelve posible.

Así, el desvelamiento de los misterios procede de acuerdo con la ley, pero con esta advertencia específica: deje que su genio creativo se dirija al desarrollo del Plan de Dios sobre la tierra.

Se sugiere que el estudiante sincero lleve la Gran Invocación a su meditación para clarificarla más a la luz de lo anterior.

> *"Desde el punto de Luz en la mente de Dios*
> *Que afluya Luz a las mentes de los hombres.*
> *Que la Luz descienda a la tierra.*
>
> *Desde el punto de Amor en el Corazón de Dios*
> *Que afluya Amor a los corazones de los hombres,*
> *Que Cristo retorne a la tierra.*
>
> *Desde el centro donde la Voluntad de Dios es conocida*
> *Que el Propósito guíe a las pequeñas voluntades de los hombres,*
>
> *El Propósito que el Maestro conoce y sirve".*

Estos primeros tres párrafos guardan relación con la

reconstrucción de ese triple banda de Luz que se llama antakharana. También hacen referencia a la ecuación adecuada de espíritu, materia y conciencia, que ha estado en desequilibrio desde la época atlante.

> *"Desde el centro que llamamos la raza de los hombres*
> *Que se realice el Plan de Amor y de Luz*
> *y selle la puerta donde se halla el mal.*
>
> *Que la Luz, el Amor y el Poder restablezcan el Plan en la tierra".*

Estos últimos párrafos se explican por sí mismos en la conciencia de aquel que ha intuido la Verdad del texto anterior.

Las leyes que guardan relación con el proceso creativo tienen que ver con:

1. La iluminación de los tres.

Aquí nos ocupamos de la ecuación de espíritu, materia y conciencia. ¿En qué relación deben estar estos tres para producir la manifestación del Plan?

Esta fue la primera ley que violó la conciencia atlante, en el sentido de que no prestó ninguna atención a la relación. Lo mismo es cierto para el mago negro de nuestros días que crea para sus propios propósitos. Recuerda que el Propósito Divino para la humanidad dentro del esquema de las cosas es crear las formas en las que se pueda manifestar la conciencia de Dios.

Si recuerda, la primera instrucción de esta serie tenía que ver con la causa trina que está detrás de toda manifestación. La trinidad de espíritu, materia y conciencia es la fórmula clave, la *primera* causa de todo lo que es.

Lección 29

El hombre que crea debe, por tanto, trabajar con dicha causa si su creatividad ha de estar alineada con el Propósito Divino.

Como Almas conscientes, nosotros somos el mediador entre el espíritu y la materia. Por tanto, debemos ocupar conscientemente nuestro lugar entre ambos a fin de realizar el Milagro Divino de la creación.

Hacemos esto mediante nuestro alineamiento consciente con, y nuestro enfoque en, el triángulo causal del planeta manifestado.

Nos hacemos uno con la conciencia de esa Vida en la que vivimos, nos movemos y tenemos nuestro ser, entramos en Su meditación, relacionamos espíritu y materia de acuerdo con Su Plan, y procedemos desde aquí con la construcción de la forma en la que dicho Plan se manifestará. Así establecemos la polaridad necesaria en la que puede manifestarse la conciencia de Dios.

Se podrían escribir volúmenes sobre este tema, y sin embargo, para nuestro propósito actual, es necesario que lo mencionemos brevemente a fin de seguir adelante con el texto. Por lo tanto, apremio a cada uno de ustedes a llevar este concepto a la meditación, y a expandirlo hasta que conozcan la profundidad y la amplitud de su significado.

Nunca intente construir una forma desde el interior de un foco de identificación separado. Establezca primero en profunda meditación tu aunamiento con la Vida Una. Atrévase a dejar a un lado su propia identidad separada, su propio propósito y objetivo, y a evaluar el modo en el que puede servir mejor al Plan mediante su alineamiento con él, como una parte integral de la Vida Una.

La Naturaleza del Alma

Aquí inserto una advertencia. No trate de convertirse en la Vida Una dentro de si mismo, sino más bien renuncia al yo para convertirse en parte de la Vida Una; y desde este enfoque, aprenda a servir a los muchos.

La primera ley de la que se ocupa el mago es la ecuación formada por espíritu, materia y conciencia. A través de esta ecuación, él está capacitado para ver la forma arquetípica, o, en otras palabras, para evaluar ese aspecto del Plan del que él, como Alma, es responsable.

> 2. La apropiación de sustancia y su creación en forma dévica.

La construcción de la forma procede en las cuatro frecuencias de la materia primigenia. Esto significa que detrás de toda forma en cualquier plano de existencia hay cuatro frecuencias, a veces denominadas los *cuatro elementos: tierra, aire, fuego y agua.*

Son conocidas para el ocultista como:

1 = luz esotérica

2 = sonido esotérico

3 = color esotérico

4 = vibración esotérica

Estas cuatro frecuencias de la materia primigenia constituyen la sustancia de cualquier plano de la existencia, y son el material a partir del cual se construye la forma dévica.

El mago debe apropiarse de estos cuatro elementos, y construir en la combinación adecuada la forma dévica a

Lección 29

través de la cual el Plan puede ser llevado a su manifestación externa.

Examinemos la forma manifestada en sí misma. Detrás de la apariencia física está la forma dévica físico-etérica. Detrás de este deva hay cuatro frecuencias de materia etérica llamadas tierra, aire, fuego y agua —o luz, sonido, color y vibración— que han sido combinadas de tal manera que producen un deva etérico de cierto tipo.

Sin embargo, al examinar esto no estamos viendo sino la aparición más baja del cuaternario en la sustancia. Estos cuatro han sido impulsados a la manifestación. Pero, antes de tomar forma en sustancia mental, astral y etérica, fueron creados como el cuaternario en los niveles del Alma, a partir de las cuatro frecuencias de la materia primaria. Así, la construcción de la forma se lleva a cabo por encima de los tres planos del esfuerzo humano, en la esfera búdica del Alma.

Una vez que la forma está construida, es impulsada hacia abajo por el Alma para que pase a la manifestación externa. Abordaremos esto más adelante. Entre tanto, trate de reconocer el significado de la instrucción contenida en esta lección, recordando que todo trabajo descrito hasta ahora es llevado a cabo por el Alma en su propio plano.

La Naturaleza del Alma

LECCIÓN 30

Volviéndose Receptivo a la Realización Intuitiva:

La relación del aire con el sonido y la respiración
esotéricas;
Distinción entre el mago blanco y el mago negro;
La relación de la tierra con la Luz o la negrura
primordial;
El origen del mal en relación a la impresión previa
sobre la tierra;
El impacto del "aire" sobre la "tierra" y el nacimiento
de los opuestos como Diablo y Cristo

Las cuatro frecuencias de la materia, a veces denominadas el cuaternario inferior, guardan relación con los principios espirituales en los que la materia primigenia ha sido dividida (en lo tocante a la humanidad). Es este un tema relativamente difícil, puesto que estamos lidiando con una materia salida de las tres principales, y sólo es la materia primaria del cuerpo físico de nuestro Logos Planetario. Éstas son las frecuencias que constituyen la naturaleza física cósmica y la limitación de nuestro Logos, y por medio de las cuales Él se revela, en sentido físico, dentro de su entorno cósmico. Ellas condicionan Su influencia en el mundo de sus propios asuntos, en el sentido de que subyacen a la actividad irradiadora que Le es peculiar, y que tiene sus efectos en sus

La Naturaleza del Alma

relaciones Solares y Cósmicas.

A fin de entender este tema con más claridad, volvamos a considerar el hecho de que Espíritu y materia no son sino las dos polaridades de la energía o fuerza una. Espíritu, materia y conciencia constituyen el triángulo causal de manifestación. De esta primera trinidad nace un foco de conciencia que es Logóico, en el sentido de que es una síntesis precipitada de las tres. Este foco es numéricamente un cuatro en conciencia, puesto que es la armonía de los tres, que ha sido precipitada a una frecuencia más baja de sí misma.

Así, mientras que Logos significa Uno, también significa cuatro, en el sentido de que eso que está detrás del Logos está sonando, respirando. El sonido guarda relación con la respiración; es el primer movimiento armónico de los tres mayores hacia la manifestación.

Así, esa frecuencia de materia que se define como sonido esotérico, o el denominado elemento aire, es numéricamente un Uno o un cuatro, el aliento viviente o Palabra del Creador.

La Palabra, o la respiración, contiene en sí misma el Espíritu, la materia y la conciencia en una nueva frecuencia, que en su enfoque subjetivo es Uno, y en su manifestación externa es un cuatro. Así, del tres sale el cuaternario inferior de la manifestación.

Entonces esta frecuencia de la materia primaria es un principio creado a partir del primer movimiento de la Voluntad sobre la inteligencia. El primer movimiento de la Voluntad surge desde el Uno, que crea como un enfoque (respiración) de los tres mayores en una nueva síntesis de sonido (la Palabra).

Lección 30

La Palabra o respiración, el sonido mismo de Dios que llamamos Aire, como frecuencia de materia, está igualmente presente por doquier dentro de cualquier forma. Así, esta frecuencia de materia es la primera de la que el Alma creadora se apropia a medida que se dispone a construir una forma en la que el Plan se haga manifiesto.

Por eso, al mago le preocupa en primer lugar la ecuación de Espíritu, materia y conciencia. Si va a servir a esa vida en la que vive, debe evaluar tal relación antes de poder enfocarla adecuadamente, a saber, antes de hacer sonar la Palabra.

Entonces Él debe, por medio de meditaciones repetidas, intentar entrar en la meditación de la Vida Una, hasta poder hacerlo a voluntad. Una vez que alcanza esta conciencia, el Plan queda claro, así como su relación con dicho Plan. Cuando él está identificado como conciencia con el Uno y los Muchos, ve al Espíritu y a la materia en su relación con la Conciencia Una, y puede llevar a los tres al nuevo enfoque apropiado para la manifestación del Plan en tiempo y espacio.

Aunque es imposible dejar esto completamente claro al estudiante por medio de cualquier agrupamiento de palabras, esta claridad vendrá cuando se alcance la meditación descrita. Entonces, y sólo entonces, entenderá el estudiante la instrucción relativa a la iluminación de los tres, y sin embargo dicha instrucción es preparatoria y ayuda en el proceso de meditación. Por lo tanto, estúdiala bien, y llévala a la meditación contemplativa.

Este primer movimiento de la voluntad sobre la Inteligencia es la primera causa de la futura forma, que es puesta en marcha por el Alma creadora. Es el movimiento Logóico hacia la manifestación.

La Naturaleza del Alma

Si la palabra, el sonido o la respiración son análogos al Logos (aquello que es las frecuencias precipitadas de los tres mayores en una armonía sintética), entonces el elemento Aire, que es el primero del que se apropia el mago, también debe ser construido por él de modo que sea el portador del foco de conciencia de la futura forma.

Dentro de cada forma está contenida su propia conciencia causal (Alma), bien sea la forma de un hombre, u otra forma creada por el hombre. El Alma creadora relaciona el Espíritu con la materia a través de la conciencia recientemente creada, que ha de manifestar una nueva forma. Esa conciencia debe, por tanto, ser del Plan y no de ninguna identidad separada.

Es este mismo punto el que diferencia al mago blanco del mago negro. La conciencia aprisionada en la forma creada por el mago negro tiene su propia identidad separada. Es creada por su deseo y ambición personales, mientras que el mago blanco crea desde el nivel del Alma de la Vida Una, según el Plan de dicha Vida.

A través del sonido esotérico, del movimiento del aliento Espiritual, la conciencia de la futura forma nace en la luz. El aire es conformado y se le hace sonar como la Palabra.

Continuando con un nuevo desvelamiento de la Verdad, aunque al elemento tierra se le define esotéricamente como Luz, es, en su esencia, el negro primordial. Esa oscuridad o nada primordial deviene Luz (conciencia en la materia), o el elemento tierra, a medida que Logos, la Palabra, suena dentro de ella.

Aquí está la segunda frecuencia de la materia primaria, un principio creado a partir del segundo movimiento de la Voluntad sobre la Inteligencia. El primer movimiento hizo nacer la conciencia como Palabra, un foco de causa; el segundo movimiento da lugar a la conciencia en la forma, la forma que separa [la conciencia], por así decirlo, de su creador.

La tierra, entonces, se crea a partir de la nada, de la oscuridad primordial, eso que es el opuesto polar del Logos, inteligencia inerte. Es creada por la acción de la conciencia sobre la nada, pues dicha conciencia es respirada dentro de su esfera. Cuando la conciencia irradia (a través del aire) hacia la esfera de la nada, esa nada u oscuridad primordial se convierte en Luz, y nace el elemento tierra. Así, la Palabra es aprisionada dentro de un círculo-no-se-pasa, su cuerpo de Luz etérico.

Aquí se puede insertar una nota anexa. Lo anterior presupone que el Alma en su propio plano, para tomar una forma, primero tuvo que alentarse hacia el vacío. Se dio a sí misma a dicho vacío, donde incluso el Padre estaba perdido, y despertó para encontrarse a sí misma dentro de su prisión.

Aquí se explica el misterio de la noche oscura del Alma, cuando vuelve a cruzar el vacío, esta vez en plena conciencia de vigilia, para reunirse con el Padre.

Llegamos ahora a un antiguo misterio relacionado con el origen del mal sobre este planeta. Si bien esa oscuridad primordial es verdaderamente una nada, ya ha sido impresionada en un sistema solar anterior con una naturaleza forma. Esa naturaleza forma yace dormida hasta que la Luz, moviéndose dentro de la oscuridad, la despierta a la actividad. Así nace la oposición a la conciencia como un Ser Divino. Lo que se denomina diablo nace junto con el Cristo en la primera envoltura de Luz creada. El Morador en el Umbral reside en la envoltura causal y es, por lo tanto, la última oposición que ha de ser confrontada por el aspirante a la iniciación de la liberación.

Aquí está la principal limitación física de nuestro Logos: su equipo kármico, venido de una encarnación anterior, y la razón por la que el nuestro no es un planeta sagrado. Esa Luz, que es el elemento tierra, se mueve hacia un color dictado por una impresión previa de la sustancia, dando a luz una naturaleza forma que está en oposición con la evolución de la conciencia.

El Adepto lidia con esta oposición a medida que construye las formas diseñadas para llevar la conciencia del Plan a la manifestación.

¿Cómo se relaciona todo esto con el trabajo de magia en el que entra el discípulo probacionista para servir al Plan?

Las primeras implicaciones son aquellas que guardan relación con las tremendas fuerzas de la creación misma, con las que finalmente él trabaja. Él tiene que apropiarse de la respiración misma de Aquel en el que vive para poder crear en absoluto. Él mismo debe funcionar como el Uno, y, como ese Uno, exhalar hacia la negrura primordial el alma (conciencia) de la futura forma, de tal modo que cree de la nada el elemento que da forma al primer cuerpo (luz o tierra) de esa Alma.

Él hace esto en pleno conocimiento de que la armonía sobre este planeta es conocida a través del conflicto. Después debe determinar el conflicto que vendrá a ser junto con la forma recién creada, y con sabiduría, tenerlo en cuenta.

Esa nada primordial de la que él se debe apropiar a fin de crear el elemento tierra contiene dentro de sí una oposición latente, que surgirá como la conciencia de la materia prima Planetaria, para oponerse al Plan mismo que él trata de servir. Sin embargo, esa conciencia será parte del Alma recién creada, estará casada con ella, pues la Luz despierta irrevocablemente y la atrae al ser.

¿Por qué crear en absoluto, se pregunta él? Sin embargo, debe llegar la comprensión de que sólo de esta manera puede resolverse el karma planetario. Este aspecto del equipo logóico tiene que ser redimido antes de que nuestro planeta tome su lugar entre los planetas sagrados del sistema.

La seguridad del éxito reside en el nombre de Cristo. Sólo en este Nombre nos proponemos crear; sólo en este Nombre la síntesis es verdaderamente posible. La palabra que él emite en tiempo y espacio es el Nombre de Cristo.

Recapitulemos ahora el proceso seguido hasta aquí desde otra perspectiva algo diferente.

"El Alma, en profunda meditación, se funde con el Uno y ve el Plan que tiene ante ella.
La iluminación de los tres revela la Palabra.

El Alma, en profunda meditación, lleva esa Palabra a su corazón y la hace sonar allí.
El creador y su creación son uno.

La palabra sonante proyecta una sombra en la noche más oscura. El Alma, con Amor sentido en el corazón, envía la Palabra para que suene dentro de la sombra, y la Luz nace dentro de su esfera.

Tres colores se funden y mezclan, y el fuego reclama la Palabra. El creador y la creación ya no son uno".

La Naturaleza del Alma

Lo anterior está traducido de una antigua obra de las enseñanzas que lleva mucho tiempo perdida para la humanidad. Su hallazgo y su publicación indican la promesa de este nuevo ciclo. Se ofrece aquí como un pensamiento-semilla para la meditación por parte del Alma que quiere servir.

LECCIÓN 31

Qué Hacer con la Comprensión Intuitiva:

La relación entre el fuego y el agua en el proceso
creativo;
Individualización de la Unidad Manásica;
La toma de la envoltura manásica;
El nacimiento del Deva;
Las preparaciones del Alma para dirigir el Deva hacia
abajo, hacia el "nacimiento" en los Tres Mundos
inferiores;
El uso del cerebro en el proceso creativo.

Ahora llegamos a la etapa más difícil del proceso creativo para revelar la palabra en la forma. ¿Cómo se crea la mente misma? ¿Cómo se convierte el Alma en un ego aislado mediante una manipulación de esta frecuencia de la materia primaria?

Aquí, ciertamente, hay un misterio que ha preocupado a todos los estudiantes serios de la alquimia a lo largo de las eras. Porque tal como cada forma en los tres mundos está habitada por su propia conciencia causal, así también está habitada por dicha conciencia a través de una mente aislada. Esa mente aislada es un efecto, una radiación o emanación de la unidad manásica creada y contenida dentro de la envoltura causal.

La Naturaleza del Alma

La Palabra, sonando dentro de su esfera de luz, produce tres colores que se funden y mezclan en un Fuego. Ese Fuego es manas, el principio mente que resplandece para reclamar la Palabra.

Llegados a este punto, el estudiante tiene que tener mucho cuidado de evitar la confusión que podría resultar de la interpretación errónea de dos conceptos que aparentemente están en conflicto. El elemento tierra o luz viene antes, y está en una frecuencia más elevada de la materia primaria que la del fuego. La tierra, entonces, o el principio de luz, que no debe confundirse con el plano físico del planeta tierra, es anterior al fuego o principio manas.

La luz da tres colores que, al combinarse, se convierten en fuego o manas. Los tres colores son las fuerzas o energías espirituales de la Voluntad Divina, el Amor Divino y la Actividad Inteligente. En lo que atañe a este planeta, una de ellas se convierte en o asume la naturaleza del morador en el umbral, esa oposición al Plan que nace dentro de la luz y entra en la frecuencia de la materia primaria que llamamos el principio manas o mente.

En la Lección 30 se dice:

> "Esa luz que es el elemento tierra entra en un color dictado por una impresión previa de la sustancia, dando a luz una naturaleza forma que está en oposición a la evolución de la conciencia".

En este sistema planetario, el color, uno de los tres, da a manas una naturaleza que es contradictoria con el Propósito del Alma, y sin embargo sólo a través de la mente puede el Alma manifestar su propósito. El Alma se ocupa de este color específico, o naturaleza mental, mientras trata de liberarse de su prisión. Este es el color que la aísla, a través del principio manas, de sus hermanas. Constituye la ilusión del plano mental con la que debe lidiar el iniciado cuando trata de servir al Plan.

El Alma o conciencia de la futura forma es tragada por el fuego, y su sonido se pierde. A medida que este fuego consume la Palabra, su luz se reduce, recediendo gradualmente hasta ser un punto, y el Alma es reclamada por otra envoltura, la unidad manásica. Ha tomado forma: el creador y la creación ya no son uno.

Ahora ya no hay nada más que forma. El Alma o la Palabra dentro de su forma está en silencio hasta que su creador la despierta a la vida.

El creador mira a su creación y hace sonar esa nota que es su vida.

La nota es sentida, y el alma durmiente responde. La Palabra comienza a vibrar, saliendo hacia fuera en forma de onda para unirse a las miríadas. Así el cuarto principio de vibración, o el elemento agua es creado por el sonido de la Palabra dentro de su forma.

La onda crea el tiempo y el espacio, o una esfera de actividad, dentro de la cual la forma se relaciona con otras formas.

El aire, la tierra, el fuego y el agua han sido así manipulados, y el deva vive, siendo una creación que aún no ha nacido a la apariencia en los tres mundos, pero que tiene un lugar causal en la esfera búdica dentro del aura de su creador.

Así es creada una persona antes de su nacimiento en los tres mundos de la actividad humana.

La Naturaleza del Alma

Por favor, recuérdese que las cuatro frecuencias de la materia primaria así descritas están por encima de los tres mundos inferiores. Constituyen el cuerpo sustancial del plano búdico, y, en diferentes ecuaciones, también constituyen el cuerpo sustancial de los planos mental, astral y etérico.

El mental inferior es una condensación dentro de un rango de frecuencias inferior de los cuatro elementos en una ecuación que da predominancia al fuego.

El astral es una condensación de los cuatro en una ecuación que da predominancia al agua.

El etérico es una condensación de los cuatro en una ecuación que da predominancia a la tierra.

El aire está igualmente presente en todas partes.

El plano físico de las apariencias es producido por el morador en el umbral como una distorsión del aire, la tierra, el fuego y el agua. Cuando el morador es superado o transmutado por el Ángel de la Presencia, el plano físico deja de existir.

Mientras el Alma sea víctima del morador, está condenada a la rueda del renacimiento en el dominio del morador.

El proceso creativo descrito hasta aquí tiene lugar en los niveles búdicos y es llevado a cabo por la conciencia, que funciona dentro de y como la Vida Una. Entonces la conciencia está operando por encima del cerebro y de la naturaleza mental inferior, sin dejarse obstruir por las formas allí contenidas. La conciencia aún tiene que precipitar la forma creada hacia la manifestación.

Lección 31

Y ahora le diré un secreto de gran importancia para usted en este momento.

Los que leen, estudian y meditan en estas instrucciones ya están involucrados en este proceso creativo durante esas horas en las que el cuerpo está dormido. El propio estudiante centrado en el Alma, a medida que funciona y participa de la vida grupal ashrámica cada noche, concibe y da forma a las nuevas expansiones de conciencia que se alcanzan a través de experiencias de conciencia.

Su tarea consiste en dirigir estas nuevas experiencias en dirección descendente hacia la manifestación, para impactar e impresionar el cerebro de tal modo que les dé nacimiento en la conciencia física, astral y mental.

La experiencia de vida del discípulo aceptado en los tres mundos inferiores se crea de esta manera. El plan de servicio, que aprovecha cada oportunidad en tiempo y espacio, es concebido y moldeado en forma dévica por el discípulo centrado en el Alma mientras su cuerpo duerme, hasta que alcanza la continuidad al entrar en la vida grupal ashrámica durante sus meditaciones. El karma humano, los karmas nacional, grupal e individual son observados y contabilizados, y se hace adecuado uso de ellos en el servicio al Plan conforme se crean experiencias que lo resolverán todo en la Ley y el Orden Divinos.

Antes o después cada uno de ustedes creará en plena conciencia de vigilia no sólo este tipo de experiencias en esta encarnación, sino la totalidad de la experiencia de vida de las encarnaciones siguientes, el plan de servicio total que procede de manera continua de una vida a la siguiente.

De esta misma manera, el iniciado entra en sus propias

manifestaciones en tiempo y espacio, sin dejar nada al karma o al destino, sino manipulando tal karma para servir al Plan.

Al entrar en meditación, hágalo teniendo en cuenta que el objetivo inmediato de su desarrollo o evolución es alcanzar esa continuidad entre el Alma en su propio plano y su vida en el cuerpo, de modo que no haya distancia o ruptura entre ambas.

En el presente, sus horas de vigilia se encuentran funcionando en el cerebro como receptor de la impresión superior, cuando tal recepción es posible. Dese cuenta de que está yendo hacia esa unión con el Alma en su propio plano que le permitirá funcionar como el agente creador y impresionador.

¿Cómo se impulsa la forma creada hacia abajo, hacia la manifestación?

Ahora el Alma tiene que impresionar la forma sutil e intangible (en lo tocante a los tres mundos), con su conciencia aprisionada, sobre el instrumento que fabrica formas en los tres mundos, el cerebro físico. Y esto tiene que hacerlo de tal modo que posibilite su aparición en la sustancia etérica, mental y astral.

En la lección 28 se dice:

> "En realidad el cerebro es un punto de enfoque en la sustancia de la conciencia encarnante. Nosotros decimos: "El hombre en el cerebro". Y nos referimos al enfoque del Alma en la sustancia, "el hombre en su casa". El cerebro es una condensación de materia mental, astral y etérica creada por un enfoque de estas tres frecuencias de la materia a través de la cueva existente en el centro de la cabeza. Las glándulas pi-

neal y pituitaria son las polaridades positiva y negativa que establecen el juego de fuerzas que produce el nacimiento de la conciencia interna, o su reflejo sobre esta materia condensada a la que llamamos cerebro.

La cueva en el centro de la cabeza se define ocultamente como ese lugar donde se encuentran la tierra, el aire y el agua, porque ese es el centro donde se enfoca la sustancia etérica, mental y astral (en este orden) para condensarse en la forma".

Aquí me gustaría añadir que el aire ha sido usado en conexión con el plano mental como parte del velo de la Verdad. En realidad, esta declaración es un hecho oculto, puesto que el aire está igualmente presente por todas partes, pero también es incompleta.

Cuando se considera esto a la luz de la instrucción precedente, empieza a tener un significado real.

El Alma ha creado una forma dévica a partir de los cuatro elementos de la esfera búdica. Digamos, para nuestros actuales propósitos, que esa forma tiene que ver con la expresión del Alma en los tres mundos, a través del medio de una personalidad iluminada. La conciencia, que el Alma expresaría y que ha quedado aprisionada dentro de esta forma recién creada, tiene que encarnar en el cerebro físico; tiene que enfocarse allí dentro de la nueva forma antes de poder manifestarse en los tres mundos.

El Alma, aún en su propio plano, mira hacia abajo a través del canal creado desde la envoltura causal, a través del centro de la cabeza hacia la cueva, y se irradia a sí misma para llevar la forma dévica creada hacia abajo, hasta que se enfoca en la cueva.

La Naturaleza del Alma

En la cueva se encuentran las fuerzas sustanciales de sus cuerpos, y en este centro reclamarán o revestirán al nuevo deva.

El Alma ahora se preocupa de estas fuerzas y de su efecto sobre la forma que ha creado. Entonces tiene que mirar a través del centro donde se encuentran los devas etérico, mental y astral, dentro de los cuerpos mismos, para evaluar si están preparados para cooperar con este esfuerzo.

La condición de los cuerpos se refleja en la cueva. Porque, tal como las fuerzas allí concentradas los han creado, así ellos impactan sobre este centro, generando una reacción en él.

Se dará más sobre esta etapa del proceso creativo en la lección siguiente.

Como tarea, por favor explique con sus propias palabras su comprensión de los cuatro elementos.

LECCIÓN 32

Magia Ceremonial, o la Manipulación de los Devas de
los Cuatro Inferiores:

Los devas de la sustancia mental, astral, etérica y
física-densa (o energía, fuerza, sustancia y apariencia);
La evolución de las vidas dévicas;
El uso de la voluntad cuando se impacta sobre los
devas;
La evolución paralela de la Conciencia (como Ser) y de
la Materia (como Inteligencia);
La evaluación que hace el Alma de la condición de los
Cuatro Inferiores.

El término "magia ceremonial" ha sido usado deliberadamente al mismo tiempo como un velo y como una indicación oculta de la Verdad. Hace referencia a esa manipulación consciente de la energía, la fuerza y la sustancia que produce la aparición fenoménica en el mundo
de los asuntos humanos.

En las últimas lecciones nos hemos dedicado casi completamente al proceso creativo tal como lo inicia el discípulo centrado en el Alma desde el nivel del plano búdico.
Si bien esto es pura creatividad, y aunque nos hemos
referido a ello como magia, en realidad no es magia
ceremonial, porque la magia ceremonial trata con la

La Naturaleza del Alma

manipulación de los cuatro inferiores.

Aquí continuamos desentrañando la Verdad a fin de entender un tema que está cubierto por tantos velos que parecen convertirlo en fantasía.

Hemos descrito el cuaternario inferior como las cuatro frecuencias de la materia primaria, o tierra, aire, fuego y agua. Estos cuatro elementos hacen referencia a la materia primaria en el sentido planetario, que se encuentra en la esfera búdica, y que es usada por el creador cuando inicia, desde el nivel del Alma, aquello que va a tomar forma en los tres mundos inferiores. En otras palabras, hemos descrito el proceso de crear un deva solar (forma causal), que puede tomar o no una apariencia en las sustancias mental, astral y etérica.

Los devas de los cuatro inferiores hacen referencia a:

1. Los devas del plano mental
2. Los devas del plano astral
3. Los devas del plano etérico
4. Los devas particulares de la apariencia

o:

1. Energía
2. Fuerza
3. Sustancia
4. Apariencia

En otras palabras, el trabajo en los niveles búdicos es pura creatividad, mientras que el trabajo por debajo de ese nivel es magia ceremonial, es decir, la manipulación de cuatro órdenes de vida dévica.

Lección 32

El reino de los devas es una evolución paralela de la sustancia o inteligencia que se relaciona con la conciencia de tal modo que le da forma sustancial y apariencia. Así, el Propósito Logóico se manifiesta a través del aspecto conciencia en su relación con la evolución dévica. A través de esta relación al hombre se le capacita para pensar, sentir y actuar, puesto que es el deva el que da cuerpo a aquello que el hombre expresaría a cualquier nivel.

Para el hombre en el cerebro, o para la conciencia aprisionada dentro de los confines de los tres mundos inferiores, el deva Solar, cuya creación hemos considerado en las últimas lecciones, es la forma arquetípica. Para los devas de los cuatro inferiores, el deva Solar no sólo es la forma arquetípica, sino la vida superior directora hacia la que ellos aspiran, y a la que tratan de obedecer.

Tal como la conciencia aprisionada aspira hacia, y busca la unión con, su correspondiente superior, los devas de los cuatro inferiores evolucionan de manera similar. Tal como la conciencia alcanza finalmente la unión a través de la vida dévica, el deva alcanza su unión a través de la conciencia. Así, ambos reinos son interdependientes y pueden alcanzar la realización de sus respectivos propósitos y objetivos sólo a través del esfuerzo de cooperación mutua.

Cada forma que es perceptible para los cinco sentidos físicos está construida por los devas de los cuatro inferiores y habitada por la conciencia. Los cuerpos mismos están constituidos por vidas dévicas, de modo que las dos evoluciones del deva y de la conciencia están más cerca de lo que lo están el Logos y el Alma, aunque estos dos últimos son Uno.

La propia mente con la que piensa es un deva. La naturaleza sentimiento a través de la cual percibe, siente y toca es otro deva. El cuerpo sustancial detrás de su apariencia, y la apariencia misma, cada uno de ellos es una vida inteligente dentro de esta evolución dévica. La conciencia tiene que conectar deliberadamente con estas vidas y tiene que cooperar con ellas en el desarrollo del Plan de Dios sobre la tierra, antes de que cualquiera de ellas pueda alcanzar su Propósito y objetivo.

La evolución dévica es el tercer aspecto, el polo negativo de la manifestación. En su nivel más elevado es el tercer Logos, pero en el grado más elevado a disposición del hombre es el Espíritu Santo, y en su grado más bajo es el elemento físico.

Considere por un momento estas dos evoluciones paralelas en su mutua relación inconsciente.

Un hombre en su mente (deva mental) es capaz de pensar sólo porque el deva servicialmente se organiza a sí mismo según los dictados de la voluntad del hombre, que es el polo positivo.

Un hombre en su naturaleza de sentimiento (deva astral) es capaz de percibir a través de sus sentidos, de sentir y tocar únicamente porque el deva servicialmente se relaciona con él dentro de una esfera de actividad o vibración. Le pone en contacto con otras formas y estados de conciencia o egos aislados, siguiendo los dictados de su Voluntad.

Un hombre en su Alma interna sustancial (deva etérico) es capaz de actuar únicamente porque el deva da sustancia a lo que él quiere hacer.

Un hombre en su cuerpo físico o apariencia (una combinación o interacción del deva etérico y el elemental) tiene apariencia únicamente porque el elemental se la da (refleja lo que él es) de acuerdo con los dictados de su voluntad.

De esta manera, la evolución humana vive dentro, y sin saberlo manipula las vidas dévicas a fin de poder manifestarse en absoluto. El deva siempre coopera con el aspecto voluntad tal como es ejercido por la conciencia del hombre. Así sirve a su propósito evolutivo.

El hombre sólo coopera conscientemente con el propósito evolutivo del deva cuando transfiere o imprime sobre él con claridad la Voluntad Divina, más que una voluntad separada. Así al deva se le permite contactar, y finalmente fusionarse con, su vida superior, es decir el Espíritu.

La conciencia es la evolución del Ser, o Identidad.

La materia es la evolución de la inteligencia o sustancia.

La atención de estas dos evoluciones no se dirigirá hacia la evolución del primer aspecto en esta encarnación Solar particular, aunque se producirán unas pocas revelaciones con respecto a dicho aspecto hacia el final de sus días. La tercera encarnación o encarnación final de nuestro sistema Solar en el plano físico cósmico revelará la evolución del Espíritu, y así completará la ecuación final de Espíritu, materia y conciencia a su propio nivel, o en sentido Solar.

Para nuestros propósitos, por tanto, la evolución dévica es el opuesto polar del aspecto Voluntad, y a través de su manipulación la Voluntad Divina acabará revelándose a sí misma. Estos devas son los constructores del universo que, obedeciendo la voluntad que los dirige, se disponen a la actividad a fin de producir forma.

La Naturaleza del Alma

En nuestra última lección hemos llegado a ese lugar crítico del proceso creativo en el que el Alma, en su propio nivel, debe evaluar la preparación de los devas inferiores para cooperar con su esfuerzo.

"El Alma, aún en su propio plano, mira hacia abajo, a través del canal creado desde la envoltura causal, a través del centro de la cabeza hasta la cueva, y se prepara para impulsar la forma dévica creada hacia abajo, enfocándola en la cueva".

Aquí hay tres factores que conciernen al Alma. Y son: el estado de la conciencia encarnada tal como queda reflejado por:

1. El deva etérico, que dará la primera acción a la forma recién creada, la vida en los tres mundos. En otras palabras, el deva etérico construirá de su propia sustancia un entramado etérico, el cuerpo interno sustancial o entramado constitucional, de aquello que va a nacer en los tres mundos inferiores.

Seguidamente este deva debe reflejar una conciencia preparada a través de su movimiento ascendente equilibrado. Debe mantenerse firme y receptivo al impulso superior. Su respiración está tranquila durante el interludio superior de la recepción.

2. El deva mental que dará Propósito y dirección, o Potencia, a la forma. Este deva refleja la preparación de la conciencia a través de su atención alertada al impacto superior. Se toma nota de la lucidez de su sustancia. ¿Es tal que el propósito superior de la forma precipitada puede imprimirse en ella? ¿Se reflejará ese propósito como significado en la naturaleza mental de la nueva forma?

Lección 32

Este deva debe revestir la nueva forma con ese cuerpo mental que asegura la precipitación de la intención de su creador. Esa intención se refleja, a través del significado, como el plan de vida de la forma desde su final hasta su principio.

Me gustaría clarificar algo más esta declaración oculta "desde su final hasta su principio". Eso que se refleja hacia abajo desde el cuerpo mental hacia el astral es una inversión de la imagen creada, de modo que lo último (el principio) viene primero en la secuencia de manifestación. Así, el deva mental recibe y construye desde el final hacia el principio.

Este deva tiene que estar coordinado con el deva etérico en el interludio superior de recepción.

3. El deva astral que, a partir de su propia sustancia, creará un campo de actividad y relacionará la forma recién creada dentro de su propia esfera con ese campo de actividad que será el mundo de sus asuntos.

Este deva debe evidenciar la preparación de la conciencia encarnante a través de su quietud total, de su paz. De esa paz nace ese caos de actividad que produce una nueva precipitación del propósito y del Plan.

Este deva está coordinado con los otros dos en el interludio inferior de recepción.

Aquí hemos considerado los requisitos del funcionamiento mágico en lo que atañe a los devas de los tres inferiores. Ellos indican que las tres condiciones que se requieren de la conciencia encarnante son:

1. Que haya sido llevada a un punto de enfoque (abstracción del mundo de los impactos horizontales);

La Naturaleza del Alma

2. Que esté alineada y receptiva a través de la mente al propósito superior y al Plan;

3. Que sea capaz de entrar en ese silencio conocido como Paz; que su enfoque esté en equilibrio.

LECCIÓN 33

El uso de los Interludios Superior e Inferior del Proceso
Creativo para Manifestar la Forma:

La Relación de la Meditación Ashrámica con los Ciclos
de la Luna;

La Coordinación del Interludio de Meditación Inferior
del Alma con el Interludio Superior de la Persona;

La Conexión del Interludio Superior con la Luna Llena
y la Iluminación;

La Conexión del Interludio Inferior con la Luna Nueva
y la Precipitación;

Los Ciclos Menores del día de Veinticuatro Horas.

"A lo largo de toda la encarnación el Alma Espiritual
está en profunda meditación".

Consideremos ahora el caso hipotético de un Alma grupal (una vida de grupo ashrámica) que ha creado una
nueva vida en forma de un deva Solar. Ese deva contiene el Propósito Divino del grupo encarnante, su plan de
servicio en los tres mundos, y cualquier Sabiduría necesaria para la manifestación de su servicio.

Se sugiere que aquellos estudiantes de este texto que se
consideren integrados en un potencial grupo de servicio
den al concepto anterior la consideración más profunda.

La Naturaleza del Alma

El alma en su propio plano ha evaluado la preparación de la conciencia encarnante, y su instrumentalidad, para cooperar con el Propósito Divino y con el Plan. Ahora el alma tiene que conducir el deva solar recién creado hacia abajo para enfocarlo en la cueva, donde los devas de los cuatro inferiores le darán una forma y una actividad que sean comprensibles para la conciencia humana.

Para hacer esto, el Alma transcendente debe coordinar el interludio inferior de su meditación con el interludio superior de la personalidad meditante.

Este concepto añade más luz a la razón pura de la meditación misma. Cuando la conciencia encarnante se pone a disposición del Alma transcendente en el elevado monte de la meditación, esa Alma precipita su Propósito, Sabiduría y Plan hacia la mente, el cerebro y los asuntos de su personalidad.

Cuando este acto ocurre realmente por primera vez, la tercera iniciación está en camino. El Alma Espiritual Transcendente está encarnando en su vehículo de manifestación preparado mediante el proceso de iluminación y transfiguración.

Los interludios de meditación son como sigue:

A. El interludio superior se alcanza cuando la conciencia entra en su punto más alto de receptividad, también conocido como el silencio oculto. Este es el momento de mayor aspiración a eso que es trascendente.

Si bien el interludio superior se alcanza cíclicamente en cada meditación, el pico más elevado de todos se alcanza normalmente durante cada ciclo lunar, en o en torno al tiempo de la luna llena.

Lección 33

B. El interludio inferior se alcanza cuando la conciencia, después de haber incorporado sobre sí la iluminación proyectada, precipita dicha iluminación hacia una frecuencia inferior de aparición. En ese momento es cuando se hace la magia.

Tal como ocurre en el interludio superior, cada meditación debería proveer el momento cíclico de la precipitación. En cualquier caso, el interludio más bajo de todos (el momento de máxima oportunidad para la magia) se alcanza normalmente una vez durante cada ciclo lunar, justo después de la luna nueva.

Esto significa que el Alma Espiritual Transcendente realiza su principal acercamiento cíclico a su personalidad durante el periodo de luna llena, que abarca entre 12 horas y 3 días dependiendo de su punto de desarrollo evolutivo. Este es su interludio inferior, el momento propicio para la precipitación de la iluminación en la conciencia meditante de la personalidad.

El Alma Espiritual Transcendente realiza su acercamiento cíclico menor a la personalidad meditante una vez cada veinticuatro horas durante el periodo matinal que cubre desde el amanecer hasta el medio día, dependiendo de su punto de desarrollo evolutivo.

La conciencia que mora internamente establece sus interludios cíclicos a través de la práctica meditativa del acercamiento. Cada mañana la conciencia se acerca al ciclo menor del interludio superior a través de un alineamiento, enfoque y aspiración silenciosa cuidadosamente practicados. El acercamiento al ciclo principal del interludio superior se realiza por medio de la utilización del punto álgido diario para un Propósito específico durante el periodo de luna nueva a luna llena.

La Naturaleza del Alma

En otras palabras, se considera que durante este periodo, la meditación diaria es un acercamiento cíclico al
momento de mayor oportunidad para la iluminación con
respecto a un pensamiento semilla específico. Ninguna
realización alcanzada durante este ciclo principal de
acercamiento es considerada, o aceptada, como el objetivo de la meditación hasta ese momento.

La meditación, desde la luna nueva hasta la luna llena,
es un planteamiento meditativo que se lleva a cabo cíclicamente.

Seguidamente el proceso se invierte, y el ciclo menor del
interludio inferior se usa cada día mediante la práctica
de un alineamiento inferior, contemplación o reflexión, y
el acto de precipitación.

El ciclo mayor del interludio inferior, que en realidad es
un acercamiento por medio de un descenso gradual, utiliza cada meditación diaria para un Propósito específico
durante el periodo que va de la luna llena a la luna nueva.

Durante este periodo, el interludio superior se usa como
un periodo de contemplación o de construcción de la
forma-pensamiento de esa iluminación que ya ha sido
recibida. Durante este ciclo no se toma un nuevo pensamiento-semilla, ni se buscan nuevas realizaciones. El
propósito de este periodo es la encarnación de lo que ha
sido recibido durante el interludio superior.

Cuando se alcanza el momento cíclico mayor se entra en
el verdadero trabajo mágico, y el ciclo completo de meditación concluye.

La meditación desde luna llena hasta luna nueva es una
meditación de descenso de un interludio superior a otro

inferior, y se lleva a cabo cíclicamente.

Esto significa que las meditaciones diarias, de una luna nueva a la siguiente, no son sino las actividades cíclicas de una meditación completa, utilizando la continuidad de un pensamiento-semilla u objetivo.

En este momento me gustaría mencionar un punto de gran importancia. Cuando el discípulo puede entrar en meditación al despertar, y mantener o sostener el estado meditativo a lo largo del día, su ciclo menor de precipitación se alcanza durante el periodo que va de la puesta de sol a la media noche.

Si los ciclos de meditación no se usan adecuadamente, la totalidad de la meditación queda desequilibrada y no se puede esperar que produzca unos resultados óptimos. Una vez que el probacionista se ha reorientado en cierta medida hacia la vida del Alma y trata de servir al Plan Divino, debe aprender a hacer un uso adecuado de estos ciclos.

Si no se realiza el acercamiento al interludio superior con una dedicación interna al Propósito, no se puede esperar que el contacto consciente con el Alma continúe. Si el acercamiento al interludio inferior, a través del descenso, no se realice para el propósito específico de la encarnación, ¿cómo puede el probacionista esperar alcanzar el domino de la naturaleza forma? Si se interrumpe la continuidad del ciclo completo de meditación, el siguiente ciclo queda desequilibrado, y el resultado natural de esto es la confusión.

Durante su estudio de esta serie de instrucciones, su práctica de meditación ha seguido un ciclo mucho más corto; no obstante, ahora está preparado para iniciar la meditación continuada tal como la practican la Jerarquía y sus discípulos.

La Naturaleza del Alma

Proceda, entonces, recordando al hacerlo las ideas siguientes:

1. Que el Alma Transcendente es un Alma grupal que está tratando de apropiarse, a través de su interludio inferior, de la conciencia encarnante de sus instrumentos.

2. Que dichos instrumentos son:

   a. El grupo mundial de discípulos,

   b. La vida grupal ashrámica de la que es parte relacionada,

   c. La unidad grupal con la que mantiene contacto en la encarnación.

A medida que continúa con su alineamiento, incluya otro horizontal con los tres aspectos de los instrumentos del Alma.

Considera, por un momento, el tremendo poder potencial de un grupo de discípulos que quisieran y que lograran establecer y mantener la continuidad de la meditación conjuntamente en unidad.

El interludio superior hallaría a cada uno de ellos enfocado en la cueva, o en un centro superior, en ese estado de receptividad silenciosa en el que la conciencia separada se ha fundido en la vida una. Entonces la iluminación podría precipitarse en la conciencia de todo el grupo, y cada uno conocería el mismo Propósito, Sabiduría y Plan.

El interludio inferior encontraría a cada uno enfocado en la cueva sintetizado en el mago blanco, donde el acto de precipitación grupal podría tener lugar por medio de la instrumentalidad conjunta.

De este modo el discípulo se convierte en una parte consciente de la Vida Una, y así es como la Vida Una se convierte en parte consciente de él. De este modo, el Propósito, la Sabiduría y el Plan de la vida grupal ashrámica son conocidos y precipitados en una actividad de servicio al mundo.

> 3. Que eso que lleva la iluminación del Alma transcendente a la conciencia encarnada es un Deva Solar, creado específicamente para ese propósito.

Este deva será impulsado hacia abajo por el Alma Transcendente cuando el interludio superior de la personalidad esté coordinado con el interludio inferior del Alma.

En este punto, a aquellos de ustedes que sean guiados intuitivamente a hacer buen uso de él se les ofrece un ciclo de meditación anual que utiliza los interludios cíclicos mayores y menores.

El mejor modo de iniciar esta meditación es durante la primera luna nueva del nuevo año, o durante la luna nueva que sigue al festival de Wesak.

El propósito de la meditación de todo el año será la precipitación de la Sabiduría en la conciencia de la humanidad con relación a los doce pensamientos-semilla siguientes.

Cada pensamiento semilla cubrirá un ciclo completo de meditación, desde cada luna nueva a la siguiente, en el orden dado.

La Naturaleza del Alma

1. "El Poder de la Verdad es Dios".

2. "El Amor a la Verdad es Sabiduría".

3. "La Luz de la Verdad es 'Cada hombre un Cristo'".

4. "La Verdad os hará libres".

5. "La Voluntad de Síntesis es el Espíritu de Paz".

6. "La Voluntad de Amar es la Causa de la Paz".

7. "La Voluntad al Bien es la Acción de la Paz".

8. "La Divina Motivación de la Fuerza es la Vida de Dios".

9. "La Sabiduría de la Fuerza es el Amor de Dios".

10. "El Correcto Uso de la Fuerza es el Amor a la Humanidad, individual y colectivamente".

11. "El Amor trasciende el conflicto".

12. "El Plan Divino para la Humanidad se manifiesta a través de la Divinidad de cada Unidad Individual".

LECCIÓN 34

Problemas del Joven Discípulo Cuando Intenta
Practicar la Magia Ceremonial por Primera Vez:

La "Tierra de Nadie" Entre la Identidad como Alma y
como Persona;
El Problema de la Insatisfacción con el Mundo de la
Persona;
El Dilema de la "Impotencia" y las Ilusiones de la
Futilidad, la Depresión y la Autocompasión;
El uso de las Leyes Divinas como Métodos de Hacer
Frente a las Situaciones;
La Ley de Economía y la Naturaleza de las Formas-
Pensamiento Obsesivas;
La Correcta Relación con las Finanzas.

El joven discípulo que está entrando por primera vez en
el reino de la iniciación a la magia se siente asediado
por los obstáculos y los conflictos que, en su impacto total, producen una apariencia de completa confusión y
caos. Él se mueve dentro de esa tierra de nadie entre
dos mundos, cada uno de ellos con un conjunto de leyes
distintas, y descubre que no puede entrar en ninguno de
ellos.

El viejo mundo de la personalidad dentro del cual él ha

La Naturaleza del Alma

vivido, se ha movido y ha tenido su ser durante incontables siglos de experiencia ya no está abierto para él. Hace mucho tomó un camino que le sacaba directamente de dicho mundo, y sin apenas darse cuenta finalmente ha atravesado la puerta que le impide volver a entrar en él.

Por delante ve, aunque aún débilmente, el nuevo mundo del Alma, donde tiene que aprender nuevas reglas de vida antes de poder empezar a funcionar. A medida que practica la meditación, aprende los rudimentos de la movilidad, la comunicación y la cognición. Tropieza, como lo hace el niño pequeño que está aprendiendo a andar; tartamudea, como el niño que está aprendiendo a hablar; y comete errores similares a los de los niños que aprenden a leer y escribir.

Sus horizontes se han extendido mucho más allá de la circunferencia de su visión física. Una nueva luz diferente de la de su sol brilla sobre todo lo que es, haciéndolo crecer de acuerdo con un patrón interno que sólo vislumbra a medias. La vida ya no es un espacio de tiempo entre el nacimiento y la muerte, sino que se ha convertido en un eterno crecimiento de la conciencia y de las formas cambiantes.

Sin embargo, este recién nacido (recién nacido para el Espíritu) aún ocupa una personalidad, aún se encuentra en este mundo, aunque ya no sea del mundo.

¿Cuáles son sus problemas específicos? Aquellos de ustedes que han llegado hasta aquí reconocen estos problemas cuando se enuncian, aunque ustedes mismos serían incapaces de definirlos.

El primer lugar, por supuesto, está esa sensación de "tener muy poco conocimiento real" que todo discípulo joven siente con tanta agudeza. La vasta expansión de conciencia que ha experimentado —y es vasta cuando se la compara con la conciencia que tenía hace muy poco— es como nada en comparación con aquello que aún le queda por lograr. Su visión del mundo de la realidad, con todo su nuevo conocimiento, no es sino un lugar de sombras. Las leyes que debe manipular no son sino definiciones que le suenan bien y le parecen correctas, pero de momento tienen poco significado práctico.

Esa Alma que él es (su identidad misma) es, de momento, poco más que una teoría.

En segundo lugar, y al mismo tiempo, el joven discípulo experimenta una creciente insatisfacción con el mundo de la personalidad, que está totalmente fuera de proporción con respecto a su nuevo conocimiento. Ahí él ya no puede encontrar alegría o paz mental. Se cansa del trabajo de su vida. Encuentra que toda contribución que pueda hacer a la sociedad es completamente inadecuada. El ofrece su don, pero sin ganas de dar.

Este es un periodo peligroso, una prueba que forma parte del proceso mismo de iniciación y es causa del fracaso de muchos principiantes.

Además de estos dos problemas, el joven discípulo experimenta frecuentemente fracasos económicos y sociales, fracasos en sus intentos de ser influyente, y la futilidad de la impotencia en todas las actividades en las que participa. La magia ya no funciona, ni siquiera la simple magia de la mente, que aprendió hace mucho tiempo.

¿Cuáles son las respuestas a este complejo laberinto de caos? ¿Cuál es el camino que conduce fuera de él hacia el nuevo mundo que se alza como una luz difusa ante él? Hay respuestas, hay un camino, y esta lección está dedicada a ambos.

La Naturaleza del Alma

Aprenda, en primer lugar, cuál es su experiencia con la naturaleza sentimiento. ¿Qué es ese peso de dolor que de repente ha puesto sobre sus hombros y que no puede dejar en tierra ni soportar? ¿Cuál es esta carga que le aprisiona y le separa de la alegría natural?

Es el peso del dolor del mundo presionando sobre si. Es el grito eterno del Alma aprisionada que busca liberación, el Alma de la humanidad que sufre las iniquidades de la naturaleza perversa de la ignorancia.

Hermanos míos, apenas lo han tocado; apenas han saboreado el dolor del sufrimiento humano (y ahora no hablo de la personalidad, sino del sufrimiento del Alma) que cada iniciado y adepto conocen tan bien. ¿Qué mueve a Dios a esperar a la humanidad? ¿Qué mueve a la gran conciencia y Luz del Cristo a sacrificar su Cielo para intervenir en los asuntos humanos? ¿Qué mueve a la Jerarquía a permanecer dentro de la estrella oscura cuando el Cosmos le espera fuera? ¿Qué es lo que suscita compasión de cada Vida que está liberada del sufrimiento humano? ¿Qué necesidad hay de compasión?

Usted ha sentido esa carga, ha experimentado su semejanza al abrir su corazón al Alma de la humanidad, y, en la mayoría de los casos, la ha considerado como propia. La ha reivindicado y la ha interpretado por medio de la auto-compasión, la depresión, la futilidad. ¿Cree que estas emociones son suyas? Ah, hermanos míos, eso es ego, porque ninguna unidad podría tener acceso a ese dolor ni podría tener razón para sentirlo.

Este es el primer paso hacia la libertad. Dese cuenta, de una vez por todas, que no tiene nada ni puede experimentar nada únicamente por si mismo, porque no está solo. Las depresiones y los dolores experimentados por cada místico u ocultista son las penas del Alma Mundial en su aprisionamiento total.

A medida que toma conciencia de la Vida Una, abre la puerta de la conciencia a esta condición dentro de una parte de ella. A medida que se funda más y más íntimamente dentro de la Vida Una conocerá y experimentará esta condición hasta sus profundidades. Esto forma parte de la Conciencia del Alma. ¿Querría escapar de ella? Esta es su parte del karma planetario.

Sin embargo, no tiene por qué ser la causa de su fracaso como discípulo. Incluso siendo consciente de ella también puede conocer la alegría, tanto la alegría natural de la vida misma como la alegría de saber que puede servir para aliviar un poco de ese gran sufrimiento.

Así es como se equilibra este par de opuestos, y el iniciado nace para servir a la humanidad.

Aprenda a mantenerse con esa Fuerza Divina que no permite una subyugación astral a ella.

El segundo paso hacia la libertad sigue de cerca al primero. Guarda relación con la Ley. Tiene que elucidar y manejar esas Leyes que manipulan el espíritu y la materia, o el Plan y la forma, con la intrepidez característica de El Cristo.

En primer lugar miramos al viejo conjunto de leyes que nos han traído hasta aquí, tomando conciencia de las nuevas mediante el conocimiento de la correspondencia superior.

¿Cuál es el medio de intercambio en el mundo de los asuntos humanos, el medio que gobierna y controla el movimiento de todas las energías, fuerzas y sustancia en el plano físico de las apariencias?

La Naturaleza del Alma

Es el sistema financiero a través del cual es posible el comercio y los intercambios de todo tipo. Este sistema mueve la sangre de vida de los asuntos humanos, y forma parte de la economía que posibilita dicha vida. Ha construido la civilización actual y la sustenta.

En el mundo actual, este medio de intercambio es el reflejo del entramado etérico interno del cuerpo de la humanidad, ese entramado que mantiene unidas y posibilita, a través del intercambio, las interrelaciones de todas las partes entre sí y con la totalidad.

La palabra de poder que manipula las energías del sistema financiero es "dinero": energía de tercer rayo cristalizada. El dinero, entonces, no es un medio de intercambio, como muchos suponen, puesto que dicho medio es el sistema. El dinero es esa forma hacia la que el poder ha sido dirigido.

En el mundo de los asuntos humanos, el dinero es un reflejo de la palabra sagrada del Alma, que mueve la vida de la humanidad a través de su medio etérico de intercambio. Su poder reside en su forma mántrica, porque tanto el OM como el dinero son esencialmente mantras, palabras de poder mágico.

Las formas del mundo físico son manipuladas a través de su intercambio, en el seno de un elaborado sistema de intercambios, haciendo sonar la palabra que tiene el poder de moverlas. Definiremos a estas formas como los "devas de la apariencia".

De manera similar, los devas de los planos etérico, astral y mental son manipulados a través del intercambio por medio del sonido de esa palabra que tiene el poder de moverlos.

Lección 34

Considere ahora al discípulo que aporta un don (algo que él quiere intercambiar) que no tiene valor monetario (aún no tiene un lugar real) dentro del medio de intercambio económico. Su problema es muy real, porque si quiere intercambiar eso que tiene por vida dentro del mundo de los asuntos mundanos, debe hacer un lugar para ello *dentro* del sistema económico del mundo. Sin embargo, un don del Espíritu no tiene valor monetario, y ese valor no se le puede dar porque hacerlo lo limitaría al mundo de la forma.

Así, el joven discípulo se mueve en una tierra de nadie entre el mundo de los hechos concretos y el mundo de los denominados milagros.

En primer lugar tiene que darse cuenta que su don espiritual sólo puede ser intercambiado detrás del escenario de los asuntos ordinarios mediante la manipulación de los devas de los planos etérico, astral y mental. Esos devas llevarán su don de una conciencia a otra cuando suene la palabra de Poder.

Pero eso que es subjetivo asume una apariencia, y se debe crear un nuevo deva de la apariencia que pueda ser intercambiado por vida e influencia en el mundo de los asuntos humanos.

El discípulo sabe que la forma que él intercambia no es su don, no es su contribución a la humanidad, aunque pueda parecer que así es.

Él separa la sensación de importancia de la forma o apariencia de su servicio, sabiendo dónde reside su verdadero servicio.

Después, con calma, sin emoción, alinea los devas de la apariencia con los devas del Plan, aliena el mundo inferior de poder con el superior, y hace sonar el mantra que la da control sobre la naturaleza forma.

El mantra que él hace sonar es más que una palabra. Es una síntesis de Luz, sonido, color y vibración dentro de una nueva ceremonia, la ceremonia de la vida misma.

Trataremos extensamente de esta ceremonia en las lecciones siguientes. En preparación para tal iluminación se le sugiere que considere los devas particulares de apariencia con los que está más familiarizado.

En primer lugar, ¿qué es un deva de apariencia? Es la forma-pensamiento obsesiva que está justo detrás, o que controla, la aparición de la imagen externa, una interacción entre el deva etérico y el elemental.

Considere la forma-pensamiento obsesiva que está detrás del valor monetario de cualquier artículo o bien de consumo, de cualquier acto de servicio público, de cualquier acto laboral, etc.

Considere la forma-pensamiento obsesiva que está detrás del color de la piel de un hombre, de sus características raciales, de su clase y de su conciencia social, de sus gustos y aversiones, etc.

Considera la forma-pensamiento obsesiva que está detrás del nacionalismo, del catolicismo, del protestantismo, del budismo, del capitalismo, del comunismo, etc.

Considera la forma-pensamiento obsesiva que está detrás de la paz y de la guerra, del bien y del mal, de la vida y de la muerte, del amor y del odio.

Cualquier cosa que es, hace su aparición en los tres mundos por medio de una forma-pensamiento que obse-

Lección 34

siona a la conciencia. A esto le llamamos el deva de la apariencia, que encuentra su lugar entre, y sin embargo dentro de, el deva etérico y la forma elemental.

Si el discípulo ha de controlar la naturaleza forma, debe lidiar con estos devas, eligiendo aquellos con los que él estará obsesionado, y con los que, a su vez, obsesionará. Si esto le produce un choque, dese cuenta de que sólo está considerando los hechos de la vida.

La Naturaleza del Alma

LECCIÓN 35

Alinear los Devas a Través de la Ceremonia de Vida:

Participación en el Ritual (Formal e Informal) de
Alinear los Devas;
El Cuerpo de Luz del Cristo, See-la-Aum;
El Cuerpo de Luz de la Humanidad, Selah;
El Uso del Sonido, el Cerebro y el Sistema de Centros
en el Alineamiento Formal.

Un medio de expresión del discípulo, y por lo tanto un medio de intercambio, es el cuerpo de Luz etérico del Logos Planetario. Lo vemos primero como la Vida Una, un gran deva de Luz cuya sustancia penetra, interpenetra y mantiene en relación real a todas las partes de la Vida Una en una totalidad integrada.

En lo que atañe a nuestro planeta, la esfera búdica es el punto de origen, o, más correctamente, la puerta de entrada de este cuerpo de luz en las siete esferas vibratorias de la actividad planetaria. Así, a través de este medio de expresión, la Vida de nuestro Logos fluye desde la esfera búdica, el hábitat natural del alma, que es el corazón de la Vida Logóica, hacia y a través de todas sus partes.

Deténgase por un momento a considerar la esfera búdica como el corazón que distribuye la vida del Logos a través del Planeta por medio del gran deva de Luz, que emana esféricamente desde su centro hacia su periferia. Así es como esta vida entra en, y dirige, los asuntos de los sietes planos o esferas de materia vibrante que constituyen el cuerpo físico logóico.

A través de esta vida emanante que es Amor, el Alma consciente, de acuerdo con su conciencia, tiene acceso a, y expresión dentro de, las siete esferas de la actividad planetaria, porque este deva no sólo es portador del aspecto vida, sino que también es el vehículo de conciencia.

Cuando se contempla desde la perspectiva que lo ve en su totalidad como Una Vida, es el deva Solar; el cuerpo de Luz etérico del Logos Mismo. Este es el tercer aspecto de la manifestación que está constituido por la luz, el sonido, el color y la vibración, o por los elementos tierra, aire, fuego y agua.

No obstante, esto debe ir precedido por muchos cambios, tanto en la conciencia como en los asuntos de la humanidad. La integración de todos los discípulos en un esfuerzo grupal mundial hacia la rehabilitación y la reorientación de la masa debe proceder casi de inmediato si se quiere aprovechar el ciclo de oportunidad. Este esfuerzo avanzará a través de la práctica de la verdadera Ceremonia de la Vida realizada por los discípulos, tal como dicha ceremonia será revelada por el séptimo rayo entrante.

La conciencia de la Vida Una se identifica como El Cristo. El cuerpo de la Vida Una se identifica como See-la-Aum. El Cristo pronuncia dicho cuerpo a la existencia, y el discípulo de El Cristo se convierte en su custodio, en su transmisor, y en su punto focal de precipitación en la apariencia manifestada.

Examinemos ahora la correspondencia inferior de este

gran deva, el entramado etérico del cuerpo de la humanidad. Todos los seres humanos viven, se mueven y tienen su ser dentro de un gran entramado de sustancia etérica, que es una emanación de este deva de Luz. Este entramado los mantiene en relación mutua, y es el medio a través del cual las energías de vida del reino humano circulan a través de sus numerosas partes.

El entramado, si bien es una emanación, y por tanto parte de una vida mayor, también es una vida en sí mismo: otro gran deva que es el vehículo de la conciencia humana, conciencia identificada con la personalidad. Responde a una mente de masa, de naturaleza tanto astral como mental, reflejando las condiciones de esa mente en el mundo de los asuntos humanos a través de los devas de apariencia. Su nombre es Selah, y responde a aquello que le llega a través del cerebro.

Cuando el discípulo, deliberadamente y con intención formulada conscientemente, hace sonar el nombre Selah con la nota correcta (estando esa nota en clave de Fa), este deva le da su atención, y realiza su intención mediante la creación de un deva de apariencia.

Ya hemos definido al deva de apariencia como la forma pensamiento obsesionante que está detrás y que controla los detalles de la imagen externa. Hemos dicho que es la interacción entre el deva etérico y la forma elemental. ¿Qué es lo que convierte a un pensamiento en las mentes de unos pocos hombres en una opinión pública o en una costumbre? ¿Qué le da vida en los asuntos de la humanidad? Es Selah, el entramado etérico y cuerpo de la humanidad, que toma este pensamiento sobre sí mismo y le da fuerza de vida, y dicha fuerza de vida fluye a una vida grupal elemental que le está esperando.

El deva de apariencia, entonces, es la fuerza de vida del

La Naturaleza del Alma

pensamiento a medida que fluye desde el entramado etérico a una forma particular. Esa fuerza de vida sólo puede ser dada por Selah, pues Selah responde a la voluntad dirigente dentro de un cerebro.

Cuando un pensamiento, de naturaleza tanto astral como mental, recibe fuerza de vida del entramado etérico de la humanidad, se convierte en una obsesión, porque ahora su poder es el poder de la naturaleza forma que obsesiona la conciencia de la humanidad.

Considere los efectos que podrían engendrar dentro de la vida y los asuntos de la humanidad un grupo de pensadores entrenados. Este es el trabajo del grupo mundial de discípulos a medida que asumen la responsabilidad del servicio de preparar la Reaparición del Cristo.

La Ceremonia de Vida guarda relación con la unificación del See-la-Aum y el Selah, de modo que el Plan pueda tomar apariencia en el mundo de los hombres. Recuerde, Selah sólo responde a la voluntad dirigente tal como se enfoca a través de un cerebro humano, y así el Plan sólo puede ser precipitado a través de un grupo de pensadores entrenados dentro del cuerpo de la humanidad.

El sonido que junta a estos dos grades devas, después de que cada uno de ellos haya sido contactado por el discípulo, es el OM. Este sonido, cuando se canta con la nota adecuada (esta nota está en clave de La), crea un canal entre See-la-Aum y Selah a través del propio cuerpo etérico de luz del discípulo. Cuando se canta en la nota correcta (dicha nota está en clave de Sol), se completa el circuito entre el deva de apariencia creado dentro de Selah y su correspondencia superior dentro de See-la-Aum, sin que el discípulo sirva como instrumento. Esto le ahorra al discípulo su propio trabajo.

Lección 35

Esto es muy importante, porque si el discípulo sin saberlo crea un deva de apariencia y no completa el alineamiento con el Plan, invita la atención de aquellos que podrían hacer un mal uso de él. En tales casos, el deva podría incluso volverse contra su creador, obsesionando su mente de manera desproporcionada con respecto a su propósito, distorsionando así su entendimiento y a menudo produciendo locura.

Cuando uno considera que su fuerza de vida es la fuerza de kundalini, entiende por qué las precauciones son necesarias.

El discípulo, que es un intermediario entre los dos grandes devas en nombre de la conciencia humana, lleva todos los aspectos de su vida y de sus asuntos a la ceremonia divina, que se convierte en su actividad de servicio.

La magia ceremonial es un concepto que, cuando uno no se aproxima a él correctamente, puede producir mucho glamour. Recuerde que el glamour es la interpretación que la conciencia astral hace de una verdad. El glamour de la ceremonia hace de ella un acto externo sin significado interno. Tal es el caso de muchas de las supuestas ceremonias que actualmente están en uso.

La verdadera ceremonia es un estado interno de ser, que se canaliza hacia cada acto externo.

Comenzamos con esa conciencia que sabe que es Divina, es decir, parte de la Vida Una. Cuando abre sus ojos por la mañana, lo hace con plena conciencia de este hecho; y, debido a ello, saluda al nuevo día con un profundo aprecio por la vida.

Siendo consciente y apreciando la vida por lo que es, el

discípulo se consagra a sí mismo, conciencia e instrumentalidad, y todo lo que posee, a dicha Vida. Hace esto con Amor en el interior de su ser. Esto es ceremonia. Todo lo que entra en su campo de visión, sus pensamientos y sentimientos, recibe su Amor y su aprecio porque forma parte de la Vida Una. Él conoce y comunica con Dios a través del único lenguaje permisible entre Dios y el hombre, el intercambio de Amor.

Cualquiera que sea su rutina a primera hora de la mañana, forma parte de la ceremonia, puesto que es llevada a cabo por el discípulo con una profunda toma de conciencia del significado interno de la vida.

Cuanto más anciano y sabio es el discípulo, mayor es su conocimiento de este significado, y, por lo tanto, más poderosa es su ceremonia.

El probacionista que está intentando convertirse en discípulo aceptado puede iniciar este ceremonial con una serena contemplación de la Vida Una a medida que continúa con su rutina diaria de levantarse de la cama y prepararse para el día. Habiendo comprendido que todas las formas están compuestas de sustancia inteligente, y que toda sustancia inteligente está constituida por vidas dévicas, que en su suma total son el aspecto materia de la Sagrada Trinidad, canaliza hacia dichos devas su conciencia del amor mientras contacta con ellos a través de la forma. Cada forma con la que entra en contacto, y cada acto en el que participa, recibe su amor consciente y su aprecio como parte de la Vida Una. Así, él inicia su día con una ceremonia que continúa a lo largo de las veinticuatro horas.

El discípulo aceptado y el iniciado añaden a esto la simple ceremonia de alinear los devas de apariencia, dentro de su entorno inmediato y su área de influencia, con su correspondiente superior, el Plan. Él hace esto a través de un canal creado entre See-la-Aum, a través de su propio cuerpo de luz etérico, y Selah, y después dicho canal vuelve de Selah a See-la-Aum a través del cuerpo de luz etérico del Logos Planetario que emana a través de los tres mundos del esfuerzo humano y dentro del cuerpo de la humanidad.

El canal desciende desde su ápice en el nivel de El Cristo hasta su punto a medio camino en la cueva de la cabeza, y desde allí a los devas de apariencia manifestados dentro del entramado etérico de la humanidad a través del centro ajna. Y el canal asciende de vuelta, formando un ángulo, atravesando los tres mundos del esfuerzo humano, más allá de la instrumentalidad del discípulo, a su elevado punto de origen.

Durante el descenso, el OM es cantado siete veces en clave de La, en cada ocasión en una octava inferior a la anterior, y el sonido sólo se hace audible en el punto medio situado en la cueva, y continúa siendo audible hasta que se completa el descenso. La conciencia del discípulo debe saber lo que está haciendo, y por qué, para que esto sea efectivo.

En el ascenso, el OM es cantado siete veces en clave de Sol, en cada ocasión en una octava superior a la anterior; el sonido se hace audible en la cuarta nota y continúa así hasta que alcanza su elevado punto de origen.

Durante el ascenso, si el discípulo toma conciencia de que la kundalini humana (no la suya propia, sino la de la humanidad) está siendo alineada con la voluntad de Dios tal como se enfoca en El Cristo, la ceremonia será más efectiva.

Unas pocas palabras más. Me gustaría resaltar ahora

La Naturaleza del Alma

que la nota de Selah está en clave de Fa.

La nota de See-la-Aum no puede ser revelada por ahora. La nota que alinea See-la-Aum con Selah, en la preparación para la invocación, está en clave de La.

La nota que aliena Selah con, y evoca el ascenso de la kundalini hacia See-la-Aum, está en clave de Sol.

Cada nota es de naturaleza séptuple, y afecta a la sustancia de cada una de las siete esferas de materia vibrante dentro del cuerpo físico logóico-cósmico.

Unas pocas palabras de advertencia antes de acabar esta lección. No permita que la importancia de esta información abrume su conciencia. Ha entrado en el gran ciclo de revelación conforme el séptimo rayo entra en encarnación activa en el mundo de los asuntos humanos. Acepte su ambiente con tranquilidad y avanza hacia la Luz real.

LECCIÓN 36

La Evaluación que hace el Alma de su Instrumento:

La Paradoja de la Causalidad;
El Estado de Conciencia Encarnado y el Trascendente;
El Alineamiento de los Devas y la Ceremonia de Vida,
Usada para Manifestar el Plan Divino en el Físico-
Denso;
La Llamada a una Mayor Capacidad de Amar y de
usar la Sabiduría como Verdad Aplicada.

Si algo hemos aprendido hasta ahora, es que la principal preocupación del alma consciente encarnada es el direccionamiento de las energías y fuerzas a través del entramado etérico de su triple entorno, y los efectos que producen en la conciencia que habita dentro de ese entorno.

Aproximémonos a este tema de manera algo diferente que antes, examinando más de cerca eso que constituye causa y efecto.

Hemos dicho anteriormente que el estado de conciencia de un hombre es la verdadera causa de lo que le ocurre, puesto que la experiencia no es sino un retrato externo en la sustancia de su estado de conciencia interno. Esta es una verdad que, si no se comprende adecuadamente, puede producir una interpretación de las contradicciones que lleve al probacionista a un estado de impasse.

El hombre es su propia causa, y sin embargo hay otras causas que sobreseen y se relacionan con el estado de conciencia interno como de causa a efecto, y ahora nos vamos a ocupar de ellas. Paradoja es polaridad. No es contradicción. El estudiante tiene que tener esto siempre muy en cuenta si quiere entender y apreciar la Verdad.

Examinemos muy de cerca esta paradoja:

1. La conciencia que reside internamente es causa de la experiencia externa a través de su reflejo en la sustancia.

2. El Alma consciente, bien encarnada o transcendente es la causa de la conciencia interna identificada con la personalidad a través de:

   a. Su reflejo en la sustancia de los tres mundos como personalidad, y

   b. Su direccionamiento de la fuerza a través del entramado etérico del entorno dentro del cuál el hombre se relaciona como personalidad.

Mientras el Alma conscientemente identificada se mantiene transcendente, es directamente causal solamente en su propia conciencia identificada con la personalidad. En otras palabras, su alineamiento con, y su entrada en, el cuerpo de la humanidad como factor causal se hace únicamente por medio de la personalidad, para la que el Alma es un foco de luz.

Si bien tal personalidad puede parecer un factor causal dentro de su entorno, produciendo dolor o placer a otros,

esto sólo puede ocurrir en respuesta a la atracción de
estos otros hacia tal experiencia a través de su propio
estado interno de ser. Así, las personalidades plenamente identificadas resuelven juntas un karma grupal a
través de su mutua atracción natural en una asociación
de factores kármicos.

Ejemplo: Una mujer dominante y posesiva se sentirá
atraída hacia, y atraerá hacia sí misma, a aquellos cuyo
karma (el estado condicionado de la conciencia encarnante) exija la experiencia que tal asociación engendrará.

En el momento en que el Alma transcendente empiece a
infundir en su personalidad una conciencia de sí misma
como Alma, se produce un cambio en su poder causal
potencial.

Tal individuo se convierte en causa del estado de conciencia condicionado de aquellos que le rodean, convirtiéndose, de hecho, en mucho más que un instrumento
del karma de la personalidad.

A medida que la influencia del Alma continúa, y la conciencia encarnante se hace más y más consciente del
Alma y se identifica con ella, esa conciencia se convierte
en un instrumento de El Cristo y del Plan para la
humanidad. Entonces no puede ser el instrumento a
través del cual se resuelva el karma ordinario de la personalidad.

Ejemplo: Este individuo no podría ser la mujer dominante y posesiva. Si estuviera dentro de un grupo que
demandara contacto con una personalidad así, su obligación para con ellos sería la de instigar el crecimiento
que los elevaría por encima de tal necesidad. Así, él se
convierte en factor causante para las conciencias encarnantes que están dentro de su entorno, afectando su

La Naturaleza del Alma

crecimiento a un nuevo estado condicional causal.

Esto es servicio a la humanidad. Tal servicio se presta por medio del direccionamiento de fuerza dentro y a través del entramado etérico dentro del cual vive la humanidad.

Toda fuerza, sea de naturaleza etérica, astral o mental, alcanza la conciencia de un individuo, o de un grupo, a través de las líneas etéricas de fuerza que conectan al individuo o grupo con su fuente originante. El impacto sobre la conciencia interna produce una experiencia externa que, a su vez, produce crecimiento.

Observe el alma consciente encarnada dentro de su entorno. Conscientemente identificada con la Vida Una, y conocedora de su cuerpo etérico de manifestación, se relaciona con quienes están en su entorno como partes interrelacionadas de la totalidad. Seguidamente esa alma relaciona el Plan con el aspecto conciencia del entorno. ¿Qué nuevo crecimiento viene indicado en la cualidad tonal de la relación entre el Plan y la conciencia que habita internamente?

Ejemplo: Él sabe que el Plan para la humanidad en general es la Conciencia Crística. Y relaciona ese objetivo planeado con la conciencia encarnante, comparando la cualidad tonal de tal conciencia con la del Plan.

Su comprensión dependerá, por supuesto, de lo que entienda del significado de la Conciencia Crística. ¿Qué significa este objetivo para él?

A medida que relaciona ese significado con el estado de la conciencia encarnante, resuelve los detalles del Plan en tiempo y espacio.

Lección 36

Ejemplo: Para el discípulo probacionista, la Conciencia Crística significa amor fraternal, paz, buena voluntad, seguridad, armonía, etc. Su compresión incluso de estos factores es muy abstracta.

A medida que observa la conciencia encarnante de la humanidad de nuestros días, ve separatividad, avaricia, resentimiento, odio, guerra, etc.

Así, él compara las cualidades tonales, y si no tiene mucho cuidado en este punto, su conciencia puede sentirse tan abrumada por la enorme diferencia en los dos tonos que oye que podría perderse en el glamour de la futilidad.

Debe trabajar para relacionar más cuidadosamente el Plan transcendente con eso que está en manifestación.

Al examinar el estado condicional de la conciencia interna comprende que las negatividades allí presentes sólo son el resultado de la ignorancia espiritual, y del dominio de la forma sobre la conciencia. El hombre no es básicamente malo. Es divino por naturaleza, aunque tal vez sea como un niño, ignorante de esa divinidad.

Si bien hay cierta aspiración, no está correctamente dirigida a invocar esa Verdad que el hombre necesita tan desesperadamente. Además, él descubrirá y empezará a entender la abrumadora falta de sensibilidad humana a una verdad transcendente y evidente.

Teniendo en cuenta que, de momento, las ideas y fuerzas divinas sólo se pueden hacer llegar a la humanidad en masa a través de una forma construida, él dirige su atención al mundo de la forma.

Aquí ve un mundo cuya economía sirve al mismo tiempo

al Plan y a la oposición del yo separado a ese Plan. La masa de la humanidad vive en una economía de guerra, basando sus intercambios de fuerza de vida y de experiencias en el mundo de los asuntos humanos en un esfuerzo de guerra altamente organizado. Ellos llaman a esto un plan de paz, y dedican su tiempo y sus esfuerzos a él como si fuera una gran causa, porque la humanidad tiene motivación hacia la paz y un profundo deseo de ella. Sin embargo, no llegan a darse cuenta de que una economía de guerra debe llevar necesariamente a la guerra, a menos que se altere rápidamente. La presión de esta psicología, y la producción constante de armas destructivas, deben encontrar una vía de salida puesto que son fuerzas orientadas hacia un fin específico.

Al mismo tiempo, la economía sirve al Plan en el sentido de que ha producido una relación más íntima entre los pueblos y naciones. Actualmente nadie puede vivir en completo aislamiento, por más que lo intente, puesto que la humanidad se ha hecho interdependiente. Cada uno necesita a los demás, y lo que los demás tienen que ofrecer, a fin de vivir en esta civilización.

El discípulo probacionista, observando la nota de conflicto que suena en tiempo y espacio como resultado de tales contradicciones, comprende y toma sobre sí su parte de responsabilidad en la resolución de los detalles del Plan en el mundo de los asuntos humanos.

Estos detalles son evidentes: en este caso una verdadera economía de paz, con la fuerza de la hermandad manifestando el libre comercio entre las naciones; la coexistencia y la distribución de los bienes del mundo en aquellas áreas donde se necesitan; alimento para los hambrientos; combustible y ropa para los que tienen frío y los harapientos; conocimientos médicos y medicinas para los enfermos, etc., donde quiera que estas necesidades sean evidentes.

Estos son algunos de los detalles del Plan, y son fáciles de dibujar. Observe cualquier condición que se esté manifestando, relacione su cualidad tonal con la del Cristo, y la respuesta es evidente.

Lo que más necesita el mundo actualmente es Sabiduría. Esta civilización ha sido creada por Occidente con su religión cristiana. Jesús trajo a Occidente el concepto de amor. Su enseñanza es simple y directa. Sin embargo, el hermano occidental que afirma que Jesús es el salvador de la humanidad, por un lado reza por la paz y la buena voluntad, y aboga por la guerra y el desastre por el otro a través de sus acciones.

Amar a su vecino, amar a su enemigo, amar a aquellos cuyo trato es cruel e injusto, poner la otra mejilla, estas son las enseñanzas que el hermano occidental trata de llevar al mundo. Y sin embargo, con una racionalización ciega y atroz las viola constantemente en el mundo de los asuntos humanos.

Los discípulos probacionistas que tratan de servir al Plan Divino pueden entender fácilmente los detalles de ese Plan simplemente comparando lo que está en manifestación con esos aspectos del Plan Divino que la mente de Cristo mantiene enfocados. Esa mente siempre está con la humanidad.

¿Hay alguien en su entorno que le dañaría? ¿Siente el aguijón del resentimiento o de los celos que alguien le está causando? ¿Cuáles son los dictados del Plan en estos casos? ¿Cómo llega a ser causal con respecto al estado condicionado de esta conciencia, creciendo hacia una conciencia del amor?

La Naturaleza del Alma

A través del amor. Demostrando amor real a través de una forma construida que lo transmita. Ningún enemigo puede seguir siéndolo frente a un acto tal.

Jesús golpeó a los cambistas sacándolos del templo y finalmente fue crucificado. En esto hay más de una lección. ¿Enseñaron los golpes a aquellos hombres el valor del amor, o les enseñaron el uso correcto del dinero? No, hermano mío, produjo en ellos una respuesta de amargura y odio creciente, que finalmente se demostró en la muerte innoble de un salvador.

Sin embargo, la lección, si finalmente puede ser afrontada por una humanidad que busca la Verdad, puede liberar al mundo del dolor. Puede liberar al Cristo interno de una crucifixión continuada sobre la cruz de la naturaleza forma.

El buscador puede aprender todo lo que quiera de la Verdad, pero eso no le dará Sabiduría hasta que lo aplique. El Amor es Verdad. Sus formas son evidentes. La Voluntad de Amar es una fuerza que, cuando se dirija hacia y a través del entramado etérico de la humanidad, manifestará cada detalle del Plan en Divina Ley y Orden.

LECCIÓN 37

La Ciencia de las Correctas Relaciones Humanas, tal
como se Relaciona con las Matemáticas Esotéricas:

Dios Inmanifestado y Manifestado;
El Proceso de Involución y Evolución del Logos;
Las Ecuaciones Numéricas y Símbolos de este Proceso
y su Relación con el Despliegue de la Kundalini.

El discipulado en la nueva era abordará en gran medida
las *correctas relaciones humanas,* a medida que estas
sean descubiertas y se hagan manifiestas por medio de
la investigación sobre, y la práctica de, una nueva ciencia matemática. Hasta que dicha ciencia llegue a ser conocida por los líderes del mundo, las correctas relaciones
humanas no podrán ser llevadas a su manifestación externa, porque las ecuaciones que las revelan no han sido
halladas.

La magia ceremonial y la alquimia en la nueva era también se basarán en la nueva ciencia, y en una comprensión del kundalini planetario. Dos cursos de instrucción
titulados "La Nueva Ciencia de las Matemáticas" y "La
Ciencia de la Relación" se pondrán a disposición de la
humanidad como parte de la Nueva Forma-Pensamiento
de Presentación de la Sabiduría.

Entre tanto, los estudiantes que se preparan para el
discipulado mediante el estudio de estas instrucciones

encontrarán en estas últimas lecciones algunos de los conceptos básicos de los que surgirá la nueva ciencia. Se sugiere que dichos conceptos se llevan a la reflexión y a la meditación en un esfuerzo por despertar la facultad intuitiva en esta dirección, y para proporcionar al influjo de la nueva ciencia un campo magnético de receptividad en los tres mundos inferiores.

La medición numérica en nuestro actual sistema matemático se basa en la escala decimal, desde el cero hasta el nueve. Como el cero, del que sale el uno, tiene la intención de representar la nada, este sistema de numeración está basado en una falsa premisa que hace que toda la secuencia lógica acabe produciendo una serie de conclusiones falsas.

El símbolo que se usa para transmitir la idea de la nada es un símbolo universal que en realidad significa la totalidad de todo lo que es. Esto es Dios trascendente, o el Dios influyente e inmanifestado. Si bien en cierto sentido es una nada, sin embargo es, en esencia, todo lo que es, fue o será, es decir, puro Espíritu.

A este todo, y sin embargo nada, lo hemos simbolizado como un círculo que en realidad no tiene principio ni fin, ni centro ni periferia. En realidad es una esfera que no puede ser circunscrita, aunque nos tomamos la libertad de dibujarla para establecer un símbolo de la causa primera. Sin embargo, al hacer esto debemos darnos cuenta de cuál es el significado esencial de ese círculo. No podemos darle una posición en tiempo y espacio, porque estos están contenidos dentro de él.

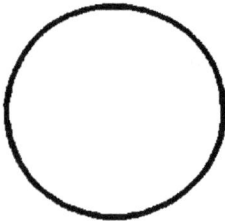

A continuación tenemos el problema de la vida en manifestación saliendo del cero, y para comprender cómo puede ser esto, debemos proceder en el orden natural de la simbología universal. Esto entraña alguna dificultad, puesto que la tendencia de la mente humana es a contar de uno hasta tres, y esto está en oposición con el proceso creativo. El uno no sale del cero.

La primera manifestación de Dios es una Trinidad; una vida una, sí, pero en la realidad estructural un tres.

Está simbolizada por el círculo con el punto, que en el pasado ha sido interpretado como un uno. Es Una Vida, pero está contenida en tres dimensiones interrelacionadas que son inseparables; por lo tanto, su supuesta Unidad es completamente subjetiva.

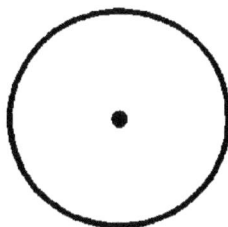

La primera dimensión es la Totalidad Transcendente que ha sido enfocada hacia una polaridad positiva identificada por el punto. El punto simboliza la primera dimensión, sin embargo, la ciencia de nuestros días da a dicho punto posición pero no dimensión.

La tercera dimensión es la Totalidad Transcendente que ha sido enfocada hacia una polaridad negativa, identificada como la periferia del círculo.

La segunda dimensión es el espacio, o campo magnético intermedio, que da la Totalidad Transcendente Alma o conciencia.

Debe entenderse que estas tres no pueden manifestarse en una secuencia uno-dos-tres, porque vienen a la objetividad juntas. Cuando se visualiza un centro, debe tener una periferia y un espacio intermedio, o, cuando se visualiza un espacio, debe ser el campo magnético entre dos polos.

La nueva escala pasa, por tanto, del cero al tres, y está simbolizada por la esfera no circunscrita, que llamamos cero, y el círculo con el punto.

A partir de los tres (polaridad, y espacio o campo magnético) nace la identidad, el uno que, curiosamente, está simbolizado por un triángulo elongado. Si a la "A" usada en el AUM se le hiciera tener este aspecto y sonar así, la simbología sería matemáticamente correcta. Este también es el dibujo correcto del número uno.

A cualquier identidad la denominamos Logos, haciendo referencia a la vida central que dirige cualquier sistema de vida organizado. Vida es un término que describe la actividad interrelacionada de las primeras tres dimensiones, a medida que dicha actividad es precipitada, por medio de la palabra (Logos o punto focal de conciencia), hacia las cuatro dimensiones inferiores.

El primer Logos es el Dios Encarnado autoconsciente del Cosmos manifestado, Quien se reproduce a Sí Mismo en los muchos a través del proceso de creación. Esta es una Vida Central de ese sistema de vida elevado y divinamente organizado que llamamos el Cosmos; Aquel en torno al Cual todas las vidas menores giran, y en Quien viven, se mueven y tienen su ser.

Este es un punto focal de conciencia nacido a la expresión a partir de las primeras tres dimensiones interrelacionadas e impersonales, y es la cuarta dimensión buscada por la ciencia actual.

Lección 37

El hombre vive en la quinta, sexta y séptima dimensiones, a las que llama la primera, la segunda y la tercera, y es, en su propia conciencia, la cuarta dimensión que busca.

La reproducción del Uno en los muchos está simbolizada por el círculo encuadrado con el punto en el centro, que tiene este aspecto:

Este es el Cristo crucificado sobre la cruz de la materia en los múltiples puntos focales de conciencia a los que llamamos Almas encarnantes. Usamos el término "encarnantes", en este caso, tal como se relaciona con el planeta y la esfera Búdica, en lugar de tal como se relaciona con los tres mundos del esfuerzo humano.

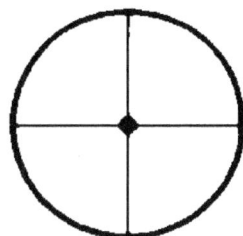

Esto es un cuatro, y el símbolo anterior es el dibujo correcto de dicho número. Simboliza a los muchos que en realidad son un Uno. La realización de la Vida Una o Cristo se alcanza a medida que la identidad entra en la cuarta dimensión y experimenta esa Unidad en la conciencia. A tal individuo le llamamos alma consciente encarnada. Él es un cuatro porque las polaridades positiva y negativa del punto y la periferia han sido reflejadas en la conciencia de modo que esta también es dual.

Esta dualidad de la conciencia da como resultado la quinta, sexta y séptima dimensiones, llamadas los tres mundos del esfuerzo humano, dentro de las cuales está aprisionada el Alma encarnante.

Un punto focal de conciencia, además de ser consciente,

que es su propia característica, hereda de esa polaridad positiva y negativa que le dio su existencia las características de voluntad e inteligencia. Así, debido a su creatividad inherente, produce esas frecuencias dirigidas hacia fuera que crean los tres mundos inferiores.

La quinta, sexta y séptima dimensiones son reflejos de las primeras tres dimensiones que han sido enfocadas dentro de y a través del punto focal de conciencia, como a través de una lente. Aquí de nuevo vemos esta cuarta dimensión de conciencia como una puerta, el punto medio entre la triada superior y la inferior.

La quinta dimensión, que es el plano mental, es un reflejo del aspecto Voluntad, o del punto en el centro del círculo. Esta es la polaridad positiva de los cuatro inferiores.

La séptima dimensión, que es el plano etérico, es un reflejo del aspecto inteligente, o de la periferia del círculo. Esta es la polaridad negativa de los cuatro inferiores.

La sexta dimensión, que es el plano astral, es un reflejo de la conciencia dual y es, por tanto, el plano donde los pares de opuestos son reflejados como una condición de la conciencia.

El plano físico es la apariencia externa de estas tres dimensiones interrelacionadas. Es tiempo y espacio, y continuará únicamente mientras la conciencia siga siendo de naturaleza dual.

Esta dualidad de conciencia es el resultado de su incapacidad para identificarse como sí misma. Se identifica con sus polaridades positiva y negativa (de las que los sexos no son sino una imagen externa), aprisionándose por lo tanto en la naturaleza forma de su propia creación.

Lección 37

El símbolo de los tres mundos inferiores es la svástica. Numéricamente es un siete, porque aquí, en las tres dimensiones interrelacionadas, está la actividad reflejada de las tres primeras y el punto focal de conciencia, que es un cuatro.

Así vemos el alma creada encarnando dentro de una trinidad inferior, creando su propio mundo de apariencia.

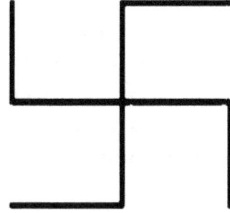

La Evolución del alma creada en la Vida Una delCristo produce un cambio en las polaridades de los planos mental y etérico. La fuerza de vida aprisionada dentro del etérico es atraída gradualmente hacia arriba, hacia el mental, de modo que la triada inferior se vuelve negativa con respecto a la tríada superior.

Así, se produce un cambio tremendo por el que la sustancia de las tres dimensiones inferiores se vuelve negativa con respecto a las energías de las tres dimensiones superiores, y la conciencia asume su justo lugar como mediadora entre unas y otras. Las siete son sintetizadas en una tríada causal que entonces funciona en el plano físico Cósmico, más que en las subfrecuencias del físico Cósmico.

La fuerza de vida que tiene que ser elevada es la kundalini Planetaria. Está simbolizada por la serpiente y numéricamente es un 22.

Este es el verdadero aspecto materia, la serpiente de fuego de la creación, que da vida a las formas dictadas por la Voluntad.

La kundalini planetaria, que debería residir en la naturaleza mente, ha caído al cuerpo etérico de manifestación,

La Naturaleza del Alma

dando a la forma en el mundo de la apariencia dominio sobre el alma encarnante.

El reino de la serpiente, que no es un verdadera reino de la Naturaleza, es la imagen externa de la creación errónea, o del mal direccionamiento de la fuerza.

A medida que el fuego kundalini es elevado al lugar que le corresponde, la imagen externa de la serpiente desaparecerá de la tierra. Este es el recordatorio constante, a la familia humana de este planeta, de su fracaso a la hora de orientarse dentro del esquema Cósmico.

La nueva ciencia de las matemáticas procederá, entonces, a partir de la siguiente escala numérica de medidas:

Involución		Evolución
03147	22	74130

Esta ecuación, tal como se relaciona actualmente con la familia humana, se lee: 03147 = 22. Aquí está la serpiente enroscada.

Las ecuaciones, tal como se relacionarán con la familia humana cuando esta tome su justo lugar en el esquema de las cosas, se leerán: 03147 + 22 = 74130. Esta es la serpiente elevándose sobre su cola.

La ecuación, tal como se relacionará con el Logos Planetario cuando se complete Su iniciación se leerá: 03147 + 22 + 74130 = 22. Esta es la serpiente con la cola en su boca y revela el lugar de nuestro Logos dentro del Esquema Solar. Él es el custodio de la Kundalini Solar.

Dentro de esta última ecuación está oculto el divino nombre y la naturaleza de nuestro Logos.

LECCIÓN 38

El Despertar de Kundalini y la Redención de la Materia:

La División de los 22 en 2 a Través de la Caída del
Hombre;
El Despliegue de Kundalini a Través del Sistema de
Centros;
La Redención de la Materia "Sellando la Puerta Donde
se Halla el Mal".

Hemos entrado en un área de la ciencia oculta que es la
más difícil de comprender para la mente humana. El
camino se facilitará si el estudiante se da cuenta que no
se espera de él que comprenda el texto en el presente, y
si él no hace ningún intento de aceptarlo ni de rechazar-
lo, sino que más bien se vuelve receptivo y permite que
la conciencia responda en su momento. Este texto no
está escrito para la mente humana. Está escrito para la
conciencia del Alma, y por lo tanto, el método de comprensión es la facultad intuitiva superior, más que el
intelecto.

Es la división de los veintidós, por parte y dentro de la
humanidad, en dos, lo que es "la puerta donde se halla
el mal" en lo que atañe a este sistema planetario. Veintidós es el número del verdadero polo negativo de manifestación del cuerpo físico Cósmico de nuestro Logos. Se
la ha llamado kundalini, está simbolizado por la serpiente y se le compara con el fuego.

La Naturaleza del Alma

¿Cómo ha sido tan malinterpretado hasta el punto de haber sido dividido en dos partes y de haberse manifestado como la fuente del mal planetario? Para entender esto, el estudiante debe llegar a conocer la naturaleza de kundalini.

En sí misma, kundalini es el fuego latente de la materia que reside en el corazón mismo del átomo de sustancia. Aparece como la vida central directora del átomo, y, en cierto sentido, es eso en la manifestación. Pero es el verdadero polo negativo. En otras palabras, es el puro espíritu vibrando en su frecuencia más baja posible. Esto significa que la única propiedad de la vida universal que la mente humana puede descubrir y estudiar es la manifestación más baja (y esta terminología conlleva la connotación equivocada) de eso que llamamos Espíritu o Dios.

Kundalini, entonces, en su esencia es manas, el principio Inteligencia, que ha caído de su lugar en la esfera búdica a su propio reflejo, o a su propio campo magnético. Ha entrado en ese color (un reflejo de su propio fuego) que aviva el aspecto forma. Así, la conciencia es llevada dentro de la forma y queda aprisionada en ella.

Esto está simbolizado en la historia de la Caída del Hombre del Jardín del Edén. Eva (el aspecto creativo del Alma, ahora definido como personalidad) fue tentada por la serpiente (kundalini caída) a saborear la manzana (experiencia sensoria de la sustancia) del árbol del conocimiento (aspecto forma). Después de comer, Eva tentó (atrajo) a Adán (el Alma Espiritual Transcendente) a comer de la manzana, y así empezó el proceso de encarnación en los tres mundos inferiores. Ellos fueron expulsados del Jardín del Edén (esfera búdica) por el Padre, con el propósito de redimir la kundalini caída.

Lección 38

La kundalini, en su condición manifiesta actual, ha sido dividida en dos polos, un aspecto reside en el centro más bajo del sistema de centros etéricos y el otro reside en el centro más alto del sistema de centros etéricos. La conciencia ha quedado aprisionada entre esta división, y por tanto ha perdido su reino.

Esto significa que el polo positivo hacia el que el hombre aspira es el verdadero polo negativo de la manifestación, mientras que eso que es el polo negativo del que él surge es una ilusión fabricada por él mismo. La vida entre estos dos polos sólo puede ser de la forma, y esta es la razón por la que el hombre medio no puede ni siquiera concebir una identidad aparte de la forma.

A los cuerpos, entonces, se les dan las facultades perceptivas, y la percepción de un hombre está basada en la sensación de forma, a medida que responde al fuego de la creación.

Este fuego de la creación, al que llamamos kundalini y está simbolizado por la serpiente del conocimiento (que en su estado elevado es el dragón dorado de Sabiduría), es la fuerza creativa misma. Es esa vida inteligente que es movida por la voluntad de un hombre o de un Dios para dar vida y razón a una forma.

Vemos la polaridad manifestar los pares de opuestos dentro de la vida y de los asuntos Planetarios porque la polaridad negativa de este planeta ha quedado dividida en dos. Por eso Cristo sólo puede ser alcanzado por el discípulo meditante en los tres mundos a través de la Presencia.

El aspecto Espíritu Santo es alcanzado cuando el fuego kundalini que reside en la frecuencia más baja del físico Cósmico es elevado hasta el cuarto éter, donde la con-

La Naturaleza del Alma

ciencia puede ser animada por la Inteligencia Divina de la Tríada Superior.

Considere el efecto de la fuerza creativa dentro del cuerpo de la humanidad actual. El fuego kundalini reside en el centro de la base de la columna. El principio motivador de Inteligencia reside en el centro de la cabeza. Este principio motivador es el corazón de manas, el verdadero polo negativo que recibe la impresión directa de la voluntad. El fuego kundalini, que debería arder en torno al corazón, reside por debajo de él en frecuencia, de modo que el principio motivador debe rebajar su propia frecuencia antes de poder activar el fuego latente. Ese fuego, una vez activado, arde hacia arriba, llegando a su centro de polaridad deseado. Al hacerlo, entra y estimula a la actividad vibratoria esos centros inferiores que quedan entre él y su polo atractor.

Por favor, entiéndase que este fuego creativo da vida a aquello en lo que entra. La forma, que alberga o es vivificada por kundalini, se convierte en el centro vibrante o punto focal de la fuerza de vida, de modo que genera su propia vida y asuntos, o serie de experiencias.

La kundalini atraída hacia arriba por el impulso del principio motivador entra en el centro sacro y, durante un tiempo, se queda allí, haciendo de él el escenario de su actividad.

El centro sacral mismo es esa frecuencia de la sustancia que guarda relación con los reinos inferiores de la naturaleza, y su aparición por medio de la procreación.

En lo que atañe a la humanidad como totalidad, la kundalini se ha desenroscado una vez y media. En otras palabras, el fuego arde en el centro de la base de la columna y el sacro, y yendo hacia arriba estimula una gran

344

Lección 38

actividad relacionada con el centro plexo solar.

Así, el factor poder de la manifestación (el cuerpo astral) y la naturaleza deseo del hombre (el principio motivador inferior) están vinculados con, y directamente relacionados con, el centro de procreación.

Si miramos a la Vida Planetaria y sus asuntos, olvidándonos por un momento de la humanidad, observamos en manifestación los reinos inferiores de la naturaleza. No vemos evidencias de una inteligencia superior, ni de un estilo de vida superior que los evidenciados por dichos reinos. Estos reinos son la vida y los asuntos generados por el centro sacro Planetario, que ahora es el hogar de la serpiente.

Cuando incluimos a la humanidad en la imagen, aún vemos la vida y los asuntos del sacro, pero con una diferencia. La humanidad lleva la Kundalini hacia arriba hasta el plexo solar, donde la inteligencia en forma de la naturaleza deseo puede trabajar para elevar el fuego creativo aún más alto. La humanidad, entonces, es esa gran vida (Cristo) en encarnación, cuyo sacrificio hace posible la redención de la sustancia y la forma, y de la conciencia aprisionada del Logos a través de la redención de la kundalini. La humanidad misma es el gran avatar en encarnación.

Vemos, entonces, que al aspecto forma se le ha dado el ímpetu creativo, y tiene lugar el extraño fenómeno de la creación sin una cooperación planeada inteligentemente por la conciencia.

El cuerpo etérico se ha convertido en el polo negativo de la manifestación, el custodio de los sentidos, de modo que la percepción del hombre y su comprensión, incluso su naturaleza deseo, se basan en la naturaleza sensoria

345

de la sustancia, más que en la facultad intuitiva de la conciencia. La naturaleza forma rige, y el hombre sigue los dictados de la forma amante de la sensación.

Así, un Alma queda aprisionada dentro de los confines de la sustancia. Su encarnación en el mundo de las apariencias sólo puede tener lugar a través del proceso de procreación. Es el resultado de la actividad de la forma, depende de dicha actividad y está aprisionada dentro de ella y por ella.

A medida que la kundalini sigue desenroscándose, activa los centros corazón y garganta, produciendo un cambio en la vida y en los asuntos desde el nivel instintivo hasta los niveles aspiracional e intelectual. El hombre comienza a pensar en términos de automejoramiento, y aspira a un ideal.

A medida que la kundalini llega al centro garganta, es atraída hacia arriba, fuera del sacro, por la polaridad positiva de la naturaleza mente. El fuego creativo abandona el estadio anterior de actividad, y el hombre se vuelve creativo de una manera nueva. Es creativo en su mente, en lugar de sólo en su forma naturaleza inferior. Así, construye belleza en su entorno, entrando en el camino creativo por el puro disfrute que supone.

La kundalini ardiendo en los centros plexo solar y corazón produce el comienzo de un proceso de purificación en la naturaleza astral-deseo. El hombre se relaciona con sus hermanos con amor y simpatía, y empieza a pensar en el bien de ellos en lugar de pensar exclusivamente en el suyo propio.

A medida que la kundalini alcanza el centro ajna (el resultado del esfuerzo consciente por meditar), la naturaleza abstracta de la mente es estimulada a una gran actividad. El hombre se está acercando a casa. Finalmente, esa kundalini arderá con tanto fulgor en el ajna que se atraerá a sí misma fuera del plexo solar. Entonces empieza a arder desde el corazón, y a través de la garganta, hacia el ajna.

La etapa de actividad cambia tan completamente que el hombre empieza a vivir enteramente en su mente, donde puede empezar a conocer su identidad como conciencia. Su comprensión y su naturaleza deseo ya no están limitadas a la experiencia sensoria de la forma. Él ve a través del ojo de su mente, oye con la sintonización sensitiva de su cuerpo de luz y entiende con su conciencia, que se ha convertido en su corazón. Él es un Alma consciente encarnada.

Finalmente, la serpiente saca su cola de los centros corazón y garganta, llevándola más arriba y ardiendo en torno al principio motivador de Inteligencia. Los tres centros principales se han fundido en uno (la kundalini redimida), y la conciencia del hombre es liberada para que pueda fundirse conscientemente con ese avatar que él mismo es. Entonces sólo hay Espíritu, materia y Conciencia como Cristo.

El discipulado en la nueva era, y particularmente dentro de los próximos cincuenta años como preparación de la Venida, trabajará para elevar la kundalini Planetaria del centro sacro hasta el centro garganta, por medio de la humanidad. El esfuerzo por establecer correctas relaciones humanas en el mundo de los asuntos humanos está necesariamente relacionado con esto, porque sólo elevando la kundalini hacia arriba, y sacándola del centro sacro, será posible dicho proceso.

¿Cómo es posible generar este efecto? Los discípulos tienen que convertirse en la polaridad positiva a través de

La Naturaleza del Alma

la actividad grupal, que atraerá hacia arriba la fuerza kundalini dentro de la humanidad.

Como grupo, los discípulos deben encarnar el ideal para ejercer esa intensa y constante influencia magnética que atraerá la respuesta del fuego creativo dentro de todos los seres humanos. El "veintidós" tiene que convertirse en una realidad en el mundo de los asuntos humanos antes de que el "dos" (la kundalini descendida y la puerta donde se halla el mal) puedan ser tragados por el dragón.

LECCIÓN 39

Conciencia de Grupo:

La Iniciación como Proceso Grupal;
La Conciencia de Grupo como Evidencia de un Alma
Consciente Encarnada;
El Problema de la Desilusión y la Pasividad de la
Humanidad;
La Necesidad de que la Humanidad Cultive la Acción
Correcta;
El Problema de la Integración Subjetiva de la vida
Grupal;
El Problema de la Encarnación Objetiva de la Idea
Grupal;
El Problema de Emprender Acciones Positivas.

Aquellos de ustedes que hayan recibido este curso de instrucciones y le hayan dado una atención seria han respondido a la nota jerárquica que ahora se está haciendo sonar dentro del cuerpo de la humanidad. Dicha nota ofrece al discípulo probacionista una oportunidad sin paralelo en la historia humana. Le ofrece la oportunidad de participar en una iniciación de grupo que, si tiene éxito, durante los años que restan de este siglo asegurará la iniciación en masa de la humanidad al quinto reino de las almas conscientes.

La Naturaleza del Alma

Está claro que, de momento, sólo puede haber muy poca comprensión del significado de este evento. Sin embargo, les apremio a cada uno de ustedes a pensar profundamente en él, a intentar, por medio de la intuición, conocer ese significado, y dejar que les inspire hacia un nuevo y poderoso esfuerzo por servir a este objetivo para la humanidad.

La iniciación grupal es un concepto sobre el que se conoce muy poco, porque es un nuevo esfuerzo Jerárquico que hasta ahora ha tenido poco éxito real. Esto no significa que todos estos esfuerzos hayan fracasado, sino que el progreso es aparentemente lento, y hasta el momento ha tenido un gran coste aparente para las personalidades involucradas.

El grupo del que se ocupa la Jerarquía no es un grupo de personalidades definidas como aspirantes, probacionistas o discípulos. Es una conciencia de grupo dentro del cuerpo de la humanidad que es muy receptiva y capaz de expandirse al mundo de ideas y conceptos transcendentes que ahora impactan sobre la humanidad para generar la nueva manera de vivir.

La gran dificultad que encuentra la Jerarquía en este esfuerzo ha sido la falta de respuesta de aquellos con los que ha contactado y trabajado, a la verdadera idea del grupo. En el momento en que se usa la palabra "grupo", la mente humana piensa en términos de personalidades, y por lo tanto malinterpreta el concepto, perdiendo su realidad superior. Las personas involucradas dan más importancia al glamour que a la realidad, y en una ilusión de autoimportancia personal se vuelven ineficaces en lo que concierne a la idea de grupo.

Desde la perspectiva de la Jerarquía, el grupo es un estado de conciencia dentro del cuerpo de la humanidad que es compartido por muchas personas. Dicho estado de conciencia, aunque habita internamente en buena parte de los muchos, es Uno. Por tanto se trabaja con él como tal, mientras que las personas que constituyen sus instrumentos se contemplan como sus manos y sus pies, etc. Es el estado de conciencia deliberadamente influido por la actividad planeada, que es evocado a una respuesta, que es observada y guiada hacia el esfuerzo iniciático.

La Jerarquía se ocupa, por tanto, de la respuesta de ese estado de conciencia como *una vida* o *un grupo*, más que de la respuesta de las personas separadas, o grupos de personas. La Jerarquía no considerará que dicho grupo está en *manifestación* hasta que el grupo total de conciencias responda y encarne el nuevo concepto.

Cuando examinamos este estado de conciencia que atrae la atención de la Jerarquía, descubrimos que tiene dos características y cualidades que indican su lugar en el camino.

1. Está desilusionado con el mundo de los asuntos humanos, casi saciado de la experiencia de naturaleza astral, y sin embargo tiende hacia un idealismo inexpresado. El mayor concepto que este estado alberga es la idea del "si" (condicional): Si el mundo no fuera como es; si la Cristiandad pudiera aprender a practicar la Ley del Amor, si no estuviéramos constantemente bajo la amenaza de la guerra, etc.

Este estado de conciencia, que habita en tanta gente, es una influencia negativa para el mundo, en lugar de positiva, por el uso que hace del concepto "si" (condicional). Como grupo, irradia dicho "si" hacia la vida y los asuntos de la humanidad en un estado de derrotismo, de modo que encontramos a la humanidad proponiendo soluciones positivas a sus problemas únicamente con este apático "si..."..

La Naturaleza del Alma

2. Al mismo tiempo, este estado de conciencia responde, en su naturaleza mental, a la influencia transcendente. Está alineado con el ideal y es receptivo a él, de tal modo que da a dicho ideal una forma mental. Su potencial de servicio, por tanto, es grande, porque una vez que la naturaleza mental comienza a controlar la desilusión del cuerpo astral con su actitud derrotista, puede influir en la humanidad hacia la acción correcta.

Además, la conciencia misma está buscando a través de su mente principios universales. Intuye su propia necesidad de crecimiento y se posiciona en la puerta misma del descubrimiento. La Jerarquía trata de plantar ese descubrimiento en su vida de pensamiento. "El crecimiento y el desarrollo autoiniciados hacia el ideal del Cristo, como la aplicación de un principio universal", se convertirá en su nota sonante en los tres mundo del esfuerzo humano. Este descubrimiento abrirá la puerta de la iniciación.

La instrumentalidad del grupo está compuesta por muchas personalidades de todos los ámbitos de la vida que son, en su mayor parte, ineficaces en el mundo de los asuntos humanos. Hay unas pocas en este nivel particular que están en puestos de poder o de importancia. Ellas constituyen las regiones superiores de la conciencia de masa, y sin embargo no son realmente de esa masa, puesto que no están de acuerdo con su vida de pensamientos y deseos, aunque la comparten en su experiencia y en su condición manifestada.

Una parte de la conciencia ha respondido al esfuerzo Jerárquico y puede verse que está entrando en una mayor actividad, pero dicha actividad debe hacerse mucho más eficaz para el bien en el mundo, y más extendida, antes de que pueda alcanzarse un verdadero éxito de naturaleza grupal.

El discípulo probacionista que forma parte de la instrumentalidad de la conciencia de grupo debe entender que
él no puede tomar, y no tomará, la iniciación por sí
mismo, sino como grupo. Por lo tanto, no aspira a una
iniciación personal o individual a la Vida Una, sino que
más bien trabaja constantemente para la iluminación
del grupo.

Este es un concepto algo difícil porque es nuevo, y el
proceso de iniciación involucrado es necesariamente
nuevo y diferente del realizado en el pasado inmediato.
El esfuerzo que actualmente se está realizando es hacia
una nueva síntesis de varias iniciaciones que conduzcan
a una gran iluminación y transfiguración. Involucra una
serie de pruebas y exámenes que concentran diversos
grados, de modo que cuando se complete, se habrá conseguido algo totalmente nuevo en lo que atañe a este
planeta. Este iniciado de tercer grado evidenciará una
conciencia más amplia, mayor sabiduría, y por lo tanto
más control del aspecto forma de su naturaleza que el
iniciado de tercer grado del pasado inmediato. Así, su
efecto sobre la humanidad tendrá mucha mayor reper-
cusión que el de los hermanos que le han precedido.

El logro de tal expansión por parte de un gran grupo
contiene la esperanza de la Jerarquía para la restauración de la humanidad. Y es a este movimiento adonde se
dirigen las esperanzas, las oraciones y los esfuerzos jerárquicos.

En esta época concreta hay varios problemas que este
esfuerzo confronta, y todos los involucrados deben darles
una profunda consideración.

1. El problema de la integración subjetiva.

La Naturaleza del Alma

Cuando el pensamiento subjetivo y la vida de deseo del grupo se hayan integrado con la Vida Una, generando una poderosa influencia para el bien en el mundo, el primer gran esfuerzo se habrá completado.

En este momento observamos esa masa de pensamientos y deseos que, actuando como barreras, mantienen a las unidades de conciencia en los tres mundo separadas y aparte unas de otras, tanto en la recepción de las ideas como en su influencia irradiatoria. Sin embargo, cada unidad de conciencia es esencialmente tan parecida, tanto en su desarrollo evolutivo como en sus complicaciones kármicas generales, que desde la perspectiva de la Jerarquía se ven como grupo.

A medida que cada uno aspira al Alma, ayuda a superar las barreras de la separación. A medida que uno medita, se acerca a una realización consciente de la vida grupal. La integración subjetiva puede producirse más rápidamente si aquellos de ustedes que están recibiendo estas instrucciones, u otras similares, llevan a cabo las sugerencias siguientes.

> a. Piense con amor hacia su grupo de hermanos, y dese cuenta de que cualquiera que sea su participación grupal en el mundo de los asuntos humanos, todos están sirviendo conscientemente el mismo Propósito, "El Plan Divino para la Humanidad".

> b. Después dese cuenta de que a pesar de las diversas actividades de los miembros del grupo, cada uno está trabajando conscientemente hacia el mismo objetivo: "La encarnación, por parte de la humanidad de nuestro tiempo, de la paz, la buena voluntad y la hermandad".

c. Tomando conciencia de que todo el grupo comparte este mismo propósito y objetivo, dedique el poder de su vida de pensamientos y deseos a dicho grupo, y, a su vez, dedique el grupo, a través de su instrumentalidad, al Cristo.

d. Procure mantener esta conciencia con usted a lo largo del día, ofreciendo las comprensiones que pudiera recibir, las verdades que esté tratando de encarnar, las fuerzas y talentos que pueda haber adquirido, a la conciencia grupal total. Haga que los anteriores estén disponibles a través de su toque relacionado, con y dentro del grupo.

2. El problema de la encarnación objetiva de la idea grupal.

La Jerarquía está lista para precipitar en la conciencia grupal total muchos conceptos e ideas, además de técnicas prácticas para su encarnación y uso en el servicio cuando el grupo esté receptivo como tal.

Ahora el esfuerzo se ve dificultado por la tendencia de los miembros del grupo a malinterpretar tal esfuerzo como un contacto y una guía individuales. Un individuo se hace consciente de la atención que el grupo está recibiendo, toma dicha atención sobre sí mismo, y no llega a registrar la impresión correctamente por el glamour que producen en él el pensamiento y el deseo de tener un contacto personal con la Jerarquía.

Este es un gran obstáculo del que actualmente puede tomar conciencia. El concepto proyectado es dirigido hacia la conciencia grupal para impactar sobre las mentes y cerebros de los implicados a través de sus propios alineamientos con el Alma. Cuando muchos miembros del grupo reciben ese impacto, y lo malinterpretan inmediatamente como si viniera de un miembro de la Jerarquía hacia ellos como individuos, surge una gran nube en el entorno astral-mental del grupo que distorsiona sus capacidades tanto receptivas como interpretativas. Así, se hace necesario que la Jerarquía retenga su guía, y todo el esfuerzo queda obstaculizado.

Si llega a hacerse conocedor de un concepto proyectado, y de las energías que lo acompañan, dese cuenta de que no le viene a usted solo como individuo, sino que ha sido puesto a disposición del grupo. Entonces, como parte de dicho grupo, recíbalo, interprételo y trate de encarnarlo. No puede recibir nada de la Jerarquía específicamente de, por y para usted mismo como unidad individual de conciencia. Un discípulo de la Jerarquía no confina su pensamiento o atención a un individuo. Ha dominado la naturaleza forma y trabaja con la conciencia a ese nivel donde toda conciencia es una.

Deje que su receptividad, cuando esté en meditación, sea grupal y esté con el grupo. De este modo añadirá al poder receptivo del grupo total.

3. El problema de emprender acciones positivas

Este es un problema que siempre parece ser individual, pero que es, en todos los sentidos, un problema grupal. La solución, entonces, es de naturaleza grupal, y hasta que no se toma conciencia de esto, el discípulo se siente constantemente frustrado en su intento de emprender una acción positiva hacia el servicio o dentro de él.

Este problema particular incluye las finanzas, la disciplina, el control ambiental, etc... y será considerado más completamente en la lección siguiente.

Entre tanto, procure conocer más plenamente que hasta

Lección 39

ahora el significado de la conciencia grupal. Como tarea, intuya y traiga a la clase siguiente un pensamiento-semilla que contenga la profundidad y amplitud de este significado.

A los que deseen recibir un grado por esta serie de instrucciones se les aconseja que entreguen a su profesor la totalidad del informe de meditación escrito hasta ahora, y el cuaderno donde se describe la diferencia entre Alma y personalidad que se ha sugerido anteriormente.

La Naturaleza del Alma

LECCIÓN 40

Pasar del Aula de Aprendizaje al Aula de la Sabiduría:

La Distinción Entre Conocimiento y Sabiduría;

La Sabiduría como "Amor en Acción";

La Necesidad de Coraje, Unificación y Cooperación con
los Demás Discípulos;

El Problema de una Voluntad Débil e Impotente, y de
un Instrumento Etérico no Refinado.

Hemos dicho que la iniciación es un nuevo comienzo, un
nuevo nacimiento en la conciencia. La prueba de cualquier iniciación, bien sea de un individuo en el pasado,
de un grupo en el presente, o de la masa en el futuro, es
la capacidad de la conciencia involucrada de usar dicha
conciencia para el mejoramiento de aquellos que están
dentro de toda su esfera de influencia.

Usted está en el proceso de iniciación. Su conciencia ha
sido iniciada a un nuevo campo de conciencia que atañe
a la totalidad de la humanidad. Se le ha enseñado a
pensar en términos de la Vida Una, a considerar lo
Bueno, lo Verdadero y lo Bello tal como se aplica a dicha
Vida Una. Si bien durante este estudio se ha ocupado
totalmente de la Sabiduría, aún está dentro del Aula del
Aprendizaje. Sin embargo, el pasaje que conecta el Aula
del Aprendizaje con el Aula de la Sabiduría está directamente delante de usted, con sus puertas abiertas, con
su luz mostrando claramente el camino marcado, y muchos hermanos esperan su entrada.

La Naturaleza del Alma

La Sabiduría es más que conocimiento. Es más que contemplación de la Verdad. La sabiduría es "Amor en Acción", la aplicación de todo lo que se conoce por amor a la humanidad.

En el Aula de Sabiduría, el estudiante se convierte en discípulo aceptado. Ahora su escuela se convierte en la escuela del servicio, la nueva escuela para la humanidad, y su profesor es El Cristo. Su corazón está lleno a rebosar del amor que Cristo tiene por la humanidad; y a medida que se derrama hacia el mundo, aporta curación, vida y restauración a una humanidad dolorida. Tal individuo se convierte en el custodio de la Ley de la Gracia, gestionando dicha ley con una exactitud que sobrepasa incluso la naturaleza rigurosa del karma. Él da paz en medio del conflicto; él es alimento para el hambriento, agua pura para el sediento y alivio para cada dolor.

Él es todas estas cosas porque él mismo se ha convertido en ellas. Ya no tiene hambre, ni sed, ni grita en la amargura del dolor. Él regalo que da es él mismo, y por tanto su regalo es de Paz.

Todo esto es Sabiduría.

El paso de un aula a la otra parece grande, como si hubiera que superar un abismo, y sin embargo cuando se ve el pasadizo, es claramente un pasadizo de luz, que tiende el puente sobre el espacio oscuro entre dos mundos en el espacio entre dos momentos. En un abrir y cerrar de ojos el hombre es renacido y se transfigura con la aparición del Cristo.

El Alma pasa eones desarrollándose dentro del útero de la materia, y nace al mundo del Espíritu cuando los dolores de parto se disipan. El Amor da a luz después de que el dolor haya hecho su trabajo, y el Amor nace.

El Alma que está preparada al borde del abismo, que

360

teme por sí misma y tiembla ante el temor reverente que siente, pero que aún no puede ver, recibe estas palabras de ánimo:

"Atrévase a abandonar su conflicto. Atrévase a llenarse de Amor. Atrévase a detener todo pensamiento y a recibir el Espíritu de Dios. Atrévase a dar el paso con el ojo elevado y alejado del abismo, dirigido hacia la Luz".

Si les hablo en símbolos es porque ellos transmiten la simple verdad. El camino siempre es peligroso hasta el último momento, y ese momento está en el corazón, no en el tiempo. El camino de la iniciación parece incrementar el conflicto, afilar el dolor, incrementar la carga, y sin embargo la Gloria Final resplandece en ese momento en que la vida está llena de paz.

El aspirante tiene dentro de sí el Poder de producir una cesación instantánea del dolor y el conflicto. Es su elección, y ésta es la elección final, aunque siempre la tiene ante sí.

Apenas produce diferencia cuáles sean sus circunstancias en el cuerpo, ese cuerpo se llenará de paz cuando la conciencia entre en el acto final y esgrima el poder de decisión.

Si bien todo lo anterior describe el acto final de la iniciación, y el estado de conciencia de aquel que es un iniciado, y si bien este acto sólo espera ese momento de intrepidez en el corazón del aspirante, aún hay que aproximarse a él. El discípulo estudiante que aún tiene que incrementar la fuerza de su decisión lo hace mediante un camino de acercamiento claramente marcado, que está caracterizado por la acción positiva en el servicio.

En todo el mundo hay discípulos probacionistas, llegando a ser hasta un dieciseisavo de la población del mundo, que son en su totalidad el grupo que ahora esta reci-

La Naturaleza del Alma

biendo la atención de la Jerarquía. Durante esta crisis de los asuntos humanos, ellos tienen el derecho kármico de oportunidad de restaurar conscientemente el plan de Dios sobre la tierra. Ellos forman un vasto estado de conciencia con suficiente poder potencial como para dirigir la marea de los asuntos humanos en cualquier dirección que elijan, casi de la noche a la mañana.

Cuando esta conciencia de grupo y su instrumentalidad puedan ser integradas en un centro o punto focal, su fuerza invocadora y evocadora será suficiente para producir La Reaparición del Cristo. Considere a tal grupo meditando sobre un pensamiento-semilla que guarde relación con algún aspecto específico del Plan en el mundo de los asuntos humanos. Tal meditación daría como resultado la rápida manifestación de esos eventos que son necesarios para traer el aspecto específico del Plan bajo consideración a su aparición a la luz del día. Ésta es la respuesta para solucionar los problemas del mundo.

El discípulo probacionista en Gran Bretaña o en India, o en cualquier otra parte del mundo, es tan similar a usted en conciencia que podría ser de la misma familia. Las condiciones externas en las que vive pueden ser diferentes, y sin embargo lucha con los mismos conflictos internos, aspira hacia y trabaja por los mismos ideales que usted. Sus problemas son sus problemas, sus frustraciones son sus frustraciones, y su éxito es el suyo. Un mañana se dio cuenta en alguna medida de que es un Alma. Y lo mismo hizo su hermano, donde quiera que estuviera. Durante el ciclo lunar de diciembre del 56 le abrumó momentáneamente una sensación de futilidad y desvalimiento. Lo mismo les ocurrió a sus hermanos en todo el mundo. Se siente entusiasmado ante la alegría de una Verdad recién recibida y se desespera cuando se encuentra reaccionando a la naturaleza forma. Lo mismo les ocurre a sus hermanos. La Vida es Una.

Lección 40

Cuando toman conciencia de esto, incluso en pequeña medida, los discípulos encuentran el camino hacia la acción positiva. Cuando tiene un problema, independientemente de cuál sea su naturaleza, dese cuenta de que no es suyo. Se trata de un problema grupal, y es el grupo el que tiene que lidiar con él. Usted no es sino un punto focal a través del cual el problema está dándose a conocer a la conciencia del grupo.

Alcance una comprensión de esto tan grande como sea posible a través de la reflexión y la meditación, y después, además, tome conciencia de que si usted o una unidad grupal puede llegar a la solución, el camino se facilita para todo el grupo de probacionistas en todo el mundo.

Entonces, trabajando dentro de la conciencia de esta vida grupal, invoque el poder del Alma grupal para manifestar la solución, cualquier que sea, a través de su total conciencia e instrumentalidad.

Si se encuentra afrontando algún patrón particularmente reactivo, que actúa como obstáculo a la encarnación de la Verdad, acepte ese patrón únicamente como una condición que ha de ser corregida dentro del grupo y por el grupo. De esta manera despersonaliza la aparente dificultad y despeja los canales para una acción positiva desde el nivel del Alma de grupo.

Esto también aleja la atención del yo separado, permitiendo que la vida grupal se vierta a través de su instrumentalidad.

Cuando esta actitud se ha hecho habitual, el discípulo probacionista puede dar otro paso positivo hacia la integración interna y externa.

El grupo como totalidad ahora está influido por el tercer aspecto superior. Esto significa que el Ángel de la Pre-

La Naturaleza del Alma

sencia se alza dispuesto a verter la Vida de Cristo en el grupo en el momento en que dicho grupo esté suficientemente desarrollado en su fuerza invocadora para atraerla hacia abajo.

Dentro de la vida grupal surgen dos condiciones relacionadas para bloquear el descenso del Espíritu Santo en el instrumento grupal.

1. La voluntad es débil e impotente.

2. La frecuencia del instrumento etérico no es suficientemente alta para conducir a su través las frecuencias superiores del Espíritu hacia la manifestación externa.

A fin de entender el significado de la influencia transcendente y la importancia de su descenso, por favor considere por un momento la vida grupal (tanto conciencia como instrumentalidad) como un antakharana potencial anclado dentro del cuerpo de la humanidad como pasadizo entre el Cristo y el mundo de los asuntos humanos. Cuando el Espíritu Santo (tercer aspecto superior) llene la vida grupal, se habrá convertido en ese antakharana. Entonces cualquier discípulo puede usarlo para invocar a la manifestación el Poder del Cristo en medio de cualquier circunstancia o situación. Así, el Poder salvador o redentor del Cristo es llevado a la actividad en las vidas y asuntos del discípulo. Está disponible para él. Este es el Poder que da potencia al trabajo mágico y lo hace instantáneamente eficaz.

Debe entenderse que cuando un discípulo trabaja desde este nivel de percepción y poder disponible, lo hace en el Nombre del Cristo. Es decir, trabaja como parte de la Vida Crística. Entonces no puede estar dividido dentro de sí mismo.

Las dos condiciones que bloquean el descenso también

están tan interrelacionadas que sólo pueden ser consideradas conjuntamente, como los dos lados de un problema.

La importancia de la voluntad está muy marcada en el discípulo probacionista actual, como lo evidencian las tremendas dificultades que encuentra dentro de sí cuando intenta disciplinar su propia naturaleza forma, o iniciar una actividad de servicio planeada.

El probacionista está perdiendo muchas oportunidades de servicio por su incapacidad de establecer un control de la vida dévica dentro de su propio entorno. El deva responde a la conciencia a medida que dicha conciencia esgrime la energía de la voluntad. La falta de abastecimiento material adecuado, de condiciones y oportunidades correctas, de colaboración inspirada de otros, o incluso de inspiración dentro de uno mismo son síntomas de una voluntad débil e impotente. Cuando la voluntad está funcionando, todas las necesidades para la manifestación de una actividad de servicio planeada se ensamblan conjuntamente por medio de esos devas cuya respuesta ha sido atraída e iniciada. Entonces el Poder de construir la estructura para una actividad de servicio planeada se transfiere a ellos mediante la invocación del Poder del Cristo. El tercer aspecto superior (el Ángel de la Presencia) es invocado para que mande, y los constructores obedecen sus órdenes.

Cuando la voluntad es débil e impotente, el cuerpo etérico se muestra perezoso y no responde al impacto superior. Entonces no puede conducir la Luz hacia la manifestación externa.

El desarrollo de la Voluntad, y la elevación de la frecuencia del cuerpo etérico, son dos actividades interrelacionadas que se inician conjuntamente.

En primer lugar observe el tono de su vida. ¿Cuáles son

los hábitos del cuerpo etérico mismo? El cuerpo etérico hace que el físico duerma, coma, beba, se mueva, hable y siga pautas de reacción específicas en circunstancias dadas. ¿Cuáles son estas reacciones? Ese cuerpo etérico, ¿qué ha sido entrenado a hacer, a querer, qué le gusta, qué le disgusta?

Cuando descubra que es esclavo de un hábito innecesario, es decir, innecesario para el bien de la Vida misma, consiga liberarse de dicho hábito. No lo haga por razones morales, sino en el nombre del desarrollo de la voluntad y de poner al deva etérico bajo un control completo.

Al mismo tiempo, considere la necesidad de elevar la frecuencia del etérico hasta una que sea compatible con la del Ángel de la Presencia. Visualice el cuerpo como una luz azul-blanquecina vibrante, de irradiación inofensiva, y potente como instrumento del Plan.

Medite en la purificación, la consagración y la transfiguración en conexión con el etérico, y a medida que intuya las disciplinas necesarias, use su voluntad para imponerlas sobre la vida del instrumento.

Que su voluntad se convierta en la voluntad de servir, y úsela en nombre de dicho servicio.

Antes de que el discípulo probacionista pueda controlar a los devas de su entorno, debe controlar sus propios devas de apariencia. Antes de poder tomar acción en Nombre del Cristo, él debe llenarse de Su Vida.

Otro punto, si la voluntad personal no es adecuada a la tarea, *invoque la Voluntad Divina del Cristo, por medio del grupo, para que se apropie de la voluntad personal.*

Y ahora llegamos al final de esta serie de instrucciones. Su valor para una humanidad necesitada quedará determinado por su respuesta a, y aplicación de, esos conceptos básicos de la verdad que contienen. Si su vida queda enriquecida en su propósito espiritual por uno de sus conceptos, están sirviendo a su Propósito. Si la vida de alguna otra persona es enriquecida por la suya, debido a ese crecimiento, usted está sirviendo al mismo Propósito. Deje que su Verdad se vierta a través de si hacia todos los ámbitos de la vida, a todos los departamentos del vivir humano, dentro de la conciencia de la humanidad.

La Naturaleza del Alma

Cómo Estudiar

La Naturaleza del Alma

El Metodo de Estudio

La naturaleza del alma contiene una triple aproximación al estudio:

- El texto
- El trabajo de meditación
- Los comentarios

Juntas, las tres equilibran la sabiduría del curso, la experiencia interna de dicha sabiduría, y su expresión en el mundo de los asuntos humanos.

Actualmente muchos estudiantes están estudiando el curso por su cuenta o en grupos de estudio, y existe una creciente necesidad de información con respecto a estos métodos. Las sugerencias y los ejemplos siguientes se enfocan en el estudio individual, los grupos de estudio y las meditaciones.

La Naturaleza del Alma

Estudio Individual

La naturaleza del alma es un curso autoiniciado de crecimiento y desarrollo espiritual. Está diseñado para facilitar un despliegue paulatino de la conciencia individual a la conciencia de grupo, y al servicio consciente a la Vida Una. Cada lección de este curso es un paso en el proceso de transformación. Dicho proceso incluye:

Estudiar el Material

La información incluida en el curso se presenta siguiendo una secuencia rítmica. Cada lección construye los cimientos para comprender y preparar el camino de la siguiente. Esta progresión de una lección a la siguiente crea un ritmo armónico que ayuda en el proceso de transformación.

Para establecer y mantener este ritmo, sugerimos que todos los estudiantes del curso hagan lo siguiente:

- Empezar por la lección introductoria y estudiar cada lección por turno. Ir a saltos y empezar por la mitad rompe el ritmo y causa confusión.

- Dedicar al menos una semana (siete días) a estudiar cada lección. Comienza cada nueva lección el mismo día de la semana. Puedes dedicar más de una semana a cada lección, pero, si lo haces, considera dedicar el mismo número de semanas a cada lección.

- Mientras estudias el curso, concentra tu atención en él. Evita practicar ejercicios internos de otras disciplinas, pues es posible que no combinen bien con los ejercicios propuestos en *La naturaleza del alma.*

Cómo Estudiar

Esto no implica en ningún sentido que este curso sea superior a cualquier otro curso o disciplina; sin embargo, para mantener su ritmo interno debes permanecer en él. Cuando hayas completado *La naturaleza del alma,* te animamos a que incluyas otras escuelas y disciplinas en tu estudio y en tu práctica.

- Completa las tareas. La estructura del curso es similar a la del libro de texto, e incluye frecuentes tareas o deberes, que se pueden dividir en tres tipos:

  - Subjetivos: incluyen actividades internas, como las meditaciones.

  - Objetivos: incluyen actividades externas como escribir trabajos.

  - Subjetivos y objetivos: que combinan las actividades internas y externas en una sola tarea (como la de llevar un diario de meditación).

En cada caso, la tarea está ahí con el propósito específico de ayudarte a expandir tu conciencia o de encarnar un nuevo concepto. Completar las tareas forma parte del ritmo del curso.

- **Practicar las técnicas de meditación**: las disciplinas internas que se incluyen en *La naturaleza del alma* se presentan siguiendo una progresión natural, desde lo básico hacia lo avanzado. Las meditaciones son el corazón del curso; la información de las lecciones está diseñada para ayudarte a comprender y practicar las meditaciones.

  1. Practica cada una de las técnicas de meditación como se indica.

2. Lleva un diario de meditación. Un diario escrito te ayuda a llevar las comprensiones abstractas conseguidas en la meditación a tu vida y asuntos externos. Cada entrada debería incluir el día y la fecha, la técnica de meditación, y cualquier resultado que hayas notado. Incluye todas las comprensiones y experiencias internas que se producen durante la meditación, y cualquier comprensión y experiencia relacionada que se produzca durante el día o en sueños.

3. Aprende las formas de meditación. Sé paciente con el proceso. Con el tiempo los resultados se harán evidentes. Te animamos a practicar estas técnicas como un proceso continuo para tu crecimiento interno.

♦ **Encarnar lo que aprendes**: El curso *La naturaleza del alma* está diseñado para ayudarte a encontrar tu lugar y emprender tu trabajo en la Vida Una. Lo hace a través de:

1. El curso de instrucción: esta instrucción consiste en 41 lecciones y dura al menos diez meses. Durante este periodo concéntrate en aprender las ideas, en practicar las técnicas y en hacer que la Sabiduría forme parte de tu vida y asuntos de cada día. Estudiar las lecciones y practicar las técnicas comenzará el proceso de autotransformación.

2. El ciclo de encarnación: los meses de instrucción van seguidos de un periodo similar de aplicación. El curso *La naturaleza del alma* se completa al llevar lo aprendido en la instrucción a tu entorno inmediato y más allá. Esta aplicación o encarnación de la Sabiduría incluye:

Cómo Estudiar

- Actividad subjetiva: la mayor parte de tu servicio será subjetivo, y puede incluir muchas de las técnicas que has aprendido en *La naturaleza del alma* y en sus cursos hermanos. A medida que continúas practicando la Sabiduría después de completar la instrucción, crearás una oportunidad para ayudarte a transformar tu entorno.

- Servicio objetivo: tu práctica subjetiva puede dar como resultado oportunidades para proveer servicio objetivo a la familia, los amigos, los compañeros de trabajo o el entorno.

Aproximación al Material

Como los estudiantes a menudo se aproximan a un nuevo curso con conceptos previos basados en experiencias anteriores, mantener la mente y el corazón abiertos permitirá que tu intuición integre esas experiencias con el nuevo material que se presenta en el curso.

Existe una variedad de métodos de estudiar *La naturaleza del alma*. Un planteamiento positivo es el que ayuda al estudiante a iniciar su propio crecimiento y desarrollo. Un método que favorece mucho la autoiniciación es el estudio individual autodirigido.

Iniciar tu propio crecimiento y desarrollo espiritual significa elegir un camino de estudio, práctica y aplicación que sea adecuado para ti.

El principal valor del estudio individual autodirigido reside en:

- Un enfoque más fuerte de la voluntad: cada vez que decides estudiar una lección, practicar una técnica o hacer una tarea, estás ejercitando tu vo-

La Naturaleza del Alma

luntad. Al igual que ocurre con cualquier otro tipo de ejercicio, para recibir los beneficios debes hacer el trabajo. Nadie puede hacerlo por ti. Este proceso se describe en esta recomendación de *El camino de iniciación,* de Lucille Cedercrans, Vol. II, lección 4:

> "Muchos de los estudiantes que lean esta lección se preguntarán cómo hacer este trabajo de elevar la polarización sin contacto directo con un profesor. Responderé a esta pregunta de varias maneras. En primer lugar, comprendamos que todos los que aspiran al alma están en contacto directo con un profesor, a saber: su propia alma; y mediante la aspiración continuada, pronto reconocerán este contacto.
>
> En segundo lugar, los aspirantes están capacitados, mediante su recta aspiración, a contactar con niveles más elevados de conciencia, y desde dichos niveles atraer hacia abajo esos conceptos de la Verdad que proporcionan un cimiento seguro para su posterior entendimiento.
>
> En tercer lugar, los aspirantes aprenden a reconocer en la experiencia a un gran profesor, y a través de sus esfuerzos por vivir la Verdad que han entendido, desarrollan en la escuela de la experiencia una conciencia rica en comprensión. Hacen esto deliberadamente, en plena conciencia de la actividad, y su vida cotidiana se convierte en algo bello, independientemente de las apariencias.

Cómo Estudiar

- El servicio autoiniciado: a medida que respondes a las necesidades internas de tu entorno, tu conciencia de tu lugar y función en la Vida Una se expande. Esto, a su vez, conduce al servicio consciente a esa Vida a medida que ocupas tu lugar en Ella.

Enseñar el Material

Si estás considerando la posibilidad de enseñar *La naturaleza del alma*, te sugerimos seriamente que en primer lugar experimentes el curso. Experimentar el curso te ayudará a tomar conciencia de las dificultades asociadas a su enseñanza, entre las que se incluyen:

- El sabio sobre el escenario: la idea de ser un maestro espiritual puede ser tan atrayente que el buscador trate de crear la forma externa sin haber alcanzado antes el contenido interno. Esta dificultad puede evitarse mediante:

  - El estudio de los materiales del curso: no puedes enseñar lo que no conoces. En primer lugar experiméntalo por ti mismo, y después facilita el curso.

  - Practicando lo que aprendes: no puedes enseñar lo que no puedes realizar. Practica y realiza las técnicas de meditación por ti mismo, y después enseña a otros.

- **Ser un profesor "con éxito"**: la atención del profesor debe estar en la Sabiduría. Un profesor no necesita muchos alumnos, y la enseñanza tampoco tiene que producirse en un aula convencional.

Grupos de Estudio

La Naturaleza del Alma

Animamos a cada grupo de estudio a que considere las sugerencias siguientes. Algunas sugerencias pueden parecer apropiadas para tu grupo, mientras que es posible que otras no. A medida que tu grupo adquiera experiencia y desarrolle su intuición, refinará su proceso de grupo. Adapta estas sugerencias a tus propias circunstancias, tal como indique tu alineamiento.

La Duración y Frecuencia de Cada Encuentro

La mayoría de los grupos se encuentran una vez por semana, mientras que otros se encuentran con más frecuencia y otros con menos. La duración media de un encuentro grupal varía de un grupo a otro. Algunos se encuentran un tiempo tan breve como una hora y media (y necesitan varias encuentros para abordar una lección). Otros se encuentran durante más de tres horas (y pueden intentar hacer una lección en una reunión). La duración de las reuniones, y cuántas reuniones hacen falta cubrir cada lección, depende enteramente de cada grupo.

Sugerencia: encuentra un punto de equilibrio entre hacer las lecciones apresuradamente y retrasarte en ellas.

- Elige un marco temporal que te permita aprovechar plenamente el material de la lección.

- Adapta las sugerencias a tu marco temporal.

- Mantened una regularidad en los encuentros en cuanto al lugar y al tiempo.

Antes de Cada Reunión

Sugerencia: algunos han descubierto que les resulta útil revisar previamente o repasar el material antes de cada encuentro grupal.

376

Cómo Estudiar

Durante Cada Encuentro

♦ **Encuentro con los facilitadores**: el papel de los facilitadores del encuentro varía de un grupo a otro. Básicamente, estos individuos son responsables de mantener el grupo enfocado. Esta responsabilidad podría rotar de un encuentro al siguiente para que cada cual tenga la oportunidad de tomar un turno o de pasar.

1. Ejercicio de apertura. Sugerencia: empieza cada encuentro con una meditación grupal. Usa el tipo de meditación que la clase esté empleando actualmente. Durante las primeras pocas lecciones, cuando aún no se os haya asignado una forma de meditación, puedes usar la forma corta de la meditación hallada en la lección 3. Dirige tu atención al cuerpo físico y date cuenta de que no eres tu cuerpo.

2. Dirige tu atención a la naturaleza emocional y date cuenta de que no eres tus emociones.

3. Dirige tu atención a la mente y date cuenta de que no eres tus pensamientos.

4. Enfoca tu atención en el ajna y medita durante tres minutos en el siguiente pensamiento semilla:

   "Habiendo penetrado este cuerpo, emociones y mente con un fragmento de mí mismo, yo permanezco."

Otras sugerencias:

• El facilitador del encuentro podría dirigir la meditación.

- La meditación podría concluir con la Gran Invocación que se encuentra al principio del libro.

- Los que lleguen tarde entrarán silenciosamente o esperarán fuera si la meditación ya ha comenzado. Una entrada ruidosa puede alterar a un grupo que ya esté practicando la meditación.

Las Lecturas

♦ **Primera sugerencia para la lectura**: empieza cada lección leyendo toda la lección en voz alta, de principio a fin, sin pararte en las preguntas o comentarios. Durante esta primera lectura, sé receptivo al significado que está detrás de toda la lección. Las opciones para esta primer lectura incluyen:

Ejemplo 1: el facilitador del encuentro puede leer la lección en voz alta.

Ejemplo 2: los miembros del grupo pueden tomar turnos, y cada persona puede leer un párrafo en voz alta, dando la vuelta al grupo hasta completar la lección.

Ejemplo 3: todo el grupo puede leer toda la lección en voz alta, y todo el mundo pronuncia las mismas palabras a la vez [2].

La primera lectura se realiza al principio, y solo al principio, de cada lección. A medida que el grupo adquiere práctica con el proceso de alineamiento, puede alinearse conscientemente con y mantenerse receptivo a (como grupo) la forma pensamiento de la Sabiduría que im-

---

[2]

pregna el curso. Este alineamiento potenciará el proceso de aprendizaje.

♦ **Segunda sugerencia para la lectura**: siguiendo la primera lectura, no te detengas a comentar la lección que acabas de leer [2]. Más bien, haz una pausa durante unos minutos de silencio contemplativo antes de empezar la segunda lectura, que se enfocará en cada párrafo sucesivamente. Después de re-leer un párrafo, usa tu intuición para comentarlo y relacionarlo con tu vida y asuntos. Repite el proceso con cada párrafo. Hay varias maneras de organizar esta segunda lectura, entre las que se incluyen:

Ejemplo 1: el facilitador del encuentro podría leer cada párrafo en voz alta.

Ejemplo 2: los miembros del grupo podrían tomar turnos, en los que cada uno lea un párrafo en voz alta a medida que el grupo avanza en la lección.

Ejemplo 3: todo el grupo podría leer cada párrafo separado en voz alta, con todos los participantes pronunciando las palabras simultáneamente [3].

Contemplar los Conceptos

Sugerencia: después de leer un párrafo la segunda vez, haced una pausa durante unos momentos y contemplad los conceptos abstractos [4]. A continuación comentad, explicad o cuestionar dichos conceptos.

---

[2]

[3]

[4]

La Naturaleza del Alma

Ejemplo 1: después de permitir que el grupo reúna sus pensamientos, el facilitador podría preguntar si alguien tiene preguntas o comentarios.

Ejemplo 2: el grupo puede tomar turnos para comentar o plantear preguntas sobre el párrafo, y cada persona tiene la oportunidad de hablar o de "pasar".

Ejemplo 3: La persona que lee el párrafo en voz alta puede romper el silencio ofreciendo comentarios y preguntas o invitando a hacerlos.

Relacionar los conceptos con el mundo de cada día

Sugerencia: después de comentar los conceptos, haz una pausa durante unos momentos para contemplar cómo dichos conceptos se relacionan con el mundo de cada día. A continuación, trata de sentir y describir esa relación.

Ejemplo 1: el facilitador podría preguntar si alguien tiene una historia o comentario que relacione el concepto abstracto con la vida cotidiana o con el mundo.

Ejemplo 2: el grupo puede tomar turnos para ofrecer comentarios.

Ejemplo 3: la persona que lee el párrafo podría empezar ofreciendo ejemplos, comentarios, y/o preguntas.

Repite los pasos anteriores con cada párrafo por turno hasta completar la lección. Date tanto tiempo (y tantas reuniones) como necesites para completar cada lección.

Ejercicio de Cierre

Sugerencia: cierra cada encuentro con una meditación de grupo dirigida por el facilitador u otro miembro. Esta meditación puede tomar la forma de una nueva técnica que te encuentres en la actual lección o (si no hay nueva técnica), una que el grupo haya estado practicando.

Después de Cada Encuentro

◆ **Practica las técnicas**: los ejercicios de meditación son parte esencial del curso. No puedes conseguir el pleno beneficio del curso a menos que practiques las técnicas. Por lo tanto, *recomendamos fuertemente* que practiques los ejercicios tal como se indican.

Las Meditaciones

"La meditación es un proceso técnico mediante el cual se realiza el contacto con el Alma, y se logra la infusión por parte del Alma", p. 44.

La meditación entrena a la persona a alinearse con el alma, a descubrir su propósito, y a aplicar dicho propósito a la actividad interna y externa. El alma se vuelve causativa para la persona, y la persona se hace receptiva al alma.

Técnicas Fundamentales

Las técnicas de meditación que se usan en el curso pueden dividirse en dos tipos: invocación y evocación.

• **La invocación** lleva la energía divina a la manifestación, dándole forma y contorno en tiempo y espacio. Estas técnicas ayudan a llevar un potencial latente a su primera aparición (como cuando nace una persona).

- **Le evocación** lleva la energía divina que habita internamente hacia fuera, hacia su plena aparición. Estas técnicas ayudan a pasar de la primera aparición a la plena expresión (como cuando un niño madura).

El Movimiento de Conciencia

La meditación también es el movimiento hacia abajo y hacia fuera que produce el crecimiento hacia dentro y hacia arriba. Las técnicas producen este movimiento a través de un proceso en tres pasos, que incluye un ascenso, la meditación propiamente dicha y un descenso.

♦ **Durante la primera parte de los ejercicios de meditación, la conciencia**:

- Asciende a través del instrumento persona, relajando el cuerpo, calmando las emociones y enfocando la mente. Esto prepara la persona para actuar como un instrumento de contacto con la Divinidad.

- Se alinea con y se hace receptiva a un aspecto de la Divinidad, como el Alma Espiritual. Esto prepara la persona para actuar como un instrumento de transmisión de la cualidad, característica o energía divina.

♦ **Durante la segunda parte de los ejercicios**, la conciencia contacta con un aspecto de la Divinidad, y entonces:

- Invoca una cualidad divina para que descienda y haga su aparición, y/o

Cómo Estudiar

- Evoca una cualidad divina para que se exprese plenamente hacia fuera.

♦ **Durante la tercera porción**, o porción de descenso, de los ejercicios, la cualidad, característica o rayo divino se irradia para que haga su aparición. El proceso de irradiación incluye a la totalidad del instrumento persona (mente, emociones y cuerpo), y cada parte recibe cierta porción de la energía Divina.

- La irradiación invocativa imprime una cualidad Divina (bien en la sustancia o en la conciencia).

- La irradiación evocativa atrae el potencial Divino hacia fuera (de la sustancia o la conciencia) hacia su plena expresión.

El descenso asienta tanto la energía Divina (dándole forma y contorno) como al meditador.

Todos estos alineamientos, conexiones e irradiaciones son creados por el enfoque dirigido de la conciencia. Este enfoque dirigido se desarrolla a través de la práctica regular de las técnicas de la Lección 3, y la Lección 13. Estos dos técnicas son el fundamento de todo el trabajo de meditación en *La naturaleza del alma*. Son el corazón del proceso secuencial que desarrolla las habilidades de la persona, y el alineamiento entre el Alma, la mente y el cerebro, que hace posible el trabajo del Alma.

Ubicación de la Conciencia

Los ejercicios de meditación operan sobre el principio de que "la energía sigue a la conciencia". El yo o identidad está situado entre, y relaciona, el potencial Divino con la condición manifestada. Esta relación hace que la solución latente y la condición manifestada se hagan una. Cuanto más fuerte es la relación, más rápida es la transformación.

La Naturaleza del Alma

En los ejercicios, la conciencia se ubica en un punto medio entre una condición manifestada y un potencial latente, y entonces extiende su conciencia hacia arriba, hacia la solución potencial y hacia abajo hacia la condición. Esto crea una relación, en la conciencia, entre la solución y el problema, una relación que la energía Divina de la solución debe seguir.

El punto de ubicación es generalmente uno de los varios centros (órganos de energía) situados en o cerca de la cabeza. Al principio, el lugar de ubicación está más cerca (en frecuencia) del instrumento persona que del Alma Espiritual (influyente). Posteriormente, a medida que el estudiante adquiere más experiencia, el centro usado está a medio camino entre el alma influyente y la persona.

Esta progresión desde un lugar a otro es un rasgo esencial de los ejercicios de meditación. Las primeras técnicas, más orientadas hacia la persona, preparan el instrumento para el trabajo posterior. Construyen el alineamiento entre la persona y el Alma, y del Alma a la persona, lo que permite que se produzca el movimiento había abajo y hacia fuera de la energía Divina. Así, practicar las técnicas anteriores (especialmente la técnica de la transmutación) es parte esencial del curso. Uno no puede practicar realmente las técnicas posteriores a menos que haya construido los alineamientos necesarios.

La Ciencia de la Impresión

Las primeras técnicas son relativamente simples, y enfocan la energía Divina imprimente en la propia personalidad. Las técnicas posteriores asumen que el primer trabajo ha sido realizado y que se ha llevado a cabo el alineamiento, y se enfocan en imprimir la energía Divina en el entorno.

Cómo Estudiar

En ambos casos, tanto si uno está impresionando la propia personalidad como el entorno, uno sigue estando transmitiendo un potencial. El meditador es la comadrona de una solución potencial. Uno ayuda al potencial latente a manifestarse, pero no elige, crea ni dicta la forma que puede tomar.

El mecanismo de resolución del problema que se incluye en la técnica está orientado al proceso. Ayuda a la conciencia a encontrar lo que necesita, en lugar de presentar una solución acabada. Las técnicas ofrecen un proceso para traducir las soluciones potenciales del Alma a la actividad práctica en el mundo de los asuntos humanos. Este proceso de traducción debe aprenderse, pero finalmente se convierte en automático y (como caminar) requiere poca o ninguna atención.

Trabajo Personal

El proceso de resolución de problemas puede aplicarse a nuestra personalidad, a nuestro entorno, a la comunidad, a la nación y al planeta. Generalmente empezamos a aprender el proceso aplicándolo a nuestra personalidad y entorno inmediato. En este punto, la conciencia se enfoca en el individuo, y el motivo dominante es el crecimiento y desarrollo individual. Esto es natural. A medida que la conciencia se expande, se producen los correspondientes cambios en los motivos que están detrás del trabajo interno y externo.

Los esfuerzos por mejorar la personalidad también están, finalmente, al servicio de la Vida Una. El cuerpo físico aprende a estar relajado, receptivo y dispuesto a responder. El cuerpo emocional aprende a estar calmado, aspiracional, y lleno de fuerza. La mente se queda enfocada, creadora y organizadora. Las características del Alma se construyen en la persona, transformándola en un habitáculo adecuado para el Alma Espiritual y en un instrumento de servicio para la Vida Una.

Ajuste y Transmutación

El curso usa una variedad de técnicas de ajuste y transmutación para mejorar la personalidad. Los ejercicios de ajuste ofrecen una nueva frecuencia, de modo que el cambio pueda tener lugar. En un ajuste uno se puede alinear con una energía de rayo, invocar o evocar el rayo, e irradiar el rayo. Así, cada uno de los pensamientos-semilla del rayo pueden verse como un ajuste de la persona, como un método de desarrollar un sentimiento subjetivo de la energía del rayo, y como un medio de adquirir experiencia en el manejo del rayo.

Las técnicas de transmutación imprimen una nueva frecuencia, de modo que el cambio *tendrá* lugar.

El más importante de los ejercicios de la personalidad es la técnica de trasmutación de la lección 8. Este ejercicio entrena a los estudiantes a identificarse con el Alma, y ser causativos con respecto al equipo de la persona. La práctica regular y persistente de esta técnica conduce finalmente a la redención de la persona individual. A medida que los terapeutas evolucionan, esta técnica evoluciona con ellos, permitiéndoles llevar su trabajo de transmutación más allá de sus personas individuales al entorno que les rodea. Este tipo de transmutación es el trabajo más importante que los individuos pueden hacer para sí mismos.

El Trabajo de Servicio

Finalmente, el motivo de quien practica pasa de ser el mejoramiento de la personalidad a el servicio a la Vida Una. Las técnicas de ajuste y transformación siguen usándose, pero la manera de usarlas cambia. El propósito sigue manteniéndose, el punto de enfoque asciende, y la actividad externa va más allá de la persona individual. En este punto aparecen las oportunidades de servir a través del trabajo de meditación.

La mente, las emociones y el cuerpo siguen usándose. No obstante, a través de los ajustes y transmutaciones que construyen el carácter, y el alineamiento con el Alma, la personalidad se ha convertido en un instrumento a través del cual el practicante sirve. Al final, sacando la identidad de la persona y llevándola al Alma, y transformando la persona en un instrumento de servicio, la persona es comprendida y "perfeccionada".

A medida que el enfoque pasa de la persona a la Vida Una, las técnicas que se han usado para ajustar o transmutar la persona se convierten en herramientas de servicio. Así, todas las técnicas del curso pueden usarse para el servicio.

Entre las técnicas de ajuste invocativo del curso se incluyen:

La técnica de segundo rayo, en el capítulo 7.
Las técnicas de cuarto rayo en el capítulo 14.
La técnica de séptimo rayo, en el capítulo 21.

Las técnicas de ajuste evocativo incluyen:

La Naturaleza del Alma

La técnica de primer rayo, en el capítulo 4.

Muchas de las técnicas de la segunda mitad del curso están diseñadas específicamente para el servicio. Los más importantes de estos ejercicios de servicio son la Ceremonia de Vida, y el ejercicio See-La-Aum en el capítulo 35.

Las técnicas de servicio siempre se hacen como Alma para Alma, no para o por la persona. Al alma para la que se hace un ajuste se le da la oportunidad de crear su propia solución, en lugar de una solución predeterminada que favorezca el meditador. Ayudar al alma a encontrar su propio camino es, finalmente, parte del servicio a la Vida Una.

Resumen

A medida que practiques las técnicas, aprenderás a realizarlas y cómo tu equipo responde a la energía. Esto requiere paciencia, tolerancia y perseverancia, pero los resultados bien merecen el esfuerzo.